UP Collection

新装版

ゲルマン法史における自由と誠実

村上淳一

東京大学出版会

来栖三郎先生に捧げる

はしがき

本書は、ドイツ法を専攻する著者が西洋法制史の講義をも担当するにさいして、一種の教材として執筆したものである。わが国では、相当数の大学において西洋法制史の講義が行なわれているにもかかわらず、適当な教科書は刊行されていない。入門者のために平易に書かれた本としては、コーイング著・久保正幡＝村上淳一訳『近代法への歩み』(東京大学出版会)を挙げることができるが、これは、一九世紀以降の法発展をもカヴァーする反面ゲルマン古代ないし中世初期の法と国制には全く触れていないし、全体としてやや簡単すぎるという憾みがある。ゲルマン古代から叙述を始める詳細な教科書としては、ミッタイス著・世良晃志郎訳『ドイツ法制史概説』(創文社)があるが、これは——すぐれた索引によって大きな辞典的利用価値をもちつづけているとはいえ——多くの点で最近の研究水準を示すとはいえないものになっている。現在のドイツにおいて最もすぐれた教科書と目されているのはカール・クレッシェルの『ドイツ法制史』(K. Kroeschell, Deutsche Rechtsgeschichte, 1972-73)であり、その邦訳が完成すればわが国における西洋法制史の研究・教育に裨益するところ大であると思われるが、それを待っているわけにはいかない。そこで、本来西洋法制史の専門研究者でない著者が、あえてゲルマン古代ないし中世初期を中心とする教材の執筆に踏み切ったわけである。

もっとも、本書を執筆するに当って、著者自身が積極的な内発的動機をもたなかったわけではない。前著『近代法の形成』(岩波全書)において、著者は、中世中期から一九世紀に至る近代法形成の過程を、旧ヨーロッパ的政治社会の変質・解体の過程と関連させながら考察した。そのさい、著者は、旧ヨーロッパ的政治社会の基本的構造、ならびにそれに対応した旧ヨーロッパ的法観念(いわゆる中世的法観念)が、ゲルマン古代ないし中世初期にすでに完成されていたのではなく一二、三世紀にようやく領域的法共同体のレベルで成立し、この旧ヨーロッパ的国制との緊張関係のなかで旧い基層の上に近代法が形成されていった、という見方をとった。したがって、旧ヨーロッパ的国制、旧ヨーロッパ的法観念が確立する以前のゲルマン古代ないし中世初期の国制と法について自分なりの理解を示すことは、著者にとって一つの義務であると感じられたのである。そのためには、この時期の法と国制に関する最近の研究に立脚した統一的国制像・社会像を示すに若くはない。しかし、たとえばロルフ・シュプランデルが近著『中世の国制と社会』(**R. Sprandel, Verfassung und Gesellschaft im Mittelalter, 1975**)で言うように、ゲルマン古代ないしとりわけ中世初期についてはドイツにおいてももはや通説というべきものはなく、多種多様な見解が主張されて帰趨を明らかにしえない現状である。それゆえ、著者は、さしあたり本書においては統一的な国制像を描き出すことを断念し、むしろゲルマン古代ないし中世初期の国制についての一九世紀初頭以降の学説史を——ゲルマン的な「自由」と「誠実」の観念に焦点を合わせつつ——紹介することによって、入り乱れている学説の現状を理解し、将来まとまった国制像を組み立てるための手がかりを提供するにとどめた。クレッシェルの前記教科書もまた、多くの重要な問題について現在の学説が区々に分かれており、明確な結論を得るに至っていないことを認めながら、学説によって争われている問題の所在を明らかにすることに努めているのであって、本書もそのかぎりでクレッシェルに倣おうとするものである。

　もとより、西洋法制史学においても、学説史は単なる論理の自己展開ではなく、それぞれの学説が形成された時期の国家理論、法理論によって規定されつつ、過去の国制と法についてのイメージをつくり上げてきたのである。それゆえ、近代ドイツの国家理論、法理論について専攻上若干の予備知識を有する著者が学説史の叙述を試みることは、それが成功した場合には、わが国の西洋法制史学に対し或る程度の寄与をなしうるかもしれない。これが、本書執筆に当っての、著者自身の積極的な動機であった。それにもかかわらず、本書が学説史に関する多くの先学、ことにクレッシェル、ゼー、ベッケンフェルデ等の業績に依存しながら、多少なりとも著者自身の見解を加えることによりかえって学説史の理解を困難にしたのではないか、という危惧を禁じえない。本書に対する忌憚なき批判を願うものである。ちなみに、法制史学者のクレッシェル、言語学者のゼーは一九二七年生まれ、憲法史学者のベッケンフェルデは一九三〇年生まれであり、いずれも第二次大戦後に研究生活に入った学者であって、かれらの学説史研究はイデオロギー批判としての性格を共有している。著者はこの点に共感を抱きながら、本書を執筆したのであった。著者が本書において諸学者の所論をなるべくそのまま――とはいってもむろん訳文で、ただし繁を厭わず原語を書き添えて――引用したのも、もろもろの歴史学説が史料に依拠することを標榜しながら実際にはしばしば言語的手段を駆使した構成としての性格を帯びるものだったことを、明らかにするためにほかならない。

蕪雑な作品ではあるが、本書を、かつて「共同相続財産について」(『法学協会雑誌』五六巻二―六号、一九三八年)においてギールケを素材としつつ歴史的考察を展開された恩師、来栖三郎先生に、長年の御指導に対する深い感謝の念とともに捧げることをお許しいただきたい。

村上淳一

一九八〇年一月

目次

1　「非倫理的」ローマ法と「倫理的」ゲルマン法

わが国の多くの大学の法学部で講ぜられる「西洋法制史」は、とくに一九世紀のドイツにおいて、ドイツ法制史ないしゲルマン＝中世法史として成立し、発展した。そのさい、このドイツ法制史ないしゲルマン＝中世法史は、何よりもローマ法史との対抗関係において自己を形成したのである。しかも、一九世紀のドイツにおいてローマ法(普通法)が実定法として妥当し、したがってローマ法学(いわゆるパンデクテン法学)がローマ法源を素材とする実定的な体系の構築をめざした、という事情に対応して、ゲルマン法学ないしドイツ法制史学も、とくに一九世紀中葉以降、歴史的研究よりはむしろゲルマン的法素材の体系化を意図するようになった。ゲルマン法の超歴史的な「本質」が体系の核心に据えられ、そのようにして歴史から遮断されたゲルマン法の特質が、しばしば法政策的提言を根拠づけるために援用された。その顕著な例として、カール・クレッシェル(K. Kroeschell)の最近の研究(1)によりながら、ゲルマン的所有権概念の問題をとりあげてみよう。

ゲオルク・ダーム (G. Dahm) は、今なお多くの読者を有する入門的著作『ドイツ法』(Deutsches Recht) において、現在通用している所有権 (Eigentum) の概念が「二つの根、すなわち普通法的所有権概念とドイツ法的所有権概念——個人主義的所有権概念と社会法的所有権概念といってもよい——」を有することを指摘している。ダームによれば、「これら二つのとらえかたは、所有権の意義と根拠如何という法哲学的な設問に対するそれぞれの解答を与えるものである。両者はそれぞれ、考えられる基本的な立場の一方を示している」。すなわち、普通法学によって形成された所有権概念においては、所有権は物に対する無制約の、全面的な支配にほかならず、法律や第三者の権利によって外から制限されることがあるにすぎない。これに対して、ゲルマン＝ドイツ法においては、所有権は社会法的にとらえられ、所有権者は自己の権利の行使にさいして内在的制約に服するものとされる。それゆえ、物に対する排他的支配とか、所有権と他物権との峻別とかいった考えかたは、ドイツ法にとっては異質である。ドイツ法は、本来同一の物がさまざまの目的のために役立てられること、所有を複数の権利者に分割することを認めるものである。そして、「ドイツ民法典が普通法的＝個人主義的な考えをとることに決めた」のに対して、「ボン基本法、およびすでにヴァイマル憲法は、所有権が社会的に義務づけられることを宣言している」(S. 450 ff.)。

このように個人主義的所有権概念にローマ的特質を認め、これに対置されるべき社会法的所有権概念をゲルマン的＝ドイツ的なものとして正当化する手法は、クレッシェルも指摘するように、ゲルマニストのオットー・フォン・ギールケ (O. von Gierke) が「個人主義的」なドイツ民法典第一草案を批判するさいに利用したものであった。

一八七四年に設置されたドイツ民法典起草委員会（この委員会が作成した草案は理由書とともに一八八八年に公表され、ギールケをはじめとする学者や実務家の批判を受けた上で、一八九〇年に設置された第二委員会で修正されることになるので、七四年の委員会は通常第一委員会とよばれる）は一〇人の委員から成っていたが、そのうちゲルマン＝ドイツ法の専門家は、当時ミュンヒェン大学教授のパウル・ロート（P. Roth）ただ一名であった。しかも、ロートは、委員会にはほとんど欠席することなく精勤したにもかかわらず、議論に加わることは稀であったから、起草作業はもっぱら普通法の体系をモデルとして進められることになったのである。とりわけ、著名な『パンデクテン法教科書』（Lehrbuch des Pandektenrechts）の著者として名声を博していたベルンハルト・ヴィントシャイト（B. Windscheid――委員会設置当時はハイデルベルク大学教授。八〇年にライプツィヒ大学に移り、その教授としての任務を全うするため、八三年に起草委員を辞任した）の影響は大きく、委員会が作成した第一草案が「小ヴィントシャイト」であると評されたほどであった。ゲルマニストとして令名の高かったロートが、多勢に無勢とはいえ起草作業に積極的に寄与する意欲を見せなかった理由は、明らかでない。しかし、同じゲルマニストの陣営に属したギールケが、社会法的理念による個人主義の克服という政治的・社会的目標を掲げたのに対して、ロートのゲルマン法研究はむしろ一種の個人主義に立脚したものであり、それゆえロートは、個人主義的普通法にゲルマン法の立場からあえて異を唱えるだけの使命感をもたなかった、と推測される。すなわち、ロートは、一八世紀以来のフランス人の歴史叙述が「ゲルマン的自由」のアナルヒー的傾向を指摘してきたことを批判して、近代主権国家のモデルに依拠しつつ、ゲルマン諸国ないしフランク王国を、自由人から成る臣民団体が元首としての国王に直属する体制としてとらえたのであり、そのかぎりでロマニストと同様の発想を有するゲルマニストだったのである。

ギールケは、一八八九年の講演『私法の社会的使命』(2)において、社会的に義務づけられたゲルマン的所有権の概念を提示した。かれは、「義務を伴わない権利は存在しない」という命題から出発して、他人を害するような所有権の濫用を抑制する一般的規則が必要である、と説いた。「緊急の場合には、法秩序は、所有権の濫用を禁止するにとどまらず、社会の要請に応じて所有権を正しく使用する法的義務を課することさえ、ためらってはならない」。ところで、「《義務を伴わない権利は存在しない》という命題は、あらゆる権利には内在的制約があるという、われわれのゲルマン的思考と密接に結びついている。対立する権能によって外から制限されうるにすぎない、それ自体としては無制約の諸権能の体系というロマニスト的思考は、いかなる社会的法概念とも両立しないものである」。

たしかに、「義務を伴わない権利は存在しない」という観念、権利はすべて「義務的権利」(Pflichtrecht)であるという観念は、中世においてかなり広範に見られた、と言ってよいであろう。ハンス・ティーメ (H. Thieme) は、一九四二年の論文『中世における国王留保権 (Regalien) の機能』(3)において、レガーリエン(市場開設許可権、貨幣鋳造権、関税徴収権、鉱業・漁業・狩猟の権利、道路や橋や港についての権利等々) ないしその他もろもろの特権を付与された者は、「義務的権利——義務内容が、与えられた権利の範囲を完全にカヴァーするような権能——」を獲得した、と指摘している。たとえば、帝国領の森林に関する一四、五世紀の史料によれば、「森林に関するレガーリエンを付与された者はそれぞれ自己の管理人を森林経営に当らせたが、そのさい、管理人は、当該の森林をつねに忠実に保護し、保持し、守護し、庇護する」ことを宣誓した。建築用材と薪とを自分たちのために、そしてまた権利を有する住民のためにその森林から採取することは許されていたが、過度の伐採ないし不適正な伐採に対しては戦わねばならず、狩猟権の侵害や放火からも森林を守らなければならなかった。ニュルンベルクの帝国森林、テュービンゲン付近のシェーンブーフ森、アルザスのハーゲナウ森、フランクフルトとダルムシュタットの間のドライアイヒェン森などが後世まで維持されえたのは、このような義務が忠実に履行されたからにほかならない。同じことは道路と河川に関するレガーリエンについても指摘できる。多くの史料は、徴収した通行税を道路や橋の建設費用にあてるべき旨、繰り返し述べており、また、河川レガーリエンの保有者に対して、水路、河岸の曳舟道、および港を維持し、監視するように義務づけている。レガーリエンは義務を伴うという意識は、とりわけ下層民の間に強固に定着していた。たとえば、「皇帝ジーギスムントの改革」と呼ばれる文書（一四四〇年ごろ）の匿名の筆者は、山や川を越えて道と橋を建設することこそが通行税の目的なのであり、これを他の用途にあてることはすべて明白な貪欲行為である、と述べている。すべての通行税徴収権は「世の中の役に立つために」帝国から与えられたものであり、したがって、たとえば「川に橋がないところでは通行税を徴収すべきでもないし支払うべきでもない」、というのである。

しかし、このような「義務的権利」の観念を、ギールケがしたように超歴史的な「ゲルマン的思考」と直結させることには、疑問があると言わなければならない。ティーメが指摘したレガーリエンの義務的性格は、ヴィルヘルム・エーベル（W. Ebel）が論じたように[4]、中世における授与＝貸与（Leihe）

一般の性格でもあった。エーベルによれば、ライエの一種としてのレーン(Lehen)をも含めて、一般に中世におけるライエは、授与＝貸与された権利をそこなわぬように注意深く扱い、授与＝貸与者のためにもこれを行使する義務を伴っていた、とされる。しかしながら、ティーメがレガーリエンについて、また、エーベルがライエないしレーンについて、その義務的権利としての性格を中世における政治秩序形成の機能との関連で論じていることから明らかなように、超歴史的な「ゲルマン的思考」によって「義務的権利」の観念が基礎づけられるものではない。中世に限って見ても、レガーリエンやライエ、レーン等、形式的には他から導き出された権利と並んで、固有権としての所有権(Eigen, Allod)が広範に存在したのであって、この固有権としての所有権についてレガーリエンやライエ、レーンと同じ意味で「義務的権利」たる性格を認めることはできないであろう。固有権としての所有権もまた原則として政治的な支配権にほかならず、支配が支配に服する者に対する保護の義務――とくに、一定の歴史的条件の下では保護の法的義務――と表裏一体をなしていたと考えることは可能であり、さらに、固有権としての所有権と、レガーリエンやライエ、レーンとの境界はしばしば曖昧であったが、それにしても、「義務を伴わない権利は存在しない」という命題がすべての権利について、また、すべての時代を通じて、同じような意味であてはまったわけではないのである。

　他方において、ロマニストもまた、所有権をそれ自体としては無制約の権利としてとらえることによって、それが外在的な制限に服することは承認する。たしかに、たとえばサヴィニー(F. C. von Savigny)は、『現代ローマ法体系』(System des heutigen Römischen Rechts)の第1巻(一八四〇)

において、所有権を「人の物に対する、無制約の排他的支配」として定義する。しかし、一八五五年に、ベッキング(Böcking)は、所有権者の支配は実際には各種の制限に服すること、したがって所有権の本質は、「主体の、物に対する私法的支配の抽象性と、多様な具体化を許容する不特定性に存する」と見るべきものであることを、主張している。また、ブルンス(Bruns)も、所有権の特徴を、一方では支配の単一性と一般性に、他方で制限の可能性に見出している。(5) ブルンスによれば、所有権は、たしかにかつて考えられたようなもろもろの個別的支配権の束といったものではないが、だからといって、これを、物に対する完全な、無制限の、排他的権利としてとらえてはならない。「それは単に、一般的な支配として定義づけることができるにすぎない」、とされる。そして、ヴィントシャイトの『パンデクテン教科書』は、まさにこのようなロマニスト陣営内部の指摘を顧慮して、所有権の定義に「それ自体として」(an sich)という限定を付すことになったのである。ヴィントシャイトによれば、「所有権とは、それ自体としては、物をそのあらゆる関係において権利者の意思にゆだねるような権利である」。したがって、「所有権とは、それ自体としては(als solches)無制約であるが、もろもろの制限を許容するものである」。

もとよりロマニストは、所有権に対する制限を何でも容認するというわけではない。そもそも、「物に対する無制約の排他的支配」という所有権の定義自体、プロイセンの一般ラント法(一七九四)およびオーストリア一般民法典(一八一一)がなお承認していた分割所有権に対するティボー(A. F. J. Thibaut)の批判を前提として形成されたものであった。したがって、所有権がもろもろの制限を許容するものであることを指摘するヴィントシャイトも、「ただ一人だけが真の所有権者である！」というティボーの主張を受けついで、上級所有権が所有権たることをやめない限り下級所有権は所有権たりえない、と述べている。また、所有権は「単に理念上」無制約の法的支配である、としたオーストリアのロマニスト、アントン・ランダ（A. Randa）も、『オーストリア法における所有権』（Das Eigentumsrecht nach österreichischem Rechte, 1884）において、所有権の制限はその本質に及ぶものであってはならない、と説き、とりわけオーストリア一般民法典の分割所有権に関する規定を所有権の概念と矛盾するものとして攻撃している。こうしてロマニストが分割所有権なる法制度――実際上は、上級所有権者＝領主と下級所有権者＝農民との支配・従属関係――に対する拒否的態度を堅持し、その意味で「個人主義的」な立場を守ったのに対して、ギールケはこの制度が歴史的に担った――そして内国殖民等の目的のために新たに担いうる――役割を評価すべきであると説いた。このように、ロマニストが所有権の制限に対してより厳格な態度をとったことは事実であるが、他面、ロマニストといえども、所有権を文字どおり無制約の排他的権利としていたわけではないことに、留意しなければならない。のみならず、ロマニストは一般に、所有権の自由をも含めたいわゆる私的自治（Privatautonomie）を、むしろその倫理性のゆえに要請しているのである。ルードルフ・フォン・イェーリング（R. von Jhering）の『ローマ法の精神』(6)によれば、自由は単に外的な強制を免れている状態としては倫理的価値を有しないのであって、積極的な創造力、すなわち意思というものが自由を前提とするゆえにこそ、自由は高い倫理的価値をもつのである。「この創造的活動は自由を前提とし、したがってまた自由の濫用――悪しきもの、目的に反するもの、理解しがたいものを選びとること――がありうることを前提とする。……人間を良きこと、理性的なことへと強制することは、人間がそれとは逆のものを選びとる可能性を閉ざすにとどまらず、良きことを自分自身の欲求によって行なう可能性をも奪うゆえに、人間の本性に反する罪なのである」。このようなイェーリングの見解から明らかなように、ロマニストもまた、本来、人間が良きことを主体的に選びとることを期待して抽象的な自由を要請しているのであり、脱倫理的な恣意の支配を積極的に是認したわけではない。

それにもかかわらず、ギールケが倫理的＝社会的なゲルマン法を、脱倫理的＝個人主義的なローマ法に対置したことは、上述のとおりである。まさにそのような立場から、ギールケは、ドイツ民法典第一草案をきびしく批判した。(7)

「この草案は個々の細かい点については適切な解決を与えているところもあるが、それは別として、この草案を全体としてとりあげ、十分に吟味し、その精神を問うならば、それはいくつかの賞賛すべき特徴を示すにせよ、遺憾ながらドイツ的なもの、国民性に根ざしたもの、創造的なものではないと言わなければならない。新しき私法秩序の倫理的＝社会的使命などは、およそこの草案の視野に入っていないように思われる。この草案がわれわれに提供するものは、つまるところ、パンデクテンの教科書をただ法律のかたちに改鋳したものなのである。むろん、そのさい、ドイツ法および近代法に対して大幅な譲歩がなされており、なお余命を保っていた多くのローマ法的制度が棄てられ、今日の法から切っても切り離せないものとなっている固有の法発展の多数の成果が採用されてはいる。しかし、この草案の骨組は、土台石から屋根の天辺まで、ゲルマン法の精神とは根本的に無縁のロマニスト的学説の作業場で組み立てられたものであり、ドイツ法は異物であるかのように――見事な様式をもった建物のきれいな線を乱さぬよう、どこでも細かく切り刻まれて――これに組み込まれてしまっている。この法典のすべての条文は〔ローマ法の〕学識ある法律家に向けられており、ドイツ国民（Volk）に対して語りかけるものではない。ドイツ国民の耳に語りかけるものでさえないのだから、まして国民の心に訴えるものではないのである。それは、われわれ国民の中にまだ生命を保っている古くからの法、自明のものとして感じられる法を、味も素気もない抽象物へと揮発させてしまった。それは、われわれの祖国において形成された、アイディアに富み有機的関連をもった法を、硬直した形式主義と不毛の図式主義の犠牲にしてしまった。この法典に示された創造的思考は貧困であり、何とも言いようがないほど貧困である。それは、概してパンデクテンの現代的慣用を法典化したものにとどまっており、これを補充するためにその後の諸法典から個別的借用を行ない、いくつかの既存の帝国立法を採り入れ、多少とも共通性をもつ各邦の立法により実現されたいくつかの改革を一般化して規定しているにすぎない。例外的に新たなものが見られないわけではないが、それは、基本的な考えがおかしいために、健全で伸び伸びした説得性というものを最初から欠いている。すべての法の新鮮な生命源に対して目をとざす立法者は、真に生き生きとしたものを生み出すことはできない。そのような立法者は自国民の魂から離れ、時代の鼓動を聞きのがしてしまう。かれは、法律技術の問題だけを、または少なくとも第一に法律技術の問題を自分の世界史的使命であると考える。そうした問題を解決するためには巷の雑音から遠ざかって立派な書斎に引きこもるのが一番であるから、かれはみずから孤立状態に陥るのである。かれは、私法の新秩序を形成することが一つの社会的な行為であること、したがって将来どのような倫理的＝社会的状態をもたらすかについて少なからぬ責任を負うべき立場にあることがわからぬままに、その仕事を進めるのである――しかも、さまざまの社会団体が内部から揺り動かされており、その成り行きがわれわれの文化の存亡を決するかもしれないという、この時代に！　それとも、草案に対するこうした非難には理由がないとでもいうのだろうか。この草案には、やはり何らかの社会的傾向が隠されているのだろうか。かりに何らかの傾向を読み取ることができるとすれば、それは、純粋なマンチェスター学派の個人主義的な、一面的に資本主義的な傾向であり、共同体に対して敵対的な、弱者に対して強者の立場を一層強めるような、実際には反社会的な傾向なのである。わがドイツの近年の立法はこうした傾向と決然として袂を別っているのに、この草案がそのような意図にもとづくものであるとはとうてい認められない。逆に、この草案には、法律学の聖域を乗り越える意図が欠けている。ローマ的法思考がゲルマン的法思考の上に勝利を収めるところでは、そうした意図の欠如からして不可避的にこのような結果が生まれるのであり、いつでも、どこでも、こうならざるをえないのである」。

もとより、「個人主義的」な私法体系の「社会法的」改編を主張したかぎりにおいて、その後の法律学と立法に対するギールケの貢献が多大であったことは、何人も否定しえないであろう。問題は、ギールケが、「個人主義的」なるものと「社会的＝倫理的」なるものとの対置をローマ法とゲルマン法の対立に直結させ、いわば一種のゲルマン・イデオロギーによって自己の主張を正当化しようとした点にある。そして、この点においても、のちの学説に及んだギールケの影響は少なくはなかった。わが国においても、たとえば平野義太郎は、ギールケに依拠しつつ民法上の各種の問題の再検討を試みた『民法に於けるローマ思想とゲルマン思想』(一九二四)において、ゲルマン法を超歴史的な「思想」としてとらえている。

同書の「はしがき」において平野はいう。「……此のローマ法はローマ法曹法の硬化し凝固した国家的統一法たるコルプス・ユリスである。されば、此の国家法は他の法源に対しては、絶対優越を意味し、民衆の間に発酵する慣習条理に対しては全く法たるの効力を否認する。此の国家的統一的成文法の至上主義！かくして、我が民法が国家的統一事業を完成したとき編纂せられたるものである以上、此の思想を継受したのは当然である。が、しかし、成文法によって慣習条理を駆逐せんとしても為しおほせるものでない。このことは民衆法たるゲルマン法の強く教へたところである。国家のほかに社会の発見である。成法のほかに失はれた生活規範の回復である。……近世の経済的自由主義、資本主義組織の下に於ては、個人が十分活溌に且つ力強く其の行動を進捗せねばならぬ。かく個人が自由に力強く活動せんが為には、権利の形式が重んぜられねばならぬ。ここに権利の絶対性、力性、さうして其の行使の無制限性が強調された所以がある。然らば、此の組織の下に於て、権利の絶対性、力性、行使の無制限性が強く主張されてゐるローマ法が復活したことはもとより至当である。が、しかしながら、個人も社会全体の安寧福利を予定してのみ自由な活躍ができるとすれば、今や権利の実質が考へられ、行使の相対性が重んぜらるべきことになるのではあるまいか？そのことを、団体を基本とし、一つの組織の上に共同生活の円満をはかったゲルマン法の権利行使の観念が教へたのである。……本書第一編〔ローマ法及びゲルマン法の思想と我民法〕の稿を起した動機は、ギーアケの法律文化史上にのこした偉業を紀念し追悼しつつ、我が民法に於けるローマ思想とゲルマン思想との基本的対立と、及び交渉と、其の比較から抽出される法律の合理的理想を明らかにせんとすることであった。が、此の両法系に於ける異った法律、法的思惟を分類整理し、比較綜合することによって、各の法の形態と精神とを発見し、かうして、法の有する普遍妥当な意味と理想とを捉へんとすることは、全篇にわたって私のとった態度であった」。

すでに一九世紀のドイツにおいて、当時のロマニストないしゲルマニストの理解したローマ法・ゲルマン法が過去のローマ法・ゲルマン法そのものと同一視されていたとすれば、それらの学説を受け入れた日本において、ローマ法・ゲルマン法が一層抽象的・脱歴史的に、思想ないし精神としてとらえられ、「法の有する普遍妥当な意味と理想」を理解するための手がかりとして利用されたのは、いわば当然であった。そして、そのような態度は、現行法の解釈にさいして、また立法論を展開するにさいして、自己の主張を補強するために役立ちえたと思われる。しかしそれは、不正確な歴史像をステロタイプ化するという危険を伴うものであった。歴史認識が認識主体の環境による被拘束性を完全には免れることができないとしても、われわれは、できる限り時代の実践的要請から離れて過去の社会をあるがままにとらえようと努力することにより、客観的認識に多少なりとも接近することができるのである。それでは、ギールケにおいて顕著に見られたゲルマン・イデオロギーは、そもそもいかなる環境において形成されたものであろうか。

(1) Karl Kroeschell, Zur Lehre vom „germanischen" Eigentumsbegriff, in: Rechtshistorische Studien. Hans Thieme zum 70. Geburtstag, 1977.
(2) Otto von Gierke, Die soziale Aufgabe des Privatrechts, 1889.
(3) Hans Thieme, Die Funktion der Regalien im Mittelater, ZRG, Germ. Abt. Bd. 62, 1942.
(4) Wilhelm Ebel, Über den Leihegedanken in der deutschen Rechtsgeschichte, in: Vorträge und Forschungen (hrsg. vom Konstanzer Arbeitskreis für mittelalterliche Geschichte), Bd. 5, 1960. この論文は、Über die Leihe in der deutschen Rechtsgeschichte という標題の下に、エーベルの論文集『ドイツ法制史の諸問題』(Probleme der deutschen Rechtsgeschichte, 1978) にも収められている。
(5) ベッキングとブルンスについては、クレッシェルの上記論文による。
(6) Rudolph von Jhering, Geist des römischen Rechts auf den verschiedenen Stufen seiner Entwicklung, Bd. II-1 (4. Aufl. 1880), S. 122 ff.
(7) Gierke, Der Entwurf eines bürgerlichen Gesetzbuches und das deutsche Recht, 1889.

2　ゲルマン・イデオロギーの形成

ドイツにおけるゲルマン・イデオロギーの歴史に関するクラウス・フォン・ゼー（K. von See）の考察(1)によれば、ドイツ人の学問的著作や詩や政治著述において、ゲルマン人は、長い間次のようなものとして描かれてきた。「粗野にして好戦的であり、同時に率直かつ正直である。古来の農民的な土着の風俗にしたがっており、婦人と客人を厚遇する純真かつ素朴な良俗をもっている。取引や駆引を好まず、政治的秩序を制度によって柔軟に操ることはなく、これを家族や同族や部族といった自然成長的共同体によって、そしてまた主君と従士との人的な誠実関係によって基礎づける」。

このようなゲルマン人像は、タキトゥスの『ゲルマーニア』を主たる材料として、一六世紀の人文主義者により形成され、受けつがれてきたものであるが、ゼーによれば、このゲルマン人像は次のようなイデオローギッシュな側面をもっている。第一に、それは、ローマ人との対照によって描き出されたものであった。ローマ人が商才に長け、合理的＝打算的であり、個人主義的であるとされたのと対照的に、ゲルマン人は誠実であり、情緒的＝情熱的であり、同族に拘束されている、とされたのである。こうした対照が、人文主義と宗教改革の時代にはとりわけローマ教皇権への対抗意識、七年戦争(一七五六―六三)にさいしてはローマ的な隣国フランスとの軍事的対立、文芸上の疾風怒濤期にはフランス古典主義の合理性と理智性に対する独創性と情緒性の闘争、といったそれぞれの時代の要請と結びついて、強調された。さらに、一九世紀には、ナポレオンに対する解放戦争(一八一三―一四)、一八四〇年の「ラインの危機」、一八七〇―七一年の普仏戦争において、そして二〇世紀に入っては一九一九年の「ヴェルサイユの押しつけ」にさいして、「仇敵フランス」(der welsche Erbfeind)に対する敵愾心が上記のごときローマ人対ゲルマン人の図式によって補強されることになる。それと並んで、一九世紀中葉以降、さまざまの政治的・宗教的な教皇中心主義(Ultramontanismus)との対決、小ドイツ主義＝民族主義と大ドイツ主義＝普遍主義との対立、中世ドイツ皇帝のイタリア政策をめぐる歴史家の論争、そして「民法典」にローマ法的要素とゲルマン法的要素をそれぞれどれだけ盛り込むかという問題をめぐる法律家の論争においても、やはり右の図式が利用されたわけである。

　さらに、ゼーは、この第一の側面との関連において、伝統的なゲルマン人像が超歴史的な性格をもつものであることを指摘する。タキトゥスの叙述の背後には、明らかに、まだ磨滅し堕落していない若い文化と、爛熟し弛緩した古い文化との対比という図式が存在したのであるが、この図式は、タキトゥスの時代には実際にあてはまったとしても、長期間に亙って通用しうるはずのものではなかった。しかし、この図式が繰り返し援用されることによって、それは超歴史的な、特殊ゲルマン的な民族性として理解されることになった。この民族性の通俗的な理解によれば、それは、無欲、正直、感受性といった要素から成るものであって、享楽に耽り、うわべを取り繕い、理に落ちるローマ的民族性に対置された。近代の学問が描き出したゲルマン人の姿も、このような対比をむしろ絶対化した。それは、進化論的＝歴史的観点をとることなく、原始社会の一般的特徴にほかならない「同族感情」とか、客人を歓待する風習とか、「名誉」の尊重とかを、特殊ゲルマン的な習俗・倫理の表現としてとらえてきたのである。

ところで、こうしたゲルマン・イデオロギーの形成に大きく寄与したものとして、ゼーは、いわゆるスカンディナヴィア・ルネッサンス (skandinavische Renaissance) の役割を指摘する。以下においては、ゼーによりながら、スカンディナヴィア・ルネッサンスについて概観しておこう。

モンテスキュー (Montesquieu) は、『法の精神』(De l'Esprit des Lois, 1748) 第一一篇第六章においてイギリスの国制を称揚したさいに、「ゲルマン人の習俗に関するタキトゥスの名著を読めば、イギリス人がその統治の原理をゲルマン人から受けついでいることがわかる。このすばらしい制度は、森のなかで生み出されたのである」、と述べている。そのことは、タキトゥスがドイツの愛国者によってのみならずフランスの啓蒙思想家にとっても自由の教典としての役割を果しえたことを明らかにするものとして、興味を惹くものがあるが、モンテスキューはタキトゥスと並んで、実は「スカンディナヴィア・ルネッサンス」からも大きな影響を受けているのである。すなわち『法の精神』第一七篇第五章は、「北ヨーロッパの諸民族は自由な人人として北ヨーロッパを征服した。これに対して北アジアの諸民族は奴隷として北アジアの地を征服し、一人の君主のためにのみ勝利を収めた」、と指摘し、さらに、「その著書《アトランティカ》(Atlantica) においてスカンディナヴィアを大いに賞讃しているかのリュドベック (Rudbeck) 氏が、スカンディナヴィアに住む諸民族をして世界のあらゆる民族に優るものたらしめる大きな長所について語っているかどうか、私は知らない。その長所というのは、すべてのヨーロッパの自由、つまり今日およそ人間同士の間に存在するほとんどすべての自由が、その源をスカンディナヴィアの諸民族に有する、ということである」、としている。モンテスキューが引用しているリュドベック (O. Rudbeck, 1630-1702) は、その著書『アトランティカ』においてプラトンの描いたアトランティスも聖書の描いた楽園もスウェーデンにあったと説き、スカンディナヴィアの前史文化を人類最古の文化としたことによって、一六八〇年代以降全ヨーロッパ的な注目の的になった人物であるが、かれもまた、「北欧ルネッサンス」ないし「スカンディナヴィア・ルネッサンス」の多くの担い手のなかの一人にすぎない。すでに一六世紀において、スカンディナヴィア各地の古墳、石組、およびとりわけルーネ文字 (Rune) の刻まれた遺物など、考古学的資料がスカンディナヴィア人文主義者の興味の対象となった。さらに、とくにアイスランドに多い無数の文書資料も、人文主義者の注目するところとなった。また、ギリシア神話の北方霊民ヒュペルボレオイ (Hyperboreoi) に関する伝承、および、六世紀のゴート人歴史家ヨルダネス (Jordanes) の著作は、スカンディナヴィア人の自己意識の形成に役立った。とりわけ後者によれば、スカンディナヴィアはゴート人発生の地であるのみなず「万民の製造所」(officina gentium) ないし「諸国民の母胎」(vagina nationum) とされたのである (モンテスキューもまた、『法の精神』第一七篇第五章において、「ゴート人ヨルダネスは北ヨーロッパを万民の製造所と呼んだが、私はむしろ、これを、南方で鍛造された鎖を切断するための武器の製造所と名づけたい」、と述べている)。

もっとも、このスカンディナヴィア・ルネッサンスは、人文主義の時代に、ローマの文化的覇権に対抗して展開されたスカンディナヴィアの自己主張であったから、全ゲルマン的イデオロギーとは本来無縁のものであった。それは、タキトゥスよりはむしろヨルダネスを手がかりとして、スカンディナヴィアに発したゴート人がヨーロッパを支配し、ヨーロッパ文化に寄与したことを強調した。ゲルマン・イデオロギーならぬこのゴート・イデオロギーないしゴート主義（Göticism）は、一七世紀中葉に北欧神話エッダ（Edda）の写本が発見され、ルーネ文字の学問的解明が行なわれるなどの新展開によって最盛期を迎え、さらに、一八世紀の北欧における啓蒙主義的＝世界主義的な、もしくは古典主義的な傾向によっても阻害されることなく、ロマンティクに受けつがれてゆくのである。

このゴート主義の、スカンディナヴィア以外のヨーロッパへの影響は、すでに一七世紀中に現れた。とくにイギリスにおいては、ゴート的（gothic）という語が「ゲルマン的」の意味で用いられ、この用法が、イタリア人により本来侮蔑的に建築様式について用いられた「ゴート的」という用語と複雑に結びついて、芸術＝文芸批評上広範に見られることになった。そのことによって、イギリスの人文主義者は、イタリア人文主義によって描き出された野蛮なるイギリスというイメージを逆転させようとしたわけである。政治に関しても、イギリス人は、「ゴート的＝ゲルマン的自由」という観念によって、名誉革命後の体制を正当化しようとした。たとえば、文筆家リチャード・スティール（R. Steele）は、一七一三年に、「北方民族が定住したところではどこでも、かれらは、君主政・貴族政・民主政から組み立てられた統治〔混合政体〕を樹立した。ドイツ、フランス、スペイン、イタリア、そしてイギリスはいずれもこの種の統治を有した。すなわち、制限王政である」、と説いた。

しかし、スカンディナヴィア・ルネッサンスが中部ヨーロッパに対する持続的影響を示すようになったのは、一八世紀中葉以降のことである。とくに、一七五二年にジュネーヴからコペンハーゲン大学教授に招聘されたポール・アンリ・マレ (P. H. Mallet) は、一七五五年から公刊した『デンマーク史』(Histoire de Dannemarc) 全六巻によって、スカンディナヴィアの歴史・文化をはじめて広くヨーロッパの読者公衆に伝えることになった。マレは、古代北欧民族の統治制度、とくに選挙王政とアイスランドの共和政的アルディング (Allding) 制を称揚し、モンテスキューにならってスカンディナヴィアの諸民族を「ヨーロッパの自由の源」と呼んだ。マレはまた、古代北欧神話を詳細に紹介しており、そのことによって、詩作の主題をローマ神話以外のところに求めようとした詩人たちの間に大きな反響を呼んだのである。そのさい、マレにあっては、北ヨーロッパの住民一般がケルト人としてとらえられ、スカンディナヴィア人がこのケルト人に属するものとされていたことが注目される。マレの著作を熱狂的に歓迎したドイツの文筆家ヨーハン・ゴットフリート・ヘルダー (J. G. Herder) においても同様であった。ヘルダーは、マレの著作によって「わが古代ゲルマン人が、宗教、法律、習俗、慣習に関し、勇敢なるデーン人の兄弟であった」ことを知りえたと述べ、さらに、「この本は、新たな天才的なドイツ人の武器庫となりうるものである。そのドイツ人はケルト的想像力の翼によって雲の中に舞い昇り、われわれにとってローマの神話よりもずっとふさわしい詩を作るのだ」と説いている。ここから明らかなように、この時期のヘルダーはなおスカンディナヴィア人をケルト人と混同し、他方でゲルマン人をドイツ人として理解しているのである。スカンディナヴィア人とケルト人との混同は、マレの著作の公刊の五年前、ジェームズ・マクファーソン (J. Macpherson) が、ケルトの伝説的英雄オシアン (Ossian) の登場する『古代詩集成』(Fragments of Ancient Poetry) を発表し、大きな反響を呼んでいたことからして、無理もないことであった。そして、これらの詩に現れた陰鬱な、深い霧に包まれた自然、神々のいない自然と、スカンディナヴィアの神話とが補い合って、独特の雰囲気を醸し出していたわけである。

だが、この雰囲気は、ケルト的＝スカンディナヴィア的なものから区別された一八世紀のゲルマン人像をも包み込むことになった。ゲルマンの世界は、キリスト教信仰によって克服さるべき一つの前段階、「神々の黄昏」の世界として理解された。ゼーの要約によれば、「一八世紀末までのゲルマン人像は、一般に、人文主義にまで遡ることのできる神学的＝キリスト教的な見方に拘束されていた。古代ゲルマン世界は粗野で野蛮な、死と没落の陰鬱な雰囲気に近い世界、キリスト教化による救済を必要とする世界であった」。

このようなゲルマン人像に転換をもたらしたのは、ゼーによれば、一七九六年に発表されたヘルダーの論文『イドゥーナ[2]、または若返りの林檎』(Iduna, oder der Apfel der Verjüngung)であった。そのなかで、ヘルダーは、ゲルマン人とスカンディナヴィア人を一体化しながら、スカンディナヴィア人とケルト人との混同を明確に批判した。「人々はわれわれ(!)をケルト人と混同した。人々は、われわれのなかからオシアンのような人物が現れることを期待した。しかし、これら二つの民族ほど違っているものはないのであって、両者はつねに対立していたのである。ケルト人は、か弱く悲しい感情を歌った。これに対してノルマン人は行為を歌った」。こうして狭い宗教的見方が棄て去られ、重点が「国民の精神」に置かれてはじめて、スカンディナヴィアの伝承は民族性の発露であり、ドイツ人はこの民族性をスカンディナヴィア人と共有する、というロマンティッシュな思考への途が開かれたわけである。ヤーコプ・グリム(J. Grimm)の『ドイツ法古事学』(Deutsche Rechtsaltertümer, 1828)、『ドイツ文法』(Deutsche Grammatik, 1819–37)、『ドイツ神話』(Deutsche Mythologie, 1835)、ヴィルヘルム・グリム(W. Grimm)の『ドイツ英雄伝説』(Deutsche Heldensage, 1829)等は、いずれもこうした思考の所産であった。ロマンティクとともに、「ドイツ人の精神生活における北方の夢（Traum von Norden）」が生まれたのである。ゼーによれば、ドイツ人は今やスカンディナヴィア人から自国民の過去を借用することになった。タキトゥスはドイツ人の過去を基礎づけるにはあまりにも貧弱であり、またイーゲルの石柱（トリーア付近のイーゲルにある、ローマ人が三世紀に建てた墓碑。高さ二三メートル）やリーメスの砦（ローマ人がゲルマン人に対する防衛拠点として築いたもの。ライン中流からドーナウのレーゲンスブルク付近に至る防衛線、リーメス上に、百を超える砦が配置されていた）も畢竟ローマの遺跡以上のものではなかったのに対して、スカンディナヴィアには多数の注目すべき文化遺物があった。こうして、スカンディナヴィアの中世は、実際にゲルマン精神の「武器庫」となったのである。

このようにして完成されたゲルマン・イデオロギーは、一九世紀ドイツの歴史学に大きな影響を及ぼした。その例として、ゼーは、ハインリッヒ・フォン・ジューベル（H. von Sybel）のケースを挙げる。ジューベルは、中世ドイツ皇帝のイタリア政策を、ドイツ王国をローマ教皇権の利益に従属させたものとして非難し、ドイツ人の側に立ってドイツ政策を展開した理想的人物として、皇帝のイタリア政策に反対したシュヴァーベン太公ルードルフとハインリッヒ獅子公、および聖職者の手による聖別を拒否したザクセン太公（ドイツ国王）ハインリッヒ一世を称揚した。ジューベルのこの態度を、ゼーは、一九世紀中葉のドイツ統一問題をめぐる小ドイツ主義と大ドイツ主義との抗争において、前者の立場をとるジューベルがゲルマン・イデオロギーにもとづいて自己の立場を正当化するために描き出した歴史像として理解するのであるが、そればかりでなく、ゼーは、ジューベルの——太公理念(Herzogs-Idee) というかたちをとった——小ドイツ主義的発想が第三帝国の時代に甦ったことをも指摘する。すなわち、第三帝国の時代には、中世の太公たちは真のフォルク指導者 (Volksführer) であって、制度化された国家機構によってではなく自己のフォルクの「誠実なるゲフォルクシャフト」(treue Gefolgschaft) によって支えられていた、と説かれ (その例として、ゼーは、一九四一年に発表されたヴァルター・シュレージンガーの論文を挙げている[3])、また、「ローマのお気に入り」カール大帝の敵対者だったザクセン太公ヴィドゥキントをはじめとして、太公たちは反ローマ運動の最初の代表者であった、とされた。アルフレート・ローゼンベルク (A. Rosenberg) はヴィドゥキントとハインリッヒ獅子公を「北欧的=ゲルマン的指導者」として讃美し、ヴィル・ヴェスパー (W. Vesper) は、ヒトラーを、ドイツ人の「太公」(Herzog) の再来として歌い上げた。

皇帝のイタリア政策の評価と、これに関連した「太公理念」の問題については、稿を改めて学説史を跡づけることが必要であろう。ここでは、ひとまず、ゲルマン人像・ゲルマン社会像に対象を限定して、ドイツにおけるゲルマン・イデオロギーの定着過程をたどっておこう。

すでにクラウス・フォン・ゼーによる概観から明らかなように、反ローマ主義によって貫かれつつ多様な姿をとって現れたゲルマン・イデオロギーは、基本的に二つの側面を示すものであった。すなわち、それは、一方においてゲルマン人をいわば自由 (frei) な自然児としてとらえ、他方においてゲルマンの社会をそのような自由人の誠実 (Treue) による結合としてとらえたのである。むろん、この両側面がつねに同時に、しかも同等の比重をもつものとして語られたわけではなく、そのいずれか一方が、一面的に強調されたことも少なくない。たとえば第三帝国の時代の「太公理念」においてはもっぱら「誠実なるゲフォルクシャフト」の側面が強調されたのに対して、一七六五年に『オスナブリュック史』(Osnabrückische Geschichte) 第一巻を刊行したユストゥス・メーザー (J. Möser) においてはゲルマン人の自由が前面に現れていた。ゲルマン人の自由をはじめて強調したのは、ゼーの指摘によれば人文主義者のウルリッヒ・フォン・フッテン (U. von Hutten) であり、フッテンは、紀元後九年のトイトブルク森 (Teutoburger Wald) の戦でローマ人を撃退したゲルマンの英雄ヘルマン (Hermann, Arminius) を「祖国の自由を守った人々」のうち第一位に置かるべきものとして称揚するとともに、「ドイツは全世界のすべての国々のなかで最もよく自由を与える国である」と説き、後世に大きな影響を及ぼした。このようなゲルマン的自由の強調は、上述のようにモンテスキューにも見られたところであるが、ユストゥス・メーザーの場合も、古ザクセンの家長の自由がオスナブリュック史研究の基礎に据えられている。そこでは、エルンスト–ヴォルフガング・ベッケンフェルデ (E.-W. Böckenförde) も指摘するように、(4)「もろもろの家長、もろもろの家は、バラバラに併存している。それらは、ヘルシャフト的にもゲノッセンシャフト的にも、相互に結びつけられていないのである。それぞれの家が平和共同体、法共同体、防衛共同体であり、家長は国王、裁判官、神官の役を一身に兼ねている。もろもろの家や家長の上にあって社会的関連をもたらすような、ジッペへの帰属とか、ゲフォルクシャフトとか、従軍とかいったものは触れられていないし、フェーデについてさえ言及されていない。あらゆる家長が、完全な《原初的自由》(alte Freiheit) の状態、統治権力なき状態に生きているのである」。このようなゲルマン社会像によれば、本来孤立せる家長＝土地所有者間の政治秩序は、山林牧野の共同利用のためのマルクゲノッセンシャフト (Markgenossenschaft) の形成からはじまって、選出された裁判官の下の裁判共同体・防衛共同体の形成に進み、さらにこの種の共同体をいくつも含む国家が形成される、というかたちで描き出されることになる。この国家は、自由な家長＝土地利用者たちの共同体であるから、その王は家長たちによって選出されたものであり、家長たちの生命・身体を左右する支配権をもたず、単に共同体の指揮者 (director societatis) としての地位を有するにすぎない、とされる。このような「民主的」国制像は、しばしば指摘されるように、まだ機構としての国家にまで発展するに至らず、法共同体としての性格を濃厚にとどめている小領邦オスナブリュックの現状を反映したものであった。

いずれにせよ、このように自由で平等なゲルマン人像、民主的なゲルマン社会像から出発するならば、貴族身分は、一旦国家が形成されたのちに、その軍事的官職が世襲化されることによって生じた、と構成されざるをえない。こうしたメーザーの図式は、後のゲルマン社会像、中世国家像に、きわめて大きな影響を及ぼすことになったのである。もっとも、このように自由の側面を一面的に強調したメーザーのゲルマン人像が直ちに支配的になったというわけではない。ロマニストのフリードリッヒ・カール・フォン・サヴィニー (F. C. von Savigny) とともに歴史法学派の創設者となったゲルマニスト、カール・フリードリッヒ・アイヒホルン (K. F. Eichhorn) は、のちに詳しく紹介するように、『ドイツ国家＝法制史』において、一方ではメーザーにしたがって自由な土地所有者から成るマルクゲノッセンシャフトから出発し、より大きな政治的単位たるフォルクスゲマインデないしフォルクをゲノッセンシャフト的に基礎づけながらも、ゲフォルクシャフトの観念によって王権の形成を説明する。そして、ヘーゲル（G. W. F. Hegel）は、その『歴史哲学』(5)において、自由と誠実をゲルマン社会の基本的な構成原理として定式化するのである。

周知のように、ヘーゲルは、世界史を自由の発展の過程としてとらえた。「東洋（Orient）は一人の者が自由であることを知っていたにすぎず、今なおそうである。ギリシアとローマの世界は、若干の者が自由であることを知っていた。ゲルマン世界は、すべての者が自由であることを知っている」。そのさい、倫理的＝実体的なるもののすべてが一人の支配者に独占され、それ以外のいかなる者にも主体的自由が認められない東洋世界を別とすれば、ギリシア、ローマ、ゲルマンの世界は、それぞれ自由の即自的、対目的、即自かつ対自的なあり方に対応するものとしてとらえられる。すなわち、ギリシアにおいてはポリスの倫理的秩序と、ポリスを担う自由人の主体的意思とが、直接的＝即自的なかたちで統一されている。「東洋において実体的なるものそれ自体〔支配者が独占する倫理性〕と、これに対して塵のように飛び散っている個別性〔自由を認められない被支配者〕との両極端に分かれていたものが、ここ〔ギリシア〕では一体となる。しかし、これら別々の原理は直接的〔＝即自的〕に統一されているにすぎないのであって、それゆえ、同時に、最高の矛盾を伴っている」。この矛盾は、ローマにおいて顕在化する。そのさい留意すべきは、ヘーゲルがローマを論ずる場合、もはやこれをギリシアのポリスのような共同体としてはとらえていない、ということである。「ローマ国家は、都市アテナイの場合と違って、もはやもろもろの個人から成るものではない。……普遍者

〔国家〕が諸個人を服属せしめる。諸個人は、この普遍者に自己を委ねなければならない。けれども、その代りに、諸個人は自分自身の普遍性、すなわち人格性（Persönlichkeit）を獲得する。個人は私人としての法的人格（rechtliche Person）となる」。しかし、ここでは、個人には抽象的人格が承認されているにすぎず、この抽象的人格が抽象的普遍者としての国家と対峙するにとどまる。換言すれば、ローマにおいては、実体的＝倫理的な普遍性としての国家が主体的＝実体的な個別性に支えられる、という世界史の目標が達成されるには至らない。このような世界史の目標は、ヘーゲルによれば、キリスト教が示した精神的宥和（geistige Versöhnung）、すなわち魂の内部における個別性と普遍性との宥和の可能性が、ゲルマン世界においてしだいに世俗秩序にまで拡大されてゆくことにより、達成されることになるのである。むろん、ゲルマン世界においても、そのような精神的原理は、当初は世俗権力にとっての当為であったにすぎない。したがって、「精神を欠く世俗権力は、まず、宗教的権威の前に、影の薄いものとならざるをえなかった。しかし、この宗教的権威そのものが、みずから世俗権力へと転落した結果、それは自己の使命と権威とを失ってしまう。こうして宗教の側、つまり教会が堕落したことから、理性的思惟はより高次の形態をとることになる。〔教会の堕落によって〕またしても自己の裡に押し込められた精神は、思惟のかたちにおいて新たな作品を生み出す。すなわちそれは、世俗性の原理だけから理性的なるものを実現しうるようになる。このようにして、精神の原理にもとづく普遍的使命の活動により、思惟の国が現実界に生み出されたわけである。……〔ここにおいて〕自由は、自己の概念、自己の真理を実現するための手がかりを見出した。これが、世界史の目標にほかならない」。

それゆえ、ヘーゲルにおいては、自由の実現はあくまでも目標として掲げられているのであり、復帰すべき過去の黄金時代として理解されているわけではない。ヘーゲルのいわゆるゲルマン世界は近代に至るヨーロッパ世界全体を包摂するものであり、とりわけ宗教改革以降の近代ヨーロッパが、「世俗性の原理だけから理性的なるものを実現しうる」段階に達しつつあるものとして、高い位置づけを与えられるのである。にもかかわらず、ヘーゲルは、「ゲルマン諸民族は精神のより高い原理の担い手たる能力を有する」と指摘することを忘れない。すなわち、ゲルマン人の世界には、世界の再生を基礎づけるべき自由の精神が生きており、この自由の精神に基礎づけられた世俗権力としての国家、「心情（Gemüt）、誠実（Treue）、一般に主観性に立脚する」国家と、絶対的真理の具現としての教会との緊張関係のなかから、右に見たような自由の実現の可能性が生まれる、とされるのである。

「古代ドイツ人は自由を愛する者として名高く、ローマ人もはじめから、ゲルマン人をそのようなものとして正しく理解していた。ドイツ的自由はごく最近まで旗印（Panier）として掲げられてきたのであって、フリードリッヒ二世の下での諸侯同盟（Fürstenbund）でさえ自由への愛から生じたものである。この自由の要素が社会関係において生み出すものが、フォルク共同体（Volksgemeinde）にほかならない。この共同体が全体を成し、共同体の成員はすべて、〔全体に隷属するのではなく〕成員（Mitglied）として自由人なのである。殺人が人命金の支払によって処理されえたというのも、自由人であることが前提とされ、どんなことをしても自由人でありつづける、とされたからである。このような個人主義の絶対的妥当が、タキトゥスもすでに述べているように、一つの主要原理であった。私法上の事件にさいしては、共同体そのものが、または共同体の成員たちの助言を得た幹部が、人身と所有の安全のために裁判を行なった。戦争などのような全員の問題については、全員の協議と決定が必要とされた」。

このような自由の要素の強調にひき続いて、ヘーゲルは、誠実の要素の意義を指摘する。「もう一つの要素は、自発的なゲノッセンシャフトと、将軍（Heerführer）や君侯への自発的な帰服によって中心が形成されたということである。ここでは、関係をもたらすものは誠実 (Treue) であって、自由がゲルマン人の第一の旗印であるのに対し、誠実はその第二の旗印である。もろもろの個人は自由意思によって一人の下に帰服し、自発的にこの関係を破りえぬものとする。このようなことは、ギリシア人においてもローマ人においても見られない。アガメムノンとかれに服した王たちとの関係は〔主君と〕従士 (Dienstgefolge) の関係ではなく、ある特別な目的のための自由な結合 (Assoziation)、すなわちヘゲモニーにすぎなかった。これに対して、ドイツ人のゲノッセンシャフトは、単に客観的な事項にかかわるものではなく、精神的な自我、主観的な、最も内面的な人格にかかわるものである。心、心情、つまり内容から抽象されることなく内容により条件づけられてもいるような全く具体的な全体的主観性によって、この関係は、誠実と服従 (Gehorsam) の融合物となっているのである」。

ヘーゲルはこのように、共同体における個人の自由、および、支配者への帰属を基礎づける誠実の両要素により、ゲルマン社会像を描き出し、これを古典古代世界に対置している。そのかぎりで、われわれは、上述のゲルマン・イデオロギーの顕著な影響を、ヘーゲルにおいても認めることができるであろう。否、むしろ、まさにヘーゲルの『歴史哲学』によって、ゲルマン・イデオロギーに立脚したゲルマン人像・ゲルマン社会像がほぼドイツに定着した、と見ることも許されよう。

(1) Klaus von See, Deutsche Germanen-Ideologie, 1970. この本は一〇〇頁余りの啓蒙的著作であるが、のちに引用する『古北欧の法用語』をはじめとする著者の北欧語史研究の副産物として生まれたものであり、きわめて示唆に富む。本節の叙述は、ゼーによるところが大きい。なお、Germanen-Ideologie は本来「ゲルマン人イデオロギー」と訳すべきであるが、ここでは便宜上ゲルマン・イデオロギーとした。

(2)　イドゥーナないしイードゥンは北欧神話の女神で、所持するリンゴによって永遠の若さを保つ力をもつものとされた。

(3)　Walter Schlesinger, Kaiser Arnulf und die Entstehung des deutschen Staates und Volkes, HZ 163, 1941. これはシュレージンガーの、ライプツィヒ大学における教授資格取得講演である。シュレージンガーがこの論文において、ゲフォルクシャフトとゲルマン的誠実との関係を論じているわけではない。かれは「ゲルマン人の国家観念が古典古代的・キリスト教的国家観念ないし絶対主義的・自由主義的国家観念と異なり人的支配（persönliche Herrschaft）を中心としたものであり、家（Haus）とゲフォルクシャフト（Gefolgschaft）なる法概念と結びついて形成されたものである」ことを指摘しているにすぎない。しかし、この論文と同年に発表された著書、『ランデスヘルシャフトの発生』では、シュレージンガーは――本書の18で詳しく紹介するように――フランク王国東部における国王の支配は、国王領に対する支配を除いて、国王に対する豪族の「人的誠実義務」にもとづくものであったことを強調しているのであり、したがってアルヌルフの東フランク王選出（八八七）を扱った上記論文における「人的支配」が被支配者の「人的誠実義務」に対応したものとして考えられていることに疑問の余地はない。したがって、ゼーが、「誠実なるゲフォルクシャフト」の観念をとるものとしてシュレージンガーのこの論文を挙げることに問題はない。そして、ゼーがとくにこの論文を取りあげたのは、シュレージンガーが、（八四三年のヴェルダン条約によって三分されたフランク王国を再統一した）カール三世の死後、西フランクが「王の名の権威に対する畏れを知らず王国の統一の重要性を知らぬ権力人間たち（Machtmenschen）」の猖獗にゆだねられたのに対し、東フランクでは豪族たちが進んでアルヌルフを「ヘル」としての国王に推戴したことを、「ガロ＝ローマ的な民族性とゲルマン的民族性が異質であること」を物語るものとしてとらえているからであると思われる。シュレージンガーが「ドイツの部族豪族がすでに八八七年に王国東部のまとまりを意識していたのに対して、王国西部は全くバラバラになってしまった。フランス史のはじめには教会によって推進された分立主義があり、ドイツ史のはじめにはドイツ諸部族の一体性の観念があった」と説き、この差異をもたらした要因として「血のまざりかたの違い」（verschiedene Blutmischung）を挙げるのを見れば、ゼーが第三帝国のイデオロギーによって支配された歴史学の一例としてこの論文を挙げるのは無理からぬところであろう。

(4)　Ernst-Wolfgang Böckenförde, Die deutsche verfassungsgeschichtliche Forschung im 19. Jahrhundert, 1961, S. 27.

(5) Georg Wilhelm Friedrich Hegel, Vorlesungen über die Philosophie der Geschichte. 邦訳として、武市健人訳『歴史哲学』(岩波文庫)がある。ただし、本文の引用はこの訳によらない。

3　アイヒホルン――帝国国法論とゲルマン的自由

もとより、一九世紀前半以降のドイツに定着したゲルマン・イデオロギーも、その現象形態はさまざまであった。大まかに言えば、ギールケ以前のゲルマニストのゲルマン人像・ゲルマン社会像においては自由の要素が前面に現れたのに対し、ギールケに至ってはじめて、自由と並んで誠実の要素が――「社会法」の観念と結びつきつつ――強調されることになったのである。以下においては、このような展開を追跡する前提として、まず、右に簡単に触れたアイヒホルンの見解をやや詳細に紹介しておくことにしよう。

上記のように、アイヒホルンは、『ドイツ国家゠法制史』[1]において、ユストゥス・メーザーを引用しながら、土地の耕作と共同利用による結合として成立した共同体、すなわちいわゆるマルクゲノッセンシャフトを、古ゲルマン人の国制の基礎に据える。

「マルクゲノッセンシャフトは土地をはじめて耕作するさいに形成されたものであった。マルク(Mark)

という概念は、もともと、村民以外の者(Nicht-Genossen)すなわちマルク外の者(Ausmärker)に対してとざされた地域(geschlossener Distrikt)を意味したように思われる。この地域内で、耕地とそれ以外の土地とが区別され、前者に対する関係で後者もまたマルクと呼ばれた。この、狭義におけるマルクの、村民(Markgenossen)による利用は、どこでもマルク制(Markverfassung)によって規律された。しかし、そればかりでなく、耕地についての私的〔＝個別的〕所有権(Privateigentum)も、このマルク制によって、村法により規律される利用権(Nutzungsrecht)としての性格を与えられた。マルク制はドイツの全部ではないにせよ大部分において土地の耕作を三圃農法の規則に拘束し、また、耕地をある程度までやはり共同利用に服させたからである。……三圃農法は個々の農家(Hof)が村落にまとまっていることを前提として行なわれるものであるが、これを採用していたと思われるスウェーヴィ族(suevischer Stamm)は、きわめて古くからすでに村落を形成していたと思われる。これに対して、フリーゼン族(frisischer Stamm)においては、散在せる農家が農民団体(Bauernschaft)を形成していたのである」(S. 57 ff.)。

ゲルマン時代のマルクゲノッセンシャフトに関するこのような学説、とくに集村を原初的な定住形態として想定するマルクゲノッセンシャフト説は、一九二〇年代以降の定住史(Siedlungsgeschichte)研究によってすでに否定されている。すなわち、ヴェストファーレン地方の古ゲルマン定住史の研究は、同地方にはのちにドルッベル(Drubbel)と呼ばれた小邑のかたちで定住が行なわれたこと、この小邑にあっては耕地の形態(長条型)からして共同耕作がなされたとは推定しえないことを明らかにし、その後の各地方についての研究もゲルマン古代におけるマルクゲノッセンシャフトの存在を否定するに至っているのである。(2) しかし、ここで重要なのは、マルクゲノッセンシャフト説の当否ではなく、アイヒホルンがこれを体系の基礎としたという事実である。アイヒホルンによれば、いくつかのマルクゲノッセンシャフトが一箇のフォルク共同体（Volksgemeinde）を構成する。このフォルク共同体の定住領域が、ガウ（Gau）ないしパーグス（pagus）と呼ばれるものであり、したがってフォルク共同体はまたガウ共同体（Gaugemeinde）とも呼ばれる。ガウ共同体における結合こそが、ゲルマン人の政治秩序の基礎であった。「ガウ共同体はすべての公的活動の中心であり、立法権、裁判権力、戦争と平和の決定権はすべてガウ共同体の手にあった。すべての重要な法的行為、とくに土地所有権の取得は、ガウ共同体によって行なわれるべきであり、ガウ共同体の完全な〔一人前の〕成員であること（vollständige Genossenschaft）だけが当該の人間を自由かつ権利能力ある者とした。ガウ共同体の集会（Thing, placitum）には、一定の時期に開かれる通常集会と、特別の必要から召集される臨時集会とがあった」（S. 60 f.）。このように、アイヒホルンは、ゲルマン的自由の観念に対応して、ガウ共同体を自由な人間のゲノッセンシャフトとして理解する。もっとも、そのさい、ガウ共同体の成員の自由が共同体に先行するものとしてとらえられているわけではないことに、留意しなければならない。その自由は、むしろ、ガウ共同体の成員であることによって基礎づけられる、とされるのであり、この点において、アイヒホルンは、あらゆる家長が完全な原初自由の状態、統治権力なき状態に生きていたと考えたユストゥス・メーザーとは対照的な見解を示しているわけである。のみならず、アイヒホルンは、ガウ共同体内部に支配＝従属関係があったことをも承認する。

「平和維持のために、共同体には、首長たち（Obrigkeiten）がいた。かれらの主たる使命は、裁判官としての職務、およびおそらく一般に執行権力を行なうことに存した。通常集会が開催されていない期間中、かれらは、共同体の委員会〔通常集会に代るもの〕の協力を得て、活動した。〔ラテン語で principes と呼ばれた〕この種の首長たちをドイツ語で何と呼んだかは、知られていない。のちの用語からは、当時さまざまの呼び方がなされたと推定される。しかし、それは、かれらの権力の性格からしても、長老 (der Aelteste) という概念(それは、ドイツ語以外のことばでも同じであるが、高い権威という意味をもった)、または、法を宣べる者 (Rechtsprecher) すなわち裁判官という概念を示すものだったであろう。この首長たちは選挙によって権力を与えられることになったものであり、貴族たる同族 (edle Geschlechter) から選ばれた。これらの同族は、従士団 (Dienstgefolge) を保持 (unterhalten) することによって、そしてまた非自由な人々に対して行使する保護権の広さ (Ausdehnung) によって、他の自由人たち (andere Freie) から卓越した。これらの同族の成員たちは一箇の身分を形成し、この身分が、フォルク共同体の決定すべき事項について予備的審議を行ない、フォルク共同体に提案する。重要性のより少ない事項については、この身分の審議のみをもって足りる。そのような身分の起源については、歴史は何も語っていない。タキトゥスは、これを、王の権力のようにいくつかの特定のフォルクのみに見られる関係としては叙述していない。それゆえ、この身分は、ゲルマン民族に特徴的な共通の基礎を成す一つの制度に由来するものと解するほかはない。多くの点からして、貴族身分は宗教的制度と関連していたと思われる。けだし、貴族たる同族は神官職をも委ねられていたと考えざるをえないからである。しかし、ゲルマンの貴族は、いかなる時代にも閉鎖的な神官身分を成すことはなく、同族のもつ戦士としての名声がつねに貴族身分の主要な基礎であり、またこの名声が、ある同族に卓越した光彩を与えた、と思われる」(S. 61 ff.)。

「共同体において、自由人は、義務づけられた成員 (pflichtige Mitglieder) から区別された。後者の、成員としての権利は、とくにガウ共同体においては、不完全なものでしかなかった。タキトゥスはすでにこれを非自由人（Unfreie, servi）と呼んでいるが、この非自由が単に政治的・市民的権利の縮減を意味するにとどまり、そうした権利の完全な欠如を意味するわけでは決してない、と理解するかぎり、非自由人という表現はこの関係を最も適切に表現するものである……。最古の時代における非自由人の状態がどのようなものであったかは、わかっていない。タキトゥスは、かれらの関係の物的側面だけを、論じているからである。この側面に関していえば、かれらの関係は、個別的ではあるが主人（Herr）への貢租の義務と結びついた土地所有の関係であり、小作人（colonus）の地位に比すべきものである。しかし、われわれは、のちの法源からして、この関係の人的な意味が保護支配（Schutzherrschaft）にあったことを知っている。義務者は共同体において主人に代理してもらうことによってのみ、かれの身分のゆえに認められていない個々の権利の行使を——それが全く不可能とされていないかぎり——することができるのである。……ゲルマン人の各フォルクの大部分において、非自由の成立は、少なくとも大多数の場合、征服の結果であった……。最もきびしい結果を伴う非自由については——すなわち、権利能力の縮減が少なくとも一切の政治的権利の欠如を意味する場合には——ライプアイゲンシャフト（Leibeigenschaft）という表現を選ぶのが最も適切である……。政治的権利でさえ一定限度で認められるような非自由については、ラッセン（Lassen, Lazzi, Laten）という、ごく古い表現がある。同じように古いリーテン（Liten, liti, litones）も、その基本的意味は同一であろう」(S. 65 ff.)。

「貴族（Edle）と個々の自由人たちとの特別の結びつきは、貴族が保持する従士団（Dienstgefolge）への加入によってもたらされた。自由な人々（freie Leute）は、自己の自由を失うことなしに、おそらく当時すでに格式に則した誠実誓約（Gelöbnis der Treue）によって、主君（Dienstherr）としての貴族に対し、平和時にはその名誉を高めるために勤務する義務を負い、戦時には――主君が外部の戦争に出かけてゆく場合にも――主君の腹臣の部下として従軍義務を負った」(S. 72 ff.)。

「ドイツのいくつものフォルクは、それぞれ大きな従士団に由来するものである。従士団は一人の貴族たる主君(ein edler Herr)に従って、あちこちと移動しつつ主君とともに他のフォルクのために戦ったり、一箇所に滞留したり、しばしば同種の戦闘グループを併合することによって強大化したりした。そして征服に勝利を収めたときはつねに、近縁または遠縁の諸部族を加えてもっと大きなフォルクへと成長した。このようにして形成されたフォルクにおいては、貴族(Adel)と自由人から成るフォルク共同体と、その首長たちのほかに、一人の王が首長たちの上にあって君主としての権力(fürstliche Gewalt)をふるった。この権力から、容易に王政が成立したのである。もっとも、初期には王政が行なわれていたしるしは見られず、また君主としての権力といっても、首長の権力(obrigkeitliche Gewalt)と異なるところがなかった。君主の権力の主たる要素は、従士に対する主君の権利であったが、そのほかに、首長たちの権力の行使にさいしてこれに関与することも、君主の権力の一つの特徴として挙げるべきものと思われる。君主は、そのようなフォルクにおいては、フォルク形成の事情からして、戦争と平和の問題について当然に首長としての権力をもっていたはずだから……。そのようなフォルクのなかで形成された貴族(Adel)は、当然、君主の従士団ということになった。征服が実現したさいには君主はまずもって征服地全体のヘル(Herr)となり……、ついで勝利を収めたフォルクの間にこれを分配した。そのさい、各人がどれだけ割当てられるかは当然に従士団中の序列によって定められたのであって、それゆえ貴族はつねに大きな土地所有と結びつくことになったが、最大の土地所有者はむろん王であった。王権は特定の同族に結びついていたけれども、王位の承継がフォルクの意向と無関係になされたわけではない。フォルクの意向によって、分割相続または不分割相続の原則が立てられたり、場合に応じて変更されたりした。

自己の定住地を離れることなしに自己の内部のもろもろの同族を征服することによって支配を確立したフォルクにあっても、結合の目的からして通常の首長の権力よりもさらに高次の権力に服し、全従士団が一人の君主を戴くことになった場合には、時として王権が形成されたであろう（すべてのフランク人に対するメロヴィング家の王権は、このようにして成立したと思われる……）。しかし、タキトゥスの時代には、多くのフォルクにおいて、平和時には一箇の最高権力に服するという体制は見られなかった。それらのフォルクにあってはおそらく、貴族、および従士としての自由人を伴う首長たちが、フォルク共同体全体の集会に集まったであろう。これは、規則的にではないにせよ、共通の問題がすべてのガウ共同体による審議を必要としたさいに開かれたと思われる。それがフォルク全体の行なうべき戦争の問題であるときには、貴族のなかから一人のヘルツォーク（Herzog）が選ばれ、このヘルツォークが、戦争の間、将軍としての権力をもつことになった」（S. 75 ff.）。

主としてタキトゥスに依拠したこのような叙述において、アイヒホルンは、自由人と非自由人の区別に関するかぎりゲルマン的自由の観念に忠実な態度をとり、元来自由であったフォルクが征服された結果非自由人身分を成すに至った、としている。しかし、自由人から区別された貴族身分については、アイヒホルンはこれを自由人の階層分化の所産としては説明していない。「貴族と個々の自由人たちとの特別の結びつきは、貴族が保持（unterhalten）する従士団への加入（Eintritt）によってもたらされた」、と説かれるとき、従士団を保持する貴族の存在はすでに前提されているのである。「この身分は、ゲルマン民族に特徴的な共通の基礎を成す一つの組織に由来するものと解するほかはない」、というアイヒホルンの説明は必ずしも明快ではないが、かれはおそらく、貴族身分の存在を、ゲルマン的自由の観念に矛盾するものとは考えなかったのであろう。貴族はただ、従士団の保持と、非自由人に対する保護権の広さとによって、「他の自由人たちから卓越（sich auszeichnen）した」にすぎない。「全く一般的に〔いかなるフォルクにあっても〕、自由人のなかには、より高い人命金（Wehrgeld）によって際立った（ausgezeichnet）階層（Classe）が少なくとも一つはあり、いくつものフォルクでは複数のそのような階層があった」（S. 278 f.）。このように、アイヒホルンにおいては、貴族身分はゲルマン的自由の枠内に位置づけられているのである。それゆえ、たとえばフランク族において「より高い人命金により際立った階層」として史料に現れるアントルスティオーネン（Antrustionen＜antrustio, antrussio, antruscio）も、アイヒホルンによれば、国王に対する誠実の約束によってはじめて成立した貴族身分――いわゆる勤務貴族――として片づけてしまうべきではない、とされる。すなわち、通常の人命金によって保護されている者が従士団を構成したのに対して、アントルスティオーネンは従士団の首領たち（Häupter）であった、と解される。「これらの首領は、類推によって、ゲルマンの原初貴族（Uradel）であると考えてよく、また、アントルスティオーネンの概念は、ゲルマンの原初貴族の概念と関連したものに違いない、ということになる。アントルスティオーネンは、その起源からすれば、ゲルマンの他のフォルクにおいても見られるような血統貴族（Geschlechtsadel）なのである。もとより、早くもクロードヴィッヒ（Chlodwig）の孫の世代に多数の者から成るアントルスティオーネン身分を形成したすべての人々が、この原初貴族の出身であるとするのは、正しくないが」

(S. 283 f.)。アイヒホルンは、フランク王国における諸身分を論ずるさいに、「一般の自由人」(gemeine Freie) という表現を用いているが、この表現はゲルマン社会における自由人ないしいわゆる「一般自由人」(Gemeinfreie) の普遍的存在を前提としたものでは決してなく、「通常の自由人」というほどの意味をもつものであった。アイヒホルンがゲルマン的自由の観念の影響下にあったことは事実としても、かれはなお、自由主義者として歴史を再構成することを意図してはいなかった。ベッケンフェルデの指摘するように、「アイヒホルンの歴史思考は、歴史の外に飛び出して、歴史を政治秩序形成の基準ないし設計図とするものではなく、歴史的被拘束性そのものの中にとどまっていた。この点において、アイヒホルンは、かれに続くゲルマニストたちの世代から区別されるのである(3)」。

このようなアイヒホルンの学風は、かれが一八世紀における帝国国法論 (Reichspublizistik) の中心ゲッティンゲン大学に学び、ヴェツラーの帝室裁判所、レーゲンスブルクの帝国議会、ヴィーンの帝国宮廷法院で実務にたずさわるなど、帝国国法論者としての養成を受けたことと無関係ではない。そもそも、ドイツの歴史主義は、近世の帝国国法論との関連において形成されたものであった。以下においては、ノートカー・ハンマーシュタイン (N. Hammerstein) の研究(4)によりながら、ドイツ歴史主義の形成を概観しておくことにしよう。

帝国国制の法的把握は、一七世紀に入るまではローマ法の諸概念によって試みられるにとどまったが、一七世紀の学者ヘルマン・コンリング (H. Conring) によって、ローマ法から解放された独自の帝国国法論が歴史的な方法によって展開されることになった。すなわちコンリングは、帝国の国法に関するかぎりローマ法ないしカノン法が継受されたことを承認せず、ドイツの慣習と帝国の伝統が帝国の現実を規定していると見て、そのドイツ国法をとらえようとした。そのさい、かれは、当然のことながら法律学（継受されたローマ＝カノン法に関する学問）に依拠することをやめ、アリストテレスや、タキトゥスや、マキアヴェリや、ボダンや、ベイコンを参考にして、これらの手本から歴史的な問題設定と、それによる国制記述の方法を学び、帝国の基礎にある ratio status――経験的な現実の国制、とりわけ非ローマ的・ドイツ的な諸侯の自由 (Fürstenlibertät)――を認識しようとした。そのさい歴史は、国制の発展をつないでゆく環を示す役割を果したわけである。それに反して、「哲学的考察ないし神学的啓示によってもたらされるような普遍的な倫理や秩序は一つもない」、とされた。このようなコンリングの歴史主義的帝国国法論と、自然法論者プーフェンドルフ (S. Pufendorf) の国法理論とを結合し、後世に大きな影響を及ぼしたのが、クリスティアン・トマジウス (Ch. Thomasius) であった。トマジウスは、ドイツの諸大学のなかで――一六九〇年から一七二八年までかれ自身が教壇に立った――ハレ大学がはじめて国法 (Ius publicum) の講義を開設し、非カトリックの多くの大学に模範を示したことを高く評価する。国法を法学の一分野として承認することを拒否する見解、とくにそれが歴史学または政治学に属するという理由でこれを排斥する見解に対して、トマジウスは、この学問がやはり法的素材を扱うものであり、法の解釈を任務とするものである以上、法律家によって担当さるべきことに疑問の余地はない、と主張する。だが、それと同時に、トマジウスは、国法論者にとって真の歴史すなわち帝国国制史の研究が欠かせないものであることを強調するのである。トマジウスによれば、歴史のみが法律の起源、精神、意図、さらに場合によってはその変化を明らかにしうるということは、私法についても国法についてもあてはまるが、国法の場合は国家的な諸関係への依存度が大きく、したがって歴史研究の必要は大きい、とされる。こうして、自然法論者トマジウスは、国法が自然法に服するものであることを認めながらも、それがその時々の status reipublicae に対応して内容を変化させてゆくものであることを強調した。このように法の可変性＝実定性の承認を本質的要素とする歴史主義が、帝国国法論との結びつきを保ちながら、ハレ大学からゲッティンゲン大学に中心を移して、一八世紀の後半にめざましい展開を見せることになるのである。

ゲッティンゲンの帝国国法論を担ったのは、当時シュヴァーベン出身のヨーハン・ヤーコプ・モーザー（J. J. Moser）と並ぶ代表的帝国国法論者として令名高かったヨーハン・シュテファン・ピュッター（J. S. Pütter）であった。ところで、注目すべきは、ピュッターにおいてもドイツ的自由は「一般自由人」の自由ではなく、「諸侯の自由」としてとらえられていることである。ピュッターによれば、[5]「わが帝国等族の祖先の大部分は、もともと君主（Regent）というよりは大土地所有者というべきものであって、その土地にはほとんどライプアイゲネ（Leibeigene）またはその子孫だけが定住していたから、古代（älteste Zeiten）および中世封建制を通じて、その権利はほとんどあらゆる自由を伴うものとして観念されてきた」。むろん、帝国国法論者のピュッターは、そのような認識から出発しながらも、否、まさにそのような認識を前提とするからこそ、帝国国制、とくに帝国の裁判権による帝国等族＝領邦権力の恣意の抑制が必要であると説くのであるが、[6]そのさい、帝国国制になお一定の機能を期待しえたかぎりで、自由人から成るゲルマン社会像をモデルとして提示する必要はなかった。アイヒホルンは、まさにこのような帝国国法論によって養成され、みずから帝国国法論者としての経歴を選び取った学者として、ゲルマン・イデオロギーの自由主義的誇張をなお免れつつ、ゲルマン＝ドイツ法史研究に従事しえたわけである。

このようにゲルマン的自由の観念の過度の強調が見られないことと関連して、アイヒホルンのゲルマン社会像においては、支配＝服従関係を基礎づける従士制について、特殊ゲルマン的な誠実の観念を強調する必要も大きくなかった。たしかに、アイヒホルンは、タキトゥスの『ゲルマーニア』第一四章の、「主君を守り、庇い、みずからの勇敢さによる戦功をさえ主君の名誉に帰する」ことが従士の「第一の誓約」(praecipuum sacramentum) である、とする箇所について、この誓約の内容を誠実 (Treue) という一語に要約して、誠実誓約 (Gelöbnis der Treue) という用語を用いている。しかし、それ以上に、誠実が「精神的な自我、主観的な、最も内面的な人格にかかわるもの」(ヘーゲル) として美化され、ギリシア人においてもローマ人においても見られないゲルマン人の美徳として称揚されているわけではない。アイヒホルンにおいては、従士団を保有する貴族は原初貴族でもありえたのであって、したがって貴族に対する従士の勤務を、本来自由な人間が「自由意思によって一人の下に服し、自発的にこの関係を破りえぬものとする」(ヘーゲル) 関係として理解する必要は、さして大きくなかったと思われる。誠実は、従士のもろもろの勤務内容を一言で要約する概念以上のものではなかった。このようにロマンティッシュな色彩を免れた従士制の観念によって、アイヒホルンは、ゲルマン人の部族王権の形成を説明したのである。

(1) Karl Friedrich Eichhorn, Deutsche Staats- und Rechtsgeschichte, Bd. 1, 1808. ここでは、一八四三年の第五版による。
(2) Karl Kroeschell, Deutsche Rechtsgeschichte, Bd. 1, 1972, S. 218 f. 邦語文献として、さしあたり、増田四郎「古ゲルマンの集落形態」(『古代史講座』六所収) を見よ。
(3) Böckenförde, a.a.O., S. 50.

(4) Notker Hammerstein, Jus und Historie. Ein Beitrag zur Geschichte des historischen Denkens an deutschen Universitäten im späten 17. und im 18. Jahrhundert, 1972.
(5) Johann Stephan Pütter, Beyträge zum Teutschen Staats- und Fürstenrechte, Bd. 1, 1779, S. 321.
(6) 村上淳一「《良き旧き法》と帝国国制(一)」(『法学協会雑誌』九〇巻一一号)参照。

4 ヴェルカー(1)——貴族身分とゲルマン的自由

アイヒホルンを生んだ帝国国法論は、帝国の身分制的な構造（帝国等族の法共同体としての構造）を強調するものであると同時に、トマジウスにおいて見たごとく法の可変性＝実定性を承認するものであった。したがって、このような帝国国法論を土壌として開花した歴史法学が、一方で自然法論の「理性」による法変革の要求を拒否しながら、他方で同じく自然法論の「理性」による法固定化の要求をも排して、法が漸進的に発展するものであることを力説したのは、いわば当然のこととして理解されるのである。サヴィニーとアイヒホルンに先行して歴史法学の基礎を築いたグスタフ・フーゴー（G. Hugo）は、やはりゲッティンゲンにおいてピュッターの強い影響を受け、ピュッターの示唆によってローマ法の歴史的研究に従事した学者であるが、そのフーゴーは、可変性＝実定性を法の本質的属性と見る。[1] フーゴーが批判の対象として取り上げたクリスティアン・ヴォルフ（Ch. Wolff）の自然法論は、たとえば所有権の保障とか、人身の自由とか、「契約は守らるべし」の原則とかのような若干の基本概念を理性の命ずるところとして前提し、そこから微細に亙る具体的法命題を演繹して、それらの法命題が時間を超えた普遍的妥当性をもつ、と説いた。しかし、フーゴーによれば、一見ア・プリオリであるかに思えるもろもろの原理、ないしそこから導き出された法命題を、理性に合するものとして正当化することは誤りである。今では奇異の感を与えたり恐ろしく思われたりすることでも、別の事情の下では法的な現実であったし、道徳的に容認されさえしたのである。たとえば、奴隷制とか、一夫多妻制とか、拷問とかは、かつては理性にも道徳にも全く反しないものとされていた。契約の拘束力を自然法によって基礎づけることができるのと同様に、これを自然法によって否定することもできるのである。不変の法などというものは、一つもない。人間はただ、何らかの秩序を正しいものとして感じるのであり、そのことによって、あらゆる実定法が正当化されるのである。

アイヒホルンは、このように法の可変性＝実定性を強調するフーゴーの影響をも受けながらゲッティンゲンに学んだのであった。したがって、ゲルマニストとしてのアイヒホルンが原初貴族の存在を認めたとしても、それはもとより貴族身分の超歴史的正当化の意図に発したものではない。そもそも、フランス革命が中間権力排除のプログラムを実行するまでは、社会の身分制的編成はなお現実であり、したがって貴族身分のイデオロギー的正当化の必要はそれほど大きくなかったのである。しかし、革命後の復古主義にとっては、まさにこのイデオロギー的正当化が焦眉の急となる。貴族身分の存在は自然によって基礎づけられねばならなかった。これに対して、逆に、ゲルマン的自由のイデオロギーによって、貴族身分の存在根拠に疑問を呈する試みが見られることになるわけである。復古主義者としての立場から貴族身分の存在を正当化したのが、カール・ルートヴィッヒ・フォン・ハラー（C. L. von Haller）の『国家学の復興』(2) であった。

「貴族について論ずる場合、みずから高貴な心情をもち、貴族をして平民に優越せしめるすべてのものを感じとっているのでなければ正当な評価はできないにもかかわらず、今日貴族制度に対するひどい攻撃が横行し、この攻撃によって一切の卓越せるもの、世界と人類にとって有用なるものを蹂躪しようと試みられているのであるが、そもそも貴族なるものは、法律によって任意に設けられた人為的制度なのではなく、自然によって生み出されたもの、先天的な力または後天的な幸運から生じた必然的な結果なのである。貴族の本質は証書（Diplom）とか特権付与状（Privilegium）とかいったものの中に存するのではない。けだし、真の貴族とは、証書によって与えられるようでは本物とはいえないようなものであり、また、いわゆる特権付与状などは、全く存在しないか、それとも、さまざまの法的関係から必然的に生じた結果として作成されたものにほかならないからである。貴族の本質は、ただ、識別されうること（Erkennbarkeit）、有名であり著名であること、より大きな力と自由とにもとづく声望（Ansehen）に存する。それは、すべての善きことについて秀でていること、しかもそのことだけに存するのである。現代のソフィストたちはこうした幸運に対する嫉妬で頭が一杯になっており、自然の多様性そのものを蔑み、気まぐれにほかならぬ惨めな平等というものを世界の偶像神にまで持ち上げているのであるが、かれらは貴族というものに全く誤った定義を与えるようになっている。それによれば、貴族の本質は不正な特権ないし利権に存し、したがって貴族以外の人間の貶斥ないし抑圧をもたらすもの、とされる。その上で、かれらは、真の貴族をこうした観念によってとらえようとし、直ちに、貴族とは要するに悪しきもの、忌むべきものであるという結論に達した。まさにこれと同じ論理によって、かれらは、人間社会における支配と奉仕の関係を人権の剝奪に帰するものとしてその廃絶を欲し、また、君主の権力は国民に由来するという幻想によって、すべての君主は簒奪者ないし不誠実な受託者にすぎぬと主張し、財産さえもが金持が貧乏人から奪ったものであり、したがって貧乏人に返還され、または貧乏人に頒ち与えられるべきものである、と断定された。これらの擬似哲学者たちは、今でも、悪意をこめて、貴族を特権カーストと呼び慣わしている。……しかし、貴族は特権カーストでもなく、特別の民族でもない(後者は、せいぜい若干の国において、征服直後の時期にありえたにすぎない)。貴族は、民族の最も卓越した部分、民族の誇り、民族の誉れである」(Bd. 3, S. 268 ff.)。

当然のことながら、ハラーは、ゲルマン社会における貴族身分の存在を議論の前提とする。レーン制(Lehen-System)がドイツ人、とりわけランゴバルト人とフランク人の考案に成るものであることを指摘する箇所で、ハラーはいう。「メロヴィンガーの初代の王、クロードヴィッヒは、自己の手に帰した土地の一部を、自己の重立った腹心(Häupter seiner Getreuen)、すなわち高貴自由人(Edel-freie)と呼ばれる人々に分配し、この高貴自由人は、さらに、自己に従属する者、すなわち一般自由人(Gemein-Freie)と呼ばれる人々に向かって同じことを行なった。いずれの場合も、それによって、自己に服する者に対し、今までの給料に代えて永続的な生計を保障するための措置であった」(S. 245)。この箇所において、ハラーは、そのいわゆる「高貴自由人」がアイヒホルンのいう「原初貴族」に相当することを明言してはいない。しかし、文脈から明らかなように、ハラーは、もともと「一般自由人」が普遍的に存在したことを前提として、その上層が「高貴自由人」を形成することになったと考えているわけでもない。ハラーにおいても、「一般自由人」は、「高貴自由人」から区別された「通常《ゲマイン》の」自由人、ないし、「卑賤《ゲマイン》な」自由人を意味するにすぎないのであって、そのことから、かれが「高貴自由人」を原初的なものと考えていたと推定することができよう。

このような復古主義の貴族身分擁護論に対してきびしい批判を展開したのは、カール・フォン・ロテック(K. von Rotteck)とともに著名な『国家事典』(一八三四―四三)を編集・刊行したバーデンの自由主義者、カール・テーオドア・ヴェルカー(K. Th. Welcker)であった。ヴェルカーが執筆した同事典の「貴族」の項目(3)によれば、貴族制度の批判者は、真に根拠のある自然的な道徳的卓越性を否認するどころか、逆に、そのような卓越性の尊重を欲すればこそ、出生のみによって正当化される特権を攻撃するものである。「われわれは、ハラー氏が悪意ある詭弁によって大衆の眼を曇らせようとしている、と非難したいとも思わないが、ハラー氏の態度は肝心のところで、貴族制度の悪意ある敵対者〔すなわち真に根拠のある卓越性をも否認しようとする者〕の態度と共通している。ハラー氏は、マンチャの勇敢な騎士と同様に、風車と戦っているのだ」(S. 250)。ヴェルカーによれば、ハラーは一切の公的秩序を私的な保護＝勤務関係へと還元することによって、国家を復興させるどころか無政府状態へと解消させることになるのであるが、それと全く同様に、自然的な卓越性を尊重すべしという議論からすれば、そのような卓越性が認められない場合には特権を法的に承認すべきでないということになるはずだ、とされる。もとより、ハラーの真意は、あくまでも世襲貴族の特権をも普遍的なものとして維持することにあった。それゆえ、ヴェルカーは、ゲルマン社会に遡って、「原初貴族」の存在を否認しなければならなかった。

「多くの学者は、古ゲルマン社会には世襲貴族身分があったと考えている。この身分に属する者は、生まれながらの優越性のゆえに、二倍の人命金により、他の自由な国民各人の二倍の人的価値と二倍の法的保護を法律上認められていた、とされ、また、貴族は軍事的・非軍事的な役職に就く権利、武装従士団を保持する権利、自由人に対する裁判権を独占し、およそ立法＝行政＝裁判集会において表決権を独占していた、とされる。そのように考えるならば、すべての社会関係は、これら一切の権利がすべての自由な国民（freie Bürger）に平等に帰属するというのとは全く異なった姿を示すことになる。このような学者の見解が正しいとすれば、ゲルマン的自由、古ドイツ的自由を云々することはもはやできない、ということになろう。少なくとも、それは、北アメリカや、ノルウェーおよびスウェーデンや、スイスや、イギリスや、フランスや、オランダの自由よりもはるかに、ロシア的な隷民制に似ており、歴史的にもロシア的隷民制に近いところから出発した、ということになる。さらに、そのような見方をするならば、祖国の自由を守るための強い力と武器が打ち毀されてしまうことになろう。けだし、昔の状態がどうであったかということは実践的にもきわめて重要な問題であり、政治的原則に対して驚くほど大きな影響を及ぼすものであるから。世襲貴族身分なるものはゲルマン人の歴史の、われわれが知ることのできる最初の千年間にはおよそ存在せず、封建制度によってはじめて——つまり、ゲルマンの原初貴族などというものとは全く無関係に——形成された、とするならば、古ゲルマン時代の社会生活の基本理念と一切の具体的関係は全く別の見方でとらえられるようになり、中世および近代の理解、その正しい評価に関しても、事情は全く変ってくる」(S. 244)。

こうした論旨から、ヴェルカーが自由主義者としての実践的立場によって「原初貴族」の存在を否認しようとしたことは明らかであろう。そして、ヴェルカーの論敵がハラー流の復古主義者だけだったとすれば、ヴェルカーは論争に勝利を収めるためにさして労力を要しなかったと思われる。しかし、ヴェルカーは、古ゲルマンにおける「原初貴族」の存在はアイヒホルンによって、そしてまたアイヒホルンの影響の下にサヴィニーとヤーコプ・グリムによって肯定されている、として、後に紹介するような論旨により、これら著名な法制史家の説を覆そうと試みるのである。

ところで、これらの法制史家がすべて「原初貴族」の存在を実際に肯定しているか否かは、微妙な問題である。たしかに、サヴィニーは、一八一五年の『中世ローマ法史』第一巻[4]において、アイヒホルンにならってフランク族における「原初貴族」(alter, ursprünglicher Adel) の存在を認めている。それによれば、フランク族においては他の部族の場合と異なり「原初貴族」身分の存在を史料によって確認することはできないけれども、それは、フランクの「原初貴族」がカエサルのガリア征服の当時にはすでに王の従士となり、アントルスティオーネンに属することになっていたからだ、とされる。「原初貴族」が存在したということに関しては、「フランク族とゲルマンの他の諸部族との間に状態や運命の相違があったわけではなく、偶然的な事情によって史料があったりなかったりするだけだ」、とされるのである。これに対して、グリムの場合は、それほど単純ではなかった。

ヤーコプ・グリムの『ドイツ法古事学』[5]は、「身分」(Stand) と題する第一篇を、「すべての人間は自由人 (Freie, ingenui, liberi) と非自由人 (Unfreie, liti, servi) のいずれかである」、という文章で書き起こしている。「レークス・バユワリオールムはほとんど一貫してこの両者の区別だけを示しており (liber と servus)、レークス・ヴィシゴートールムとレークス・ブルグンディオーヌムも同様である……。エッダは、戦死者の分類にさいして、《オーディン（Odin—主神）は自由人を引き取り、トール（Thor—雷神）は非自由人を引き取る》と述べている」(S. 226)。これに続いて、グリムは、自由人と非自由人がそれぞれ二つの範疇に分類されうることを指摘する。すなわち前者はさらに貴族（nobiles）と狭義の自由人（ingenui）に、また後者は解放奴隷（liberti, liti）と狭義の非自由人（servi）に分けられる。その上で、グリムは、支配者身分（der herrshende Stand）、貴族身分（der edle Stand）、自由人身分（der freie Stand）、隷属民（der Knecht）、外人身分（der fremde Stand）の順序で諸身分を論ずるのである。ここではとくに、前三者についてのグリムの所説を概観しておこう。

グリムによれば、「ドイツの大部分のフォルクが、すでにきわめて古い時代から首長（Fürst）ないし王（König）を有していたこと、それら首長や王が将軍（Herzog）から区別されるべきものであったことは、疑問の余地がない。タキトゥスの《ゲルマーニア》第七章も、王たちは家門によって、将軍（dux）たちは勇気によって選ばれる、としているが、王たちが貴族たる同族（edles Geschlecht）の出自に限られたのに対して、将軍には単なる自由人でもなることができた」(S. 229)。「王たちには世襲によるものと選挙によるものとがあったが、世襲と言い選挙と言ってもどちらが主要な原則かという問題にすぎない。〔フォルクの〕確認を要しない世襲制もなかったし、王の家門を顧慮しない選挙もなかったからである……。新王は、選挙された場合も世襲の場合も、楯の上に乗せられて、誰もが見ることのできるように、集まったフォルクのなかを三回担ぎまわられた。フォルクは拍手によって賛意を示したのである……。新王の第一の仕事は、馬に乗ってかれの国（Reich）を巡幸することであった。あたかも土地の取得者がこれを正式に支配下に置くように……。最古の時代の王や首長は、衣服によっては、フォルクの他の自由人たちからほとんど区別されなかった……。最古の時代には、髪飾りを除けば、王の権力のしるしは何もなく、王冠もなかった……。最古の時代の王の権力は、キリスト教布教以前には最上級の神官（Priester）としての権力であり、貴族そのものが神官身分と結びついていたように思われる。ヨルナンデス（Jornandes＝Jordanes）においては、ゴート人の王 Diceneus は最上級神官として描かれており、その後継者 Comosicus については明示的に、《ここにおいて、かれらにより王にして神官（et rex et pontifex）がその経験のゆえに任じられ、その正義においてフォルク（populus）の上に裁判を行なった》、とされている。もとより、これらの王が歴史上実在したわけではないが、伝承はやはりフォルクの間で通用していた見方を伝えるものである。ザクセンと北欧で伝えられた系譜においては、神々と古代の王たちとが混在しており、北欧伝承においては王たちは犠牲を捧げられると同時に裁判を行なう立場にあった……。キリスト教は、信仰に関するあらゆる事項を王の権力の及ばぬところとすることによって、貴族の地位よりも王の権力を弱めることにもなった。貴族は新たな聖職者制度と容易に融合しえたからである。王の権威は、将軍としての名声と成果によってはじめて再強化されることになった。これは、キリスト教布教以前の時代との重要な相違である。かつては、王の支配は神官としての、平和的な支配であり、将軍は、一定限度の、一時的な尊敬を獲ち得たにすぎなかった……」（S. 231 ff.）。

「ドイツのすべての部族（Völkerstämme）が自由人身分から区別された貴族というものを認めていたか、という問題については、むろん明確な答を示すことはできない。私は最上位の区別として自由人と非自由人を分けることから出発した。自由人と貴族は、すべての重要な権利を共通に有しており、この点で同等であるが、貴族はただ、自由人がもたない諸特権を有しているのである。王ないし神官が存在するところでは、自由人が貴族と単なる自由人とに分かれている公算がきわめて大きい。王の選挙と世襲性、神官に関する諸制度の性質からして、そのような区別が必要となったわけである……。タキトゥスの《ゲルマーニア》第一〇章は、長老たち（proceres）と神官たち（sacerdotes）とを並べている。それゆえ、グレゴール・フォン・

トゥール (Gregor von Tours) が同様の意味で〔たとえば、sacerdotes vel seniores という言い方で〕フランク族の長老たち (Älteste, seniores) に言及したさいに、また、すべてのラテン系言語においてこの長老の語から Seigneur, Signor, Senhor といった世俗支配者の概念が形成されたさいに、通常のフランク人に卓越する人々が念頭に置かれていたことは明白である……。ペルツ (Pertz) は、レークス・サリカにもレークス・リブワリアにも貴族のために自由人より高い人命金の定めがあるわけではないことを理由に、フランク族における貴族の存在を否定し、seniores, majores, proceres, optimates といった呼び名は王の従士について用いられたにすぎない、としている。しかし、そもそも貴族は、本来自由人身分とは異なるものとみなされるべきではなく、首長や王の権威 (Würde) に近い関係を有することによって自由人身分のなかから生じてきたものであり、したがって貴族は性質上自由人身分に比して曖昧なかたちを示すものであるから、私見によれば、フランク王国の seniores, proceres, optimates はすべて、立法者によって、軍事勤務の (in hoste)、または宮廷勤務の (in truste) 自由人 (ingenui) とみなされた。こうした位階に応じて、かれらは単なる自由人よりも明らかに高い手打金 (Composition) を認められていたのであり、この点において、疑問の余地なく貴族身分を有する他の諸部族における貴族の人命金と自由人の人命金との関係と、異なるところはないのである。ただ、軍事勤務と宮廷勤務に服した者の範囲はさらに広く、解放奴隷 (litus) が軍事勤務または宮廷勤務に服すること、狭義の非自由人 (servus) が軍事勤務に服することも可能であった(後者が宮廷勤務に服することは、ありえない)。それゆえ、人命金を基準として、サリ系フランク人は七等級から成る序列を示していた。第一に宮廷勤務に服する自由人、第二に宮廷勤務に服する解放奴隷、第三に軍事勤務に服する自由人、第四に軍事勤務に服する解放奴隷、第五に単なる自由人、第六に単なる解放奴隷、第七に軍事勤務に服する非自由人。国王をすべての人命金に超越する者として最上位に置き、人命金を認められない単なる非自由人を最下位に置くならば、全部で九つの等級ということになる。右の七等級のうち、第一と第三が貴族身分を成すわけであるが、第二と第四については判然としない……。王は貴族たる同族から選ばれたのであって、したがって貴族は、王と血縁関係にあり、また、少なくとも最古の時代には王と同等の立場にあった。王と血縁関係にあるということからして、貴族は単なる自由人よりも重視され、尊敬されることになったのである。貴族は祖先の名声と評判を維持し、発展させようとしたが、自由人はあまりそのようなことに関心をもたなかった……。最古の時代の貴族の神官としての権力については、われわれはほとんど知るところがない。キリスト教がこの制度を廃し、それについての一切の記憶を消し去ってしまったからである。しかし、キリスト教の聖職者 (sacerdotes) や司教たち (episcopi) が、依然として世俗の貴族 (Optimaten und Senioren) と結びつけて述べられていることがきわめて多いのは、注目に値する。キリスト教布教前には、軍隊では、処罰し、縛りつけ、打擲する権力は将軍ではなく神官だけがもっていた……。貴族には自由人よりも高い人命金が認められている……。貴族は王の従士であり、戦場において、そしてまた宮廷において、王に勤務した……。貴族は原則として、自由人よりもはるかに大きな土地を所有していた。貴族は自由人に比してより多くの隷属民 (Knechte und Hörige) を有し、取得したのであり、これらの隷属民は、貴族がみずから王の従士として仕えるごとく、貴族自身の従士団 (Gefolge) を形成した。貧しい自由人も貴族に対する勤務関係に入ったが、そのさい自由人の身分を失わなかったのは、貴族の身分が王への勤務によって害されないのと同様である。これらすべてのことからして、貴族は自由なフォルク共同体のなかで事実上 (faktisch) 重きをなすことになった。これに加えて、貴族は、王と同様に、官吏の介入を受けることなく、自己の所有地を自主的に管理し、その上に定住する非自由人をみずから代理することができた……。中世においては、ほとんどすべての貴族は、他の君侯ないし皇帝自身に対しレーン勤務関係に立つことになった(後者は帝国直属騎士の場合)。これに対して、個々の土地が自由かつ自立的なものとして維持された例は、稀であった……。レーン法においては、封主と封臣との間に、領主(Gutsherr)とその隷民(Leibeigene)との関係と全く同様の(vollkommen gleich)さまざまの関係が成り立った……。さまざまの時代に貴族がいかなる呼び名をもつものとして登場し、その範囲はどこまで及んだか、といったことを確定しようと試みるならば、多くは失敗するであろう。すでにタキトゥスにおいて、princeps の語は首長(Fürst)の概念を示すものであったり貴族の概念を示すものであったりしているし、また、のちには、富強なヘル、すなわち長老(Senior)の権力が無意識のうちにグラーフないし君侯(Fürst)の権力にまで拡大されている。貴族(Nobilität)のなかにいくつもの段階が形成され、その最下級身分は自由人身分と隣接し、融合することになったのである。太公(Herzog)は、もっと身分の低い従臣と同じように王の従臣であったが、ただ、この服従関係を除けば、太公は自分自身の国(Land)において、王のもつべきすべての権利を有していた……」(S. 267 ff.)。

「自由人(ゴート語で frijai、古高ドイツ語で frigê)はフォルク全体の主要部分であり、力であった。のみならず、それは、上述のごとく貴族の基礎でさえあったのであり、貴族は自由人のすべての権能をより高度に有するものであったにすぎない。自由人は最小限度の完全な自由(das Minimum der vollen Freiheit)を有した、と言ってもよい……。自由人の外見上の特徴は、長い、カールした髪であった。これはとくに、貴族が帽子や冠によって区別されるフォルクについてあてはまる……。自由人は誰でも、好むところに行くことができた。かれを追って引き戻すことが許されているようなヘルはいない……。自由人は誰でも、武器を携えていた……。最古の時代には、自由人はすべて、自己の身体、名誉、財産に対する加害について、法律が定める手打金を受け取りたくないならば自分自身で、そして自己の血族の助力を得て、復讐を行なう力を有していた……。あらゆる自由人の生命について、人命金が手打金として定められており、殺害された者の親族は、犯人に対し実力行使（Fehde）を行なう途を選ばないときは、犯人にこの人命金を要求した……。自由人は真の所有権を有する能力があった……。自由人は、家団体に属するほかに、たがいにしっかりと共同体（Gemeinde）に、すなわち保障共同体（Gesamtbürgschaft）、法共同体（Rechtsgenossenschaft）に結合していた。自己が成員として属する共同体においてのみ、自由人は法と平和を享受した……。すべての自由人は、公的事項への参加を要請された。公的事項とは、主として、フォルク集会、裁判、犯人の訴追、および出陣であった……。自由人はもともと、隷属民に課せられる負担、賦役、勤務を免れていたが、いかなる時代にもあらゆる寄与、貢租を免除されていたわけではない……」(S. 281 ff.)。

右のようなグリムの見解から、われわれは、とくに問題となるフランク族の場合についても、グリムが少なくとも宮廷勤務または軍事勤務に服する自由人――antrustio は前者の範疇に属するとされる――を貴族としてとらえていることを知ることができる。しかも、この貴族は、宮廷勤務ないし軍事勤務によってはじめて通常の自由人から卓越した、と見られているわけではなく、seniores, proceres, optimates が「立法者にとって軍事勤務の、または宮廷勤務の自由人とみなされた」(den Gesetzgebern für ingenui in hoste oder in truste galten)、と説かれていることから明らかなように、長老＝貴族の存在が前提されているのである。そのかぎりで、グリムにおいても「原初貴族」の普遍的存在が承認されている、と解しても誤りではない。しかし、アイヒホルンがタキトゥスによりながら、貴族身分を「ゲルマン民族に特徴的な共通の基礎を成す一つの制度に由来するもの」と解し、征服によって形成されたフォルクを除けば、タキトゥスの時代にはまだ、王ではなく貴族ないし首長たち（Obrigkeiten, principes）がフォルクの統治を担っていた、と見たのに対して、グリムはむしろ、王の権力をより原初的なものと見ている。貴族は、その家門から王が選ばれるということ、すなわち王と血縁関係にあることからして、単なる自由人よりも重視され、尊敬されることになった、と説かれるのであって、そのかぎりで貴族の権威は原初的であるというよりは派生的なものとしてとらえられている。したがって、王をもたないフォルクにあっては、「自由人が貴族と単なる自由人とに分かれている公算」は大きくない——つまり、単一の自由人身分が存在する——ということになる。そもそも王でさえ、主としてゴート人の伝承によって、当初は最上級神官としての資格においてのみ王たりえた、とされる。そのこととの関連で、「最古の時代の貴族の神官としての権力」を明らかにする史料がほとんどないにもかかわらず、貴族と神官身分との結びつきが指摘されている。むろん、アイヒホルンも、「貴族たる同族は神官職をも委ねられていたと考えざるをえない」、としているが、同時に、「同族のもつ戦士としての名声がつねに貴族身分の主要な基礎であった」ことを強調している。しかし、最上級神官たる立場においてのみ自由人に卓越するものとしての王の権力が、王と血縁関係にある家門にまで波及し、貴族の卓越性を基礎づけた、と解するグリムにあっては、proceres と sacerdotes の結びつきをとくに強調する必要があった、と考えられる。「自由人はフォルク全体の主要部分であり、力であった」、と説くグリムにとって、自由人の普遍的存在と「原初貴族」身分の存在との矛盾は、後者を神官身分と解し、その特殊性に封じ込めることによって解消可能となったのであり、そのためにこそ、最上級神官としての王の権力を原初的なものとして前提する必要があったのである。この構成のために好個のモデルを提供したのが、ゴートの伝承であった。それは、すべての人間を自由人と非自由人の二種に分かつとともに、王を最上級神官として、すなわち自由人の普遍的存在と矛盾しないかたちで、描き出すものだったから。

グリムにおける自由人の、いわば「原初自由人」的性格は、自由人と共同体との関係の処理にも反映している。アイヒホルンにおいては、いわばはじめに共同体(ガウ共同体)があり、「ガウ共同体の完全な成員であることだけが当該の人間を自由かつ権利能力ある者とした」、とされた。そこには、共同体においてはじめて法と平和が実現され、その平和に生きることこそが自由を意味する、という基本的発想が示されている。これに対して、グリムにおいては、もともと自由な人間が結合して共同体を形成するものとされる。むろんグリムもまた、「自己が成員として属する共同体においてのみ、自由人は法と平和を享受した」、という。しかし、そこではあくまでも自由人の存在が共同体の形成に先行するのであって、論理はアイヒホルンの場合と全く逆なのである。ここに自然法的＝啓蒙主義的発想を認めることは、困難ではない。それにもかかわらず、グリムがヴェルカーによって論敵として指名されざるをえなかったとすれば、それは、グリムがフランク族の「宮廷勤務ないし軍事勤務に服する自由人」を、単なる勤務貴族ではなく、他の部族にも存在した seniores の系譜に属するものとしてとらえたからであった。それゆえ、ヴェルカーは、グリムをも含めた法制史家の見解を、自由主義の立場から批判することになる。

(1) フーゴーについては、村上淳一「近代法体系の形成と《所有権》」(『法学協会雑誌』九三巻一一号)を参照されたい。

(2) Carl Ludwig von Haller, Restauration der Staatswissenschaft, Bd. 3, 1813. 本文の引用は一八二一年の第二版による。

(3) Karl Theodor Welcker, Artikel ,,Adel", in: Das Staats-Lexikon. Encyklopädie der sämmtlichen Staatswissenschaften für alle Stände (hrsg. von Rotteck und Welcker, Bd. 1, neue Aufl. 1845).

(4) Friedrich Carl von Savigny, Geschichte des Römischen Rechts im Mittelalter, 1815. 本文の引用は、一八三四年の第二版による。なお、原初貴族の問題について、サヴィニーは、一八三六年にベルリン・アカデミーにおいて行なった『近世ヨーロッパにおける貴族の法史の研究』のなかでもかなり詳細に論じている。Savigny, Beitrag zur Rechtsgeschichte des Adels im neueren Europa, in: Vermischte Schriften, Bd. 4, 1850.

(5) Jacob Grimm, Deutsche Rechtsaltertümer, 1828.

5 ヴェルカー(2)――土地所有とゲルマン的自由

ゲルマン社会における「原初貴族」の存在を否定する試みにさいして、ヴェルカーは、むろん広義の自由人のなかに――身分的区別とはいわないにせよ――階層の区別が存したことを認めないわけではない。ただ、ヴェルカーは、この区別の基準として、土地所有の有無のみを問題とする。

すなわちヴェルカーは、『国家事典』の項目「貴族」において、すべての人間を自由人と非自由人に二分し、後者をさらに解放奴隷(Freigelassene, liberti, liti)と狭義の非自由人＝奴隷(servi)に分類するかぎりでグリム等の法制史家の見解に従いながらも、自由人(liberi)については、これを貴族と単なる自由人とに分類すべきではなく、土地を所有する完全公民(Vollbürger)ないし自由な国民(Staatsbürger)と、土地を所有しない、従属的(hintersässig)な、不完全公民(Halbbürger)とに分類すべきものとする。その上で、ヴェルカーはいう。「保障共同体ないし国制がすべて土地所有によって基礎づけられており、また、土地所有が、死刑または身体刑に処せられることを欲しない自由なドイツ人にとって、公民的自立性を現実に保証し、一切の法的義務を履行せしめ、全体が法的安全を保障し合う関係を実現するものであったために、土地所有者だけが本来の保障共同体成員＝完全公民として、政治的自由を実際に行使したのである。土地所有者だけが、一定の期日に、武器による厳粛な宣誓によって、保障共同体関係をとり結び、これを更新した。公民の第一の権利としての自由な土地所有ないし固有地（Wehrgut, Allodium）と結びついてのみ、その第二の権利、すなわち一切の政治的表決権……が存在しえた。この政治的表決権は、段階的に積み上げられた公民集会、すなわち十人組、百人組、ガウ、ヘルツォークトゥム、国（Reich）において行使されたのである。第三に、ゲルマン人においては、とりわけ国の戦士たる栄誉（nationale Kriegsehre）、すなわち、国軍（National- oder Landwehr）の成員たる資格が、自由な土地所有すなわち固有地によって基礎づけられていた。固有地のない者は、のちに私的従士団（Privatgefolgschaft）に加わりえたにすぎない」（S. 262）。

「この私的従士団は、当初は戦士の仲間的団体（Waffenbrüderschaft）であり、自分たちで選んだ指揮者に服する志願兵の集団であり、自由人から成る私的義勇軍（Privatfreicorps）であったが、自力救済が大いに行なわれるようになるにつれて、自由人と非自由人を含む従属民と、家人ないし傭人とから成る、私的部隊（Privatmannschaft）としての性格をいっそう強めてゆく。これが封建制（Feudalismus）の基礎となるわけである。完全公民の国軍参加権ととくに密接な関連を有したのが、自由な完全公民の名誉ある呼び名、すなわち Wehrmannen とか Arimannen とかいう呼び名であり、とりわけ自由そのものであった。けだし、自由がのちに凋落することになった理由は、一つには、ローマ人をも臣従させ、専制的支配を確立するとともに征服戦争と内戦に勝利を収めた王と高官が、自由な発言権をもつ国軍にできるだけ依存しないですむように、私的従士団を用いるようになったことに求められ、また、自由の凋落の程度は、国軍から私的従士団への切りかえの程度に対応しているのである。それと同時に、国軍が濫用された結果、何千人もの自由な土地所有者が、法律による禁圧を無視して自己の所有地を譲渡し、聖俗の役人（Beamte）の従属民になる決意をしたことによって、またその程度に応じて、自由の凋落が進行した……。無産者ないし従属民は、共和政的な統治を担う人々と生まれにおいて異なるところがないにもかかわらず、今やこれと明確に区別されることになった……。土地の所有者と非所有者とが古ドイツ人の自然的感情においてはっきりと上下に分けられていた結果、土地所有の有無によって政治的な統治参加権の有無が決まるわけではないローマ人臣民についてさえ、〔レークス・サリカによって〕土地所有者すなわち romanus possessor と、土地を所有しない者との間に、（後者がいかに多くの金銭を有する者であろうと）位の大きな違い、人命金の大きな違いがあるものとされることになったのである」（S. 262 ff.）。

ヴェルカーは、このように、政治権力を一手に集中した国家と脱政治的＝経済的なものとなった市民社会とを対置し、市民社会の成員すなわち財産所有者に国政への参加を認める一九世紀的図式によって、ゲルマン社会をとらえている（もっとも、ヴェルカーにおいては、公民資格を認められる者が土地所有者に限定され、財産所有者一般にまで拡大されていない。これについては後に論ずる）。アイヒホルンが耕地についての私的＝個別的所有権を村法によって規律される利用権として説明し、いわば共同体によって自由を基礎づけたのに対して、グリムが自由人の存在を共同体の形成に先行させたことは、上述のとおりである。しかし、グリムにあっては、広義の自由人の内部における身分差が――貴族身分の原初性が神官身分の特殊性にまで封じ込められたとはいえ――なおある程度原初的なものと認められたのに対して、ヴェルカーは、自由人の内部格差を、土地所有の有無という後発的な事情に還元した。土地所有者だけが公民として、国家の政治的意思決定に参加し、国軍に参加することができる。かつてアイヒホルンは、従士団を率いる貴族たちがみずから王の従士団を形成したものとしてフォルク共同体をとらえ、前者をむしろ国制の基底と見たのであるが、今やヴェルカーは、逆に後者（ただし、貴族ではなく土地所有者から成る従士団）のみを正規の国軍と認め、前者（ただし、貴族ではなく土地所有者が率いる従士団）は私的＝非国家的従士団にすぎない、としているのである。

したがって、ヴェルカーにおいては、第一に、グリムが古ゲルマンにおける「原初貴族」の存在を説明するために利用した神官身分の概念は、積極的に否定される。「ドイツの貴族の発生と性格に関する神官カーストのお伽噺」を論破しようとするヴェルカーは、まず、カエサルが『ガリア戦記』においてゲルマン人が神官カーストを有しない旨記していることを指摘し、ひきつづき、タキトゥスにおいても、「役人（Beamte）と首長（Fürsten）が神官として描かれているわけではなく、神官は国家の役人（Nationalbeamte）のうちの——他の役人と同様に選挙され、任命される——一つの特別のグループとして描かれている」にすぎない、と主張する。「古ドイツに貴族的神官カーストが存在し、この神官カーストによってキリスト教が導入されたというアイヒホルンのお伽噺が若干なりとも真実を語っていると認めたとしても、その場合にはその神官カーストが新たな聖職者の地位を確保したはずであって、かつての従属民たちにこれを取得させたとは考えられない。グリム自身でさえ、貴族が自由人身分から——王への勤務関係によって——生じたと説くことによって、自分の見解に反駁することになっているのである。むろん、王への勤務関係によって説明されるのは、グリムの考えとは全く反対に、貴族の成立ではなく没落の方であって、アイヒホルンは《ドイツ私法》第四九節において、王の権力がすべて従士団に対する主君の権利から生じたことを改めて主張してさえいるのであるが」(S. 271 f.)。もとより、私的従士団の非国家性を強調するヴェルカーにとっては、右のようなアイヒホルンの見解はそれ自体容認しがたいものであった。王の権力は、ただ、土地所有者＝完全公民の意思にもとづくものとして——制度的には選挙によるものとして——のみ説明される。その意味で、ヴェルカーは、次のような文章をアイヒホルンの筆に成るものとして（ただし、出典は不明）引用する。「フォルク共同体は、立法権、裁判権、役人（Beamte）すなわちグラーフ、ヘルツォーク、王の選挙権を有する」。アイヒホルンが王を国家の役人としてとらえたとは容易に信ずることができないが、いずれにせよ、ヴェルカーにとっては、王もまたフォルク共同体＝完全公民の共同体によって選出される役人（国家の機関といってもよいであろう）にすぎない。当然のことながら、王の権力の卓越性を基礎づけるためにグリムのごとく「最上級神官」なる概念を利用する必要は、全くなかった。

第二に、ヴェルカーは、かれのいう完全公民＝土地所有者を貴族としてとらえることを認めない。むろん、ヴェルカーも、土地を所有する自由人を nobiliores または nobiles と呼ぶ史料があることを否定するわけではない。しかし、ヴェルカーによれば、この nobiliores ないし nobiles を貴族と解するところに、混乱が始まるのである。「学者は、ゲルマンの各フォルクに見られる上述のごとき明々白々な四つの一般的身分のほかに、それらとは本質的に異なるもう一つの身分（世襲貴族）を想定した。そうなると、法律は四つの身分だけしか認めていないのに、第五の身分を認めざるをえない、ということになる。そこで学者は、(もしかすると無意識に)不可能なことを試みた。すなわち、学者は、自由な土地所有者にして完全公民たる第一の身分——大きな優越的権利によって土地をもたない従属的自由人から明白に区別され、フォルク主権に立脚した古ドイツの国制において、フォルク集会(民会)においても裁判においても、最も重要な役割を演じた身分——を抹消し、自由人という出生身分とは全く異なる、カースト的特権を与えられた世襲貴族身分をもってこれに代えようとしたのである。すべての史料との矛盾を回避するために、学者は多くの場合、土地を所有する市民的(bürgerlich)な完全公民(Vollbürger)と土地を所有しない従属民(自由人)、という主要な区別をできるかぎり日蔭の存在たらしめようとした。土地を所有する自由な完全公民は、一切の史料から、そしてまた歴史から追放されてしかるべきものとされた。完全公民の役割と権利、史料が完全公民について述べている箇所は、学者が捏造した貴族なる身分に関するものとされた。自由な土地所有者は、今日のドイツ民族にあっても立派な農場(Bauerngüter)のある地方では、しばしば農民(Bauern)とか農場主(Herren)とかいう呼び名で、尊敬に値する人々とされ、土地を所有しない人々(しばしば僕婢とか、日傭とか、貧民とか、ルンペンとか呼ばれる)に対置されているのであるが、そのような土地所有者は、かつては共和政的な共同統治権を有し、無産者を自己の保護(Schutz)下に置いていたのである。しかし、輓近の学者は、これらの土地所有者に、その保護に服する無産者が殺害された場合と同じ人命金だけを認めようというのだ。かの共和政的完全公民が、かれらの主権的フォルク集会において、みずからそのような決定を下し、みずからをそれほど低く評価して、世襲貴族身分に自分たちの二倍ないし三倍の人命金を喜んで認めてやったというのだ。すべての武力と、立法および行政の力が自由な土地所有者のものであるというのに。また、すべての評価と保障が人命金の額によって決まるというのに。そんなことは、それだけを見てもありえないことであり、その他一切の貴族擁護論よりも理解できない見方だといってよいほどなのだ」(S. 265 f.)。高い人命金は、完全公民がみずからのために有利に定めたものだ、ということになる。もとより、「完全公民の法と名誉の、無産の自由人ないし従属民に対する優越性がいかに大きかったとしても、この優越性が閉鎖的な世襲貴族身分を基礎づけることはなかった。けだし、無産者の少なくとも大部分は、もともと同じ出生身分に属したのであって、土地所有を取得すると同時に完全公民身分に上昇し、名門に属した者でも土地を売却したり人命金債務の担保に入れたりして失った者は、完全公民身分を失ったからである」(S. 283)。

それゆえ、ヴェルカーによれば、ドイツにおける貴族は、中世封建制の所産として理解するほかはない、ということになる。「一方において皇帝と帝国に直属する強大な聖俗の官職保有者 (Beamte) と封臣や家人、国王の直臣 (Kronvasallen)、君侯やグラーフ、他方においてある程度強力な帝国直属の自由所領ないし自由支配圏保有者 (Freiguts- oder freie Herrschaftsbesitzer) すなわちいわゆる帝国フライヘレン (Reichsfreiherren) ないし小君主たち (Dynasten) は、実力行使によって、ますます自己の封土や固有地 (feudale und allodiale Besitzungen) を増やし、同時に、レーンとしてゆだねられていた土地や官職や国王高権やレガーリエンを、世襲の——レーンに出すことのできる、または固有権として保持される——家産 (Familieneigentum) として獲得していった……。かれらの領域 (Territorium) において、いわゆる領邦高権 (Landeshoheit)、すなわち帝国権力に服しながらも半ば独立の、世襲の国家権力 (Staatsgewalt) が形成された……」(S. 299 f.)。このような国家権力の横領と、封建契約 (Feudalcontrakt) によるその追認こそが、ヴェルカーによれば高級貴族(帝国貴族)の形成過程としてとらえられる。同様の過程が、領邦レベルにおいては下級貴族の形成として論じられるわけである。しかし、この問題については、ここで深く立入ることを避け、ヴェルカーがおよそドイツの貴族というものを中世中期の領邦高権の形成とともにはじめて生じたものと考えている、ということを指摘するにとどめよう。ここではさしあたり、ヴェルカーがいわゆる完全公民を土地所有者として把握したことについて、その学説史的前提を明らかにしておくことにしよう。

　完全公民としての「土地を所有する自由人」の概念については、ユストゥス・メーザーの影響が認められることはいうまでもないが、この点に関しヴェルカーがとりわけ強い直接的影響を受けたのは、一八〇六年に『ドイツにおける諸身分の発生史[1]』第一部を発表したカール・ディートリッヒ・ヒュルマン (K. D. Hüllmann) であったと思われる。ヒュルマンは一八〇五年から、フランクフルト・アン・デア・オーダーとケーニヒスベルク(一八一八年以降はボン)の教授として活躍したプロイセンの(穏健な)保守主義的学者であり、「原初貴族」の存在を主張することによって一方ではヴェルカーの批判の対象となったのであるが、同時に、土地所有をドイツにおける公民的自由の前提と明言することにより、ヴェルカーの図式にモデルを提供したのである。

ヒュルマンによれば、古典古代の諸都市や中世ドイツの帝国都市（たとえばニュルンベルク）のように、水陸の交通の要衝に交易の中心として成立し、繁栄した「自由国家」においては、公民的自由（staatsbürgerliche Freiheit）は「各公民の平等と、公的事項への各公民の一般的参加」を意味した。これに対して、農業に従事する人々だけから成る内陸部の国家においては、事情は異なる。「農業（Landwirtschaft）と領主制（Grundherrlichkeit）に立脚する国家において商工業が未発達の間は、人々を勤勉に駆り立てる競争というものがなかったために、住民が惰眠から目覚めることは困難であった。自由な家長（Hausvater）たちの間にはほとんど接触がなく、どの家長も生業に関して他の協力を必要とせず、どの家長も自分の農場の小さな家計（Staat）に必要なものだけを生産した。必要な衣類や道具は隷民（Leibeigene）によって作られた。生業は、孤立した、子供のない老人の家計（Haushalt）と同様に、判で押したような、単純な、味気ないものであった。そのような国家の基本的国制が、当初のこうした住民たちの生活様式を反映していることは理解できよう。国家をつくり出した農場主＝領主たちの間に成立した国制といえば、大規模な農業経営、拡大された領主制というべきものであるほかはなかった。領主の農場の組織というものは、君主政的（monarchisch）であると同時に、実際に経営の任に当たる者の意見が家長＝農場主によって徴される、といったものであったが、それと同様に、農業に基礎を有する国家の形態は君主政的であり、〔その助言機関としての〕国務会議（Staatsrat）は、経営上の事項を処理するために世襲領主のまわりに集まった分農場管理人たち、経営担当者たちの集会が、大規模なかたちをとったものにほかならなかった。公民としての価値が認定されるための唯一の基準は、土地所有の程度であった。領主（Grundherr）たちだけが、かれらの同位者中の第一人者としての王とともに、公民（Staatsbürger）であり、原初貴族（ursprüngliche Edele）であった。もっとも、この貴族たちは、一般大衆（gemeine Haufen）を蔑視したわけでは全くない。一般大衆はまだ隷属的な僕婢、働く動物にすぎないものと同視されていたわけではないのだから。いずれにせよ、こうした鬱陶しい曇り空が長い間続いたのちに、どこかの地方で、またはいくつかの地方で同時に、霧が晴れ、商業の光が射し込んでくる。色彩はますます豊かなものとなる。農業にとってすばらしい日が来たのである。今やはじめて、農業は領主の家自体の需要の枠を超える。領主たちは今はじめて、自分の財宝の価値に気づき、国家にとっての不滅の根本力たる農業の価値を評価しはじめる。商人ないし開設された市場の側からの要求がすでに、農場主にとってはその産物を増やし、加工するための刺激となったが、それ以上に、〔新たに生じた〕需要というものが、非常な勤勉の永続的源泉となった。農場主の古風で単純な、したがってまたつねに良俗と認めるわけにはいかない習俗は、商人によってゆるがされた。商人は、これら農場殿様（Ackerfürsten）に外界の楽しみの風を当て、贅沢な東洋の産物や工芸品に対する欲望を目覚めさせた。農場主たちは、自分の畑や家や森のなかに、新たな欲望を満足させるための金の成る木を見出した。やがて手工業の意欲も湧いてくる。貧窮化した自由人は、農産物の加工によって、つまりすぐ消費できるように用意することによって、農産物の価値を高め、それによって自己の生計を立てようと決意する。このように営業が拡大し、農村と都市の産業が混ざり合うことによって、国法による伝来の規律は弱められてゆく。家長たちのアリストクラシー（ökonomische Aristokraten）は従来公的事項についての唯一の表決権者であったが、もはや立法権を独占することはできなくなる。かれらは、力強く迫ってくる市民身分を立法の会議場に入れざるをえないのである。そもそも、現世の神々というべき人々〔かつての領主たち〕にとっては——かれらは神様なのだから——毎日が祭日であり、特権的な宴を張って大地の精たる飲食物を摂る日々であった。これに対し、権利も財産ももっているが債務をも負担している中間階層は、すべての人々のなかで最も幸福な連中であるが、かれらは〔全部ではないにせよ〕多くの日を祭日とした。最後に最下層民、つまりその他の者の土台たる人々にあっては、人間の尊厳 (Menschenwürde) の予兆、人権 (Menschenrechte) の要求の予兆が、毎年の聖なる日々――宗教によって大祭日とされた日々――のみに表面に現れた。しかるに、一つの国民の内部で、農村においても都市においてもますます勤勉な生活態度が見られるようになるにつれて、(誤解された自由ではなく) 公民的な自由 (bürgerliche Freiheit) の精神が解放され、下積みの者の地位が高められる。人民 (Volk) でさえも、千年もの長きに亙って認められなかった自分の権利を獲得する。最もすぐれた意味での宗教が国制の中に滲透して、人民に祭日を与える。至るところで生活と自由な活動が展開される。市民的営業についても、公民の諸階層についても、細分化が進行し、その結果、要求や利害関係が多岐に分かれてゆく。公的関係が入り組んだもの、手の込んだものとなり、さまざまの摩擦が目立つようになり、いくつもの身分がたがいに争うようになると、国制はますます無制約の君主政への傾向を強める。いかなるグループの国民にも満足を与え、同時にすべての国民に分を守らせるために、政府はますます私的制度に介入し、ますます多くの対象を自己の活動領域に取り込むようになる。しかし、政府の統治が諸身分の軋轢のうねりのままに揺れ動くならば、それはどうして確固として合成物たる全体を導いていけようか。それゆえ、諸国民の発展は、次のような熱い祈りに至らざるをえない。王位が――王位というものは、最も微賤な者までも見守ってくれるものであるゆえに有難きものであり、必要なものであるのだが――真に君主たるにふさわしい心をもった君主によって占められ、王位を取り巻く助言者たちが啓蒙された、高貴な人々、矮小な欲望を超越した人々でありますように!」(S. 6. ff.)。

この引用から明らかなように、ヒュルマンは、「原初貴族」の存在を認めるとはいえ、ハラーとは違って貴族の卓越性を主張するわけではなく、絶対主義的平準化に対抗して復古主義的要請を掲げているわけではない。ヒュルマンは、逆に、商工業の発達、現物経済から貨幣経済への転換によって「原初貴族」の特権が失われてゆく必然性を強調しているのである。もっとも、ヒュルマンにおいては、克服されるべき「原初貴族」は「原初的自由」の担い手としてとらえられていた。ヒュルマンはいう。「われわれの最古の祖先の公民的生活の精神からして、また、古きドイツの各地の国制の比較からして、ドイツにおける最古の国法上の自由(staatsrechtliche Freiheit)の概念が浮かび上がってくる。そのさい、重視されるべき要素は、土地(Grund und Boden)にほかならない……。世襲の土地の上に住み、固有の領地を所有すること、つまり、王から恩恵的に与えられる土地に依存せず、したがって家人身分(Ministerialität)のように王に対して私的関係(Privatverhältnis)に立ってはいないこと、これが、最古のドイツにおける国法上の自由の本質であった。しかし、プレカリア制度とレーン制の利用により物的な役務関係への自発的托身がしだいに頻繁に見られるようになるにつれて、こうした自由はますます稀になってゆき、ついには、封臣化と家人化が徹底して、いわゆる自由は、ドイツ人の黄金時代の伝説になってしまった」(S. 8 f.)。ヒュルマンにおいて「原初貴族」の没落が必然的である以上、かれらが担った「原初的自由」はもはや「黄金時代の伝説」にすぎず、この伝説をめざした「復古」はすでにありえない。「公民的自由」、普遍的な「人権」の観念は、まさに「原初的自由」の否認と表裏一体を成しつつ形成され、啓蒙君主の統治によって保障されるものと説かれるのである。ヒュルマンによれば、「君主主義(Monarchismus)は共和主義と同様に人間文化の足場となりうるものであり、古典古代の社会的自由(Sozial-Freiheit)もドイツの原初時代の地域的自由(Territorial-Freiheit)も、啓蒙の陽光の前に光を失う星影にすぎない。古典古代文化の美しき果実は、まさにその自由の没落にさいして成熟したのであり、また、古ドイツの公民生活の密生した叢林は、レーン制の普及とともに疎らとなって風通しがよくなったのである」、とされる。このような一種の啓蒙主義的進歩史観を見るとき、われわれは、ヒュルマンとヴェルカーの間にかなりの親近性を認めることができる。ただ、ヒュルマンが啓蒙的君主政の支持者として「原初貴族」とともに「原初的自由」をも克服されたものとみなすことができたのに対して、自由主義者ヴェルカーは、「原初貴族」の存在そのものを否定しながら「原初的自由」を高らかに謳い上げ、その意味での復古を訴える必要があった。そして、そのためには、ヒュルマンの「原初貴族」すなわち領主ないし農場主を、「土地を所有する自由人」と読み替えさえすればよかったのである。

もとより、このようなヴェルカーの読み替えが、直ちに歴史家によって容認されたわけではない。ランケ門下の国制史家ゲオルク・ヴァイツ (G. Waitz) は、『ドイツ国制史』(2) 第一巻において、「貴族の概念を基礎づける身分的区別は土地所有の程度または種類に帰せられるものではない」(S. 168)、としながらも、「原初貴族」の存在を依然として承認する。ただし、アイヒホルンや、ことにグリムの場合とは異なり、この「原初貴族」と神官身分との結びつきは否定され、「原初貴族」の発生はもっぱら「歴史的」に説明される。ヴァイツはいう。「おそらく次のように考えてよいであろう。国家発展のはじまりに当り特定の諸同族 (Familien) が影響力を発揮したのであって、その指導の下にフォルクは新たな土地に移り住み、それらの同族からフォルクの長や裁判官や将軍が選ばれたのであろう。これらの同族の名声が保たれ、恒常的な支配が固まってくると、おのずから、ドイツ人が王権と呼ぶものが形成されることになる。そのような変化が見られないところでは、特定の諸同族の独占的権利などは認められないわけだが、その場合にも、これらの同族は一般のフォルクから卓越した地位を占め、貴族と呼ばれる一箇の独自の身分を成すのである」(S. 189 f.)。「完全に確実な結論を得ることはできないが、肝心なことはわかる。貴族の意義は歴史的なものである。それは、過去に——多分、フォルクの遠い過去に——根ざしている。それは、昔から特別の名声を有し、フォルクによって他の仲間以上に尊敬され、おそらく特定の名前で呼ばれてはいるもののフォルクとその構成、国家とその秩序そのものと同じように起源の定かでない、個々の同族(Geschlechter)から成るものである」(S. 190)。このような「原初貴族」の身分的優越性が、ヴァイツによれば、ドイツの諸部族の人命金秩序に反映しているものとされ、フランク族の場合もその例外ではない、とされる。「フォルクの核(Kern des Volks)は自由人である」(S. 151)と断定されるにもかかわらず、ヴァイツにおいては、「原初貴族」の存在が政治秩序そのものと同様に古い起源を有するものとして、そしてまたゲルマン社会に普遍的に認められるものとして、前提されるのである。それにもかかわらず、「原初貴族」の存在を否定しようとしたヴェルカーの試みは、ヴァイツが自由人を「フォルクの核」としてゲルマンの国制を構成したかぎりにおいて、ヴァイツ——およびその後の国制史学者——のゲルマン社会像に大きな影響を及ぼすことになった。

(1) Karl Dietrich Hüllmann, Geschichte des Ursprungs der Stände in Deutschland, 1, Teil, 1806.

(2) Georg Waitz, Deutsche Verfassungsgeschichte, Bd. 1, 1844. ただし本文における引用は、一八八〇年の第三版による。

6 ヴァイツ——立憲君主政とゲルマン的自由

ヴァイツが「原初貴族」の存在を認めながら「フォルクの核、すなわち真のフォルク成員（Volksgenossen）は自由人である」というとき、その自由人とはいかなるものであり、また、いかなる意味で「フォルクの核」とされたのか。

まず、自由人の定義について、ヴァイツは、「自由な両親からの出生が自由をもたらした。自由な女子との間にのみ、自由な男子は、自由な子を儲けた」(S. 151)、とすることによって、血統原理を明らかにしている。しかし同時に、ヴァイツはいう。「人的な自由と自由な土地所有とが相互に密接な関係にあるということは、われわれがゲルマン諸部族の生活とその後の発展について知ることとすべてからして認めざるをえないことである。すべての個人がそれぞれ自分の土地を所有する必要はなかったとしても、個人が属する家族——個人は家族のなかに在るばかりでなく家族の一員として共同体(Gemeinde) における自己の地位を有した——は自身の土地を所有しなければならなかった。息子は父の屋敷で生活することができたであろうし、若者は首長 (Fürst) に仕えたり、遠征に従軍して生計を立てもし、新たな定住地を見出しもしたであろう。しかし、故国において自立的 (selbständig) に生活し、共同体に、または国家的事項にかかわろうとする者は、土地についての分け前に与ることを必要とした……。土地をもたぬ者は、余所者ないし野生児のごときものであった」(S. 151 f.)。このように土地所有と「密接な関係」をもった自由人が、ヴァイツによれば「フォルクの核」とされるわけである。そのことは、何よりもまず、ヴァイツがともかくも存在を認めた「原初貴族」が、王権の母胎たる役割を除けば国制上の意義を否認されたことを意味する。

ヴァイツは、タキトゥスの用いた principes なる語をドイツ語の Fürsten に相当するものとした上で、これを貴族と同視すべからざることを力説する。「学者は、この principes を貴族と解し、または少なくとも貴族と結びつけて、それに由来するものとした。しかしそれは、タキトゥスの報告するところと明らかに矛盾する。かれらは、きわめて重要な諸権利を有し、諸事項を扱うべきものとされている。そのうち比較的重要性の低いものはかれら自身によって処理され、とくに重要なものはかれらによって審議された上、おそらくフォルク集会(民会)に上程されたのである。首長たちは、王と並んで、民会においてとくに発言する者として記されている。首長はまた、父親や親族の誰かが行なうのと同様に、若者に武装資格を認める者として登場することもある。首長は、王と同様に、宗教的行為にもたずさわる。首長は裁判を主宰し、もしくは——タキトゥスが見たところによれば——みずから裁判官として活動する。この任務のために、首長は、民会において選出されるのである。首長たちはそれぞれ従士団によって取り巻かれており、従士たちは首長にしたがい、これを首領ないし指揮者として尊敬し、首長に奉仕する。首長に対しては、フォルクの成員から

贈物 (Gabe) が提供される。この贈物は首長に対する敬意を示すものであると同時に、首長の必要を充たすものでもある。首長はまた、外国からも贈物を受け取る。スエービー人 (Sueben) においては、さらに、首長は特別の髪飾りをつける、と記されている。さて、これらは、一つの身分に認められうる権能ないし特権なのであろうか。これらすべての特徴によって描き出された人々を貴族と解することができるであろうか。かれらは明らかに、執政官 (Obrigkeiten) ――フォルクの長官 (Vorsteher) といってもよい――なのではあるまいか」(S. 236 ff.)。

むろん、ヴァイツは、タキトゥスが貴族 (nobiles, nobilitas) について云々している箇所のあることを認める。しかし、首長と貴族との等置は、ヴァイツによって否認される。「タキトゥスは、民会について記すさいに、民会では王や首長が発言する、と述べ、ひき続き〔民会における〕発言はさまざまの重みをもって理解される、という。すなわち、各発言は、発言者の年齢、貴族〔であるか否か〕、戦功、弁舌、ないしそれらの特性によって飾られたことばが発言を際立たせる程度に応じて、傾聴されるのである。それゆえ、貴族たることは、首長自身に対しても、また首長ないし王に相対する人々に対しても、声望と影響力を与える人的特性とされているのである……。貴族というだけで執政官としての機能と職務 (obrigkeitliche Functionen und Aemter) がゆだねられている場合は、どこにもない。むろん貴族が、そのような機能・職務をゆだねられることはあり、そのような例はしばしばあったであろう。しかしそれは、権利と認められていたわけではない。職務と貴族とは、いかなる意味でも一体を成してはいなかった。職務がそれだけで貴族たる根拠となりえたわけではなく、貴族たることが職務の必要条件だというのでもなかった。両者はつねに、併立していたのである」(S. 241 ff.)。ヴァイツはそのことを、とくに従士団を保持する権利について強調する。「貴族たることが従士団を有する権利をもたらしたのでもなく、従士団を伴う貴族であることがフォルクを指揮し、裁判官の職務を行う権利をもたらしたのでもない。さらにまた、従士団をしたがえるか否かは、恣意によって、または偶然的な特性によって決まったのではない。従士団の保持は首長の権利の一つであり、首長が有する地位から生じたもの、首長にゆだねられた権力の派生物であった。こうして、すべてはうまく落ち着くのである。従士団は国家秩序 (staatliche Ordnung) の外にあるものではなかった。従士団は、ある程度は国家秩序に敵対的であったが、国家秩序以外の何物かを基礎づけたわけではない」(S. 252 f.)。

従士団を保持する首長の努力が国家秩序を脅かすものでなかった理由は、ヴァイツによれば、首長の地位が選挙による官職にほかならなかったことに求められる。「フェルカーシャフトの総会〔民会〕において、それぞれのフンデルト (Hundert, hundred, centena, huntari) ごとに〔首長の〕選挙が行なわれた。〔フェルカーシャフトの〕全体が個々の部分 (Abteilung) にその長官 (Vorsteher) を選任したと見るべきであろう。そのさい、人柄と家柄に対する敬意にもとづく要素が考慮されたに違いない。同じ家門に属する複数の者が同時に別々の部分〔フンデルト〕の長として選任されたことも、稀ではなかったと思われる。しかし、特定の同族の法的優先権などというものは存在しなかった。貴族であること自体が権利を基礎づけたのではなく、将軍の選任にさいして軍事能力が決定的基準となったように、ここではおよそ影響力と信頼を基礎づけるすべての事情が考慮されたのである」(S. 269 ff.)。「選挙された首長が公的事項を指揮したこれらの国において行なわれたのは、共和政的国制 (republikanische Verfassung) というべきものであった。この国制は、自由人、すなわち自立的な土地所有者の全体を基礎とするものであった。貴族としての立場における貴族、神官身分、強力な門閥指導者がフォルクを支配したのではなかった。もっとも、自分自身の功績のほかに父祖の功績が取り上げられ、それにもとづいて要求が出されたり、それが実際に考慮されたりもした。権力と、富と、名門の声望との自然的な結びつきが物を言うこともあったにちがいない。しかし、国家ないしその一部分の指揮をゆだねられる者にとっては、法と共通の利益とを扱うための手段が不可欠であった。ドイツの大多数の部族で見られた首長権力は、〔まさにそのような手段という意味で〕真の国家権力であったと思われる」(S. 280 f.)。

もとより、ヴァイツのいう「共和政的国制」の主眼は貴族の国制上の地位の否認に存したのであって、王権 (Königtum) の存在が「共和政的国制」と矛盾するものと考えられたわけではない。ヴァイツは三月革命のさいに国民議会の憲法制定委員会委員として活躍した自由主義者であったが、ベッケンフェルデの指摘(1)によれば、「かれは国民主権と共和政の断固たる反対者として登場し、王権と国民の自由 (Volksfreiheit) の結合、ないし、憲法 (Verfassung) と法を基礎とする古き諸権力と、新しき諸権力との調和をめざして戦った」。むろん、ヴァイツの国制史研究がすべてそのような政治的立場によって規定されていたと見ることはできないが、少なくとも基本的枠組に関するかぎり、ヴァイツの国制史と立憲君主政的諸観念との関連は否定すべくもない。すでに、「原初貴族」の存在を認めながらもこの貴族身分と政治的機能の不可分の結びつきを否定し、貴族たることを「声望と影響力を与える人的特性」としてのみ理解する点において、ヴァイツの見解は、かつて支配身分 (Herrschaftsstände) ないし中間権力 (pouvoirs intermédiaires) としてとらえられた貴族を、脱政治化された市民社会の社会身分 (Sozialstände) を成すものとして位置づけようとする、立憲君主政 (konstitutionelle Monarchie) の立場を反映している。そして、このように貴族の政治的自立性を否定した上で「王権と国民の自由との結合」を実現しようとする立憲君主政の基本的構想に対応するものとして、ゲルマン王権の性格に関するヴァイツの見解を理解することができるのである。

周知のように、立憲君主政の原理は、一八一八年のバイエルン憲法によって明確に定式化されている。それによれば、「国王は国家の元首であって、国家権力のすべての権利を一身に統合し、みずから定め本憲法において確定された諸規定の下に、これを行使する」、とされる。このように建前上「国家権力のすべての権利を一身に統合する」国王の、欽定憲法による自己制限は、あくまでも自己制限にすぎず、理論的には国王はいつでもこの自己制限を撤回しうるはずのものであった。こうして理論的には全能とされた国王の地位が、国民の意思に依存すること（国民主権）はありえない。国王の地位は、「神寵を得たる」(von Gottes Gnaden) 王家の連続性（正統主義）によって基礎づけられるほかはない。それゆえ、ヴァイツは、古ゲルマンの王権についても、これを完全にフォルクの意思から導き出すのではなく、特定の家門に世襲されるものとしてとらえざるをえなかった。まさにそのために、そして、そのためにのみ、ヴァイツは「原初貴族」の存在を承認せざるをえなかったと思われる。

ヴァイツによれば、ゲルマン諸部族において「王権は特定の家門（Geschlecht）に属するものであって、単にフォルクの選挙によってゆだねられるものではなく、家門に結びついたものであり、そのかぎりで世襲性を備えていた。王たちについて述べられるさいにはつねに、王の家門のことが出てくる。王の家門は、貴族のなかで第一の、最も声望ある一門であった。最初に王として戴かれた者は、自己の子孫のためにも王位に即く権利を確保したのであり、まさに王家（königliches Geschlecht）を築いたのである。両者（フォルクによる選出の要素と王家の血統の要素）がゲルマン人の考えによれば切り離せないものであったことは、明らかである。のちにこの考えが乱れを見せるようになってはじめて、ここかしこに右の原則からの逸脱を生じたが、それでも、つねに、当初の自然的状態に還ろうとする傾向が示された……。フランク族ほど長い間変ることなく自己の王家 (Königshaus) を守った部族はない。メロヴィング家は、すでに力を失ってからも長い間、王家たる名と権威を保っていた。最初にあえてこれに反抗して支配を奪おうとした者は、生命を失った。のちになってはじめて、しかも全く特別の事情の下に、ピピンが自己の有していた権力を王権へと転化させることができ、同時に自己の家門に王家たる権利を確保したのである」(S. 315 ff.)。

「こうした家門は神聖 (heilig) であるとみなされ、神々と結びつけられた。アングロサクソンの系譜がヴォーデン (Voden) から始まるように、ゴートの系譜はヴォーダン (Wodan) の別名として現れる或る名前に始まっている……。キリスト教の支配がそのような観念を妨げるようになってからも、こうした起源は少なくとも伝説のなかで維持された。たとえば、メロヴィング家の始祖メーロヴェッヒ (Merovech) は、海神から生まれたとされている……。王権が——フォルクの選挙により特定の人物に托されたとはいえ——特定の家門に結びつけられていたということは、王権に或る特定の性格を与えた。家門との結びつきによって、王権は、さまざまの面で示される自立性を獲得した。しかしその結果として、フォルクの一定の権利が排除されるということはなかった。フォルクの自由——公的事項へのフォルクの関与 (Mitwirkung) ——と結びついた自立的支配 (selbständige Herrschaft)、これが古くからのドイツ王権の性格であった」(S. 319 ff.)。

このように、ゲルマンの王権は、国民の参加を許容しながらも王家の連続性（正統性）により国王支配を根拠づけようとする立憲君主政の原理に対応して、「フォルクの関与と結びついた自立的支配」としてとらえられ、その自立性の基礎づけに必要な限度で、王の家門が神聖視されたことが強調される。しかし、オットー・ブルンナー（O. Brunner）も指摘するように、(2) 立憲君主政において、王家の連続性の意味における正統性は一箇の実定的原理にすぎないものであり、つねに援用される「神寵」も、もはや、国王の支配を神意によって正当化する反面これを神法に拘束する、という機能を果すものではなかった。そのことは、ゲルマンの王権と神との関係についてのヴァイツの見解にも、きわめて明瞭に反映している。ヴァイツによれば、ゲルマンの「王権を、主として神官的な性格のものとみなすことは不可能である」。スウェーデン人やデーン人の場合はともかくとして、ドイツ人の場合、王権は神官身分から発生したものでも、神官職を本質とするものでもなかった。「王の家門は神々と結びつけられていた。しかしながら、王家の権利が神々に由来するものとされたわけではなく、神々への奉仕と関係づけられたわけでもない。王権は、真に国家的（staatlich）な性格をもっていたのである。フォルクの生活においてとくに重要な事項、すなわち法の保護（Schutz des Rechts）、戦争のさいの指揮、裁判権力と軍事権力が、首長たちの場合と同様に、王の場合もその主要な任務を成すものであった」（S. 327 f.）。こうしてヴァイツは、王家の神聖を強調することにより王位の世襲性を基礎づけながらも、王ないし王家の支配の正当性を神の意思から導き出すことはしていない。王の支配は、王が神の意思ないし神法に従うかぎりで正当視される――それゆえ、神法に反した支配は正当視されえない――というのではなく、王家の神聖が王の国家的（世俗的＝実定的）な支配の全体を支えるものとして構成されているわけである。このようなヴァイツの構成から、われわれは直ちに、「君主政原理」の理論家フリードリッヒ・ユーリウス・シュタール（F. J. Stahl）の見解を想起するであろう。

シュタールは、かれの主著『法哲学』の第二巻「キリスト教的世界観にもとづく法理論および国家理論」第二部[3]において、国家(Staat)を人間共同体の倫理圏(sittliches Reich der menschlichen Gemeinschaft)であると同時に神的な制度(göttliche Institution)としてとらえている。シュタールによれば、国家が神的な制度であるというのは、国家ないし統治者(Obrigkeit)の声威(Ansehen)が神の定め(Verordnung)にもとづくということを意味する。ところで、この「神の定め」とは、「およそ統治者があるところ、すべて神によって定められたものである」(「ローマ人への手紙」第一三章)という新約の命題に由来するものであり、それゆえ、国家ないし統治者の声威は単に一般的に神意によって基礎づけられるにすぎない。「それは神の、直接の(自然を打ち破る)御業《みわざ》(That)によって基礎づけられるのではない。それゆえ、いかなる国制を選ぶかについての人間(国民)の完全な自由が制約されることはないのである」(S. 177)。しかしながら、「人間の意思、フォルクの意思によって特定の国家、特定の国制、特定の王家が立てられるや否や、これは人間ないしフォルクの意思から解放され、ほかならぬ国家というものになってしまう。それは直ちに、国家として、まさしく国家が神的な秩序であるゆえに、これを設立した人々をも、その子孫をも拘束することになる」(S. 178)。こうして、国民が神法を援用して統治者に反抗し、国制の変革を企てる可能性は否認されるわけである。むろん、このような一九世紀的構成とゲルマン的国制に関するヴァイツの見解との間に対応関係が認められるとはいっても、ゲルマン諸部族において実際に王に対する反抗が見られ、従来の王が追放されて新王が立てられた例があることは、ヴァイツも否定しない。しかし、ヴァイツによれば、王を追放したゲルマン人は、やがて後悔してその王を復位させたり、または少なくとも同じ王家から新王を立てたのであって、とくに反抗的なスカンディナヴィア諸部族の場合を除けば、ドイツ人が確定的に王を追放したのは例外にすぎない。それはブルグント人の場合である。ブルグントの古き王たちは戦争において運に見放されたとき、または凶作のさいに、支配権を奪われた。「人々はおそらく、神々が怒ったのだと信じたのであり、その結果、フォルクの長が、いわば犠牲として神々に捧げられたのであった」(S. 323 f.)。このようなヴァイツの解釈から、神法ないし「良き旧き法」にしたがった支配への要請、法を破り神寵を失った君主に対する反抗権の承認という発想――のちの学者によって構成された「ゲルマン的ないし中世的法観念」の核心をなす発想――を読み取ることができないのは、明白であろう。スカンディナヴィアにおいては「ほとんどつねに、フォルクは反抗的 (trotzig) かつ暴力的 (gewaltsam) に王に対抗した」(S. 324)、というヴァイツの表現は、むしろ、「平和の保護者」、「フォルクの保護主ないし後見人」(Schutzherr oder Vormund des Volks) としての王に対する反抗が非正当的 (illegitim) なもの、権利とは認められないものとして受け取られていることを示すといえよう。フォルクは単に新王の選任にさいしてのみ――王家の連続性を前提として――影響力を行使しえた、とされており、フォルクによる廃位の法的可能性については全く論じられていないのである。

ヴァイツにおいて、法は、端的に、「国家において支配する秩序」(die in dem Staate waltende Ordnung) として定義される (S. 418)。ヴァイツによれば、国家以前に法はない。「国家的結合は家族から成長するものであり、すでに家族において個人はそこで支配する秩序に拘束されているのであるが、この秩序は、国家が形成されてはじめて法となる。すなわちそれは、成員が国家の普遍的かつ高次の紐帯によって結びつけられ、自己の自由を国家秩序により基礎づけてはじめて、法となるのである」(S. 419 f.)。王はまさに、その国家において「法の保護」の任に当るべきものとして位置づけられたわけである。それでは、「国家において支配する(実定的)秩序」としての法を形成する任務は、誰によって担われるのか。「国家生活の中心」(S. 338)としてのフォルク集会(民会)によってである。「民会(Versammlung des Volkes)がこの法を定め、維持する。すなわち一般的には、法律またはこれに代るものが民会によって生み出され、あるいは——生活のなかで形成されたものが——民会で承認されることによって。また特殊的には、問題となったあらゆる行為が、民会において、法に照らして、すなわち法の概念および要請に照らして判定されることによって」(S. 420)。

したがって、ヴァイツにおいては、実定的な国家秩序としてとらえられた法は、基本的に民会の制定法(法律)として理解され、そのような法律を「保護する」任務が王に課せられているのである(S. 328 f.)。ここにも、われわれは、議会によって制定された法律の執行を議会から独立の「国王の政府」に担当せしめる立憲君主政の図式を認めることができよう。

ところで、法が実定的な国家秩序としてとらえられたということは、法によって保障される平和もまた前国家的な実力行使の可能性を原理的に排除するものとして理解された、ということを意味する。「平和は、各人が共同体を基礎づける結合と法を守る場合、またそのかぎりで、各人の間に成り立つ関係である。これに反した者は、平和破棄(Bruch des Friedens)を犯したことになる。平和の破棄は不法であり、法の侵害は平和違反であった。平和を破った者は、個人との関係で平和を破ったにすぎない場合にも、全体を侵害したことになる。けだしかれは、万人の上にある、そしてそれによってのみ万人の結合が意味をもちうる、神聖な秩序を侵害したのである」(S. 421)。この「神聖な秩序」が上記のように実定的な国家秩序を意味したことに留意しつつ、ヴァイツの次のことばに注目しよう。「こうした関係は、一切の歴史に先立って基礎づけられたもの、国家生活が形成されはじめるに当って基礎づけられ、国家生活の形成と同時に与えられたものであった。歴史的研究は、こうした関係の発生と最初の歩みとを扱うべきものではなく、さまざまの民族におけるその現れかた、実現の態様のみを扱うべきものである。最初の発端がどうであったかは、もはや知りうべくもない。けだし、タキトゥスがドイツ人の状態を描き出した時点においては（それ以前についてはは情報が全く欠けている)、発展はさらに進んだ段階に達していたのであるが、それ以前のゲルマン人の法生活における諸関係が全く野蛮で欠陥だらけのものだったなどという間違った見方は、偏見ないし謬説だというほかはない」(S. 421 f.)。それゆえ、ヴァイツによれば、ゲルマン社会を自力救済が広範に行なわれた社会、「国家が法の保護を行なわず、不法に刑罰を課さない」状態としてとらえるのは、全くの誤りである。ヴァイツによれば、ゲルマン人もまた贖罪金 (Sühne) の体系としての国家的刑法 (Strafrecht) を有していた。もとより、「ゲルマン人にあっても、ほとんどすべての——自然的感情に支配されている——民族の場合と同様、復讐 (Rache) が行なわれていた……。ギリシア人にとっても復讐は無縁のものではなかった。法は復讐を制限したが、これを排除するには至らなかった。それはようやく、キリスト教の前に徐々に屈してゆくことになるのである。しばしば復讐に対する闘いがなされたにもかかわらず、それは中世を通じて広く行なわれていた。いくつもの民族においては、教養が高められ厳格な法律が制定されたにもかかわらず復讐を根絶することはできなかった。しかし、ゲルマン人においては、復讐の支配は一定限度で認められたにすぎない。ゲルマン人は、コルシカ人ほど復讐心が強くなかった。ゲルマン人のなかでもドイツ人は、スカンディナヴィア人よりも復讐心が弱かった」(S. 431)。

むろんヴァイツも、たとえば被告人が裁判所への出頭を拒否したり、判決に従って贖罪金を支払うことを拒否したりしたために平和喪失の刑に処せられた場合は、被害者の復讐が許されるのみならず加害者から一切の法的保護が奪われたことを指摘する。「こうして、復讐は一定限度で法のなかに取り込まれ、法の保護のための秩序に組み込まれていた……。それは、フォルクの生活においてつねに重要な意義をもっていた。しかし、学者がいうように、家族の絆とか、その他の法的関係、裁判関係を復讐から導き出すことができるわけではない」(S. 436 f.)。このように実力行使が——フォルクの生活にとっての重要性は否定されないとしても——むしろ例外的に法的承認を得ることができたにすぎないとすれば、王に対する実力行使を権利(反抗権)として認める可能性ははじめから存在しなかったといえよう。ヴァイツにとってゲルマン人の国家は、立憲君主政の意味における法治国家(Rechtsstaat)にほかならなかったのである。

(1)　Böckenförde, a.a.O., S. 100.
(2)　Otto Brunner, Vom Gottesgnadentum zum monarchischen Prinzip. Der Weg der europäischen Monarchie seit dem hohen Mittelalter, in: Vorträge und Forschungen, Bd. 3, 1956; auch in: Neue Wege der Verfassungs- und Sozialgeschichte, 1968. 邦訳はブルンナー『ヨーロッパ——その歴史と精神』に収められている。
(3)　Friedrich Julius Stahl, Die Philosophie des Rechts, Bd. 2, Rechts- und Staatslehre auf der Grundlage christlicher Weltanschauung, 2. Abteilung, 1846. ここでは、一八七〇年の第四版による。

7　マウラー(1)――ゲルマン的自由と平等

上述のようにヴェルカーは、一九世紀ドイツにおける国家と市民社会の分離という枠組を前提として、かれのゲルマン社会像を描き出した。しかし、そのさい、かれがヒュルマンの「原初貴族」を「土地を所有する自由人」と読み替えることによって「自由人から成るゲルマン社会」という構成を貫徹しえたということは、かれのいう完全公民がなお土地所有者たるかぎりにおいて貴族=領主と共通の性格を有していることを物語っている。たしかに、たとえばヴェルカーにおける「国軍」と「私的従士団」の峻別は、政治権力を一手に集中した国家と、脱政治化された市民社会との対立、という一九世紀的図式のゲルマン社会への投影の所産といえよう。しかし、その社会の担い手は、ヴェルカーにあってはまだ「経済的な意味での自権者(sui iuris)」になり切ってはいず、「政治的な意味での自権者」としての性格を濃厚にとどめる「土地所有者」であった。ヴェルカーによれば、「今日のドイツにおいても……しばしば農民(Bauern)とか農場主(Herren)とかいう呼び名で、尊敬に値する人々として、土地を所有しない人々に対置される」土地所有者は、「かつては共和政的な共同統治権を有し、無産者を自己の保護下に置いていた」(S. 266)、とされるのであるが、そのことから、ヴェルカーが完全公民たる土地所有者をなお政治的支配者としてとらえていたことは明らかである。したがって、ヴェルカーにおいては、ゲルマン社会に適用された国家と社会の二元主義という一九世紀的枠組はまだ不徹底なものであり、社会は多分に政治社会としての色彩をとどめていたのである(この色彩は、従士団をすべて国家的なものと見るヴァイツにおいては、弱められている)。一八一八年五月二六日のバイエルン憲法は、身分制議会(Stände-Versammlung)の第二院(下院)の構成を定める第六章第七条において、第二院(die zweite Kammer)が、(a)領主裁判権を有する土地所有者(Grundbesitzer)であって第一院に議席を有しない者、(b)大学の代議員、(c)カトリックおよびプロテスタントの聖職者、(d)都市および市場地の代議員、(e)右の(a)に属さない土地所有者(Landeigentümer)、から成るものとしているが、(e)の土地所有者が(a)の領主の枠を拡大したものとして、つまり農村(Land)における農民的土地所有者として理解されていることは明らかであろう。農民的土地所有者は、一九世紀に入っても依然として「全き家」(ganzes Haus)の家長として、裁判権こそもたないものの家の成員に対する支配を行なっているのであり、そのかぎりで政治的自権者であった。そして、同憲法第九条は、第二院の議席の八分の一を「貴族たる土地所有者」に、同じく八分の一を聖職者に、四分の一を「都市および市場地」に割り当てるにとどめ、「領主裁判権をもたない土地所有者(Landeigentümer)」には実に全議席の四分の二すなわち半数を与えている(バイエルンの三つの大学には、それぞれ一議席のみが認められている)。 農民的土地所有者こそが政治社会の主要な担い手とされていたわけであり、このような土地所有者がヴェルカーのいわゆる「完全公民」のモデルとなったと考えられる(なお、バイエルン憲法第六章第一二条は、第二院の議員について、身分の如何を問わず、生計の基礎となる財産を所有し、一定の租税を納める三〇歳以上の国民であって、キリスト教の三つの公認宗派のいずれかに属すること等の資格を要求している)。

しかし、バイエルン憲法から約三ヵ月遅れて制定された一八一八年八月二九日のバーデン憲法においては、第二院はもはや農民的土地所有者を中心とするものとして構成されてはいない。バイエルン憲法が参議院 (Kammer der Reichs-Räthe) すなわち上院のメンバーを成年の王子、大臣、二名の大司教、華族(かつての帝国貴族が陪臣化されたもので、通常 Standesherren と呼ばれる)、その他の勅任議員に限定していた(第六章第二条)のに対して、バーデン憲法は、大学の代議員と並んで「領主たる貴族」(grundherrlicher Adel) の代議員をも第一院のメンバーに取り込み(第二七条)、第二院は都市と農村から選出される六三名の議員のみによって構成されるものとしている(第三三条)。これらの議員は選挙人によって選ばれるが、選挙人を選挙する権利は、選挙区において公民 (Bürger) とみなされているか、または公職についている二五歳以上のすべての国民に認められる(第三四条、三六条)。他方、第二院議員の被選挙権は、キリスト教の三つの公認宗派のいずれかに属している三〇歳に達した国民であって、「土地税・家屋税・営業税台帳に一万グルデン以上の資産が登録されているか、または、世襲地もしくは封地から毎年一五〇〇グルデン以上の終身の定期金収入があるか、または、国家もしくは教会の官吏として毎年一五〇〇グルデン以上の定額の俸給を得ている者（後二者の場合は、そのほかに、何程かの直接税を納めていることを要する）」（第三七条）に与えられている。したがって、バーデン憲法は、公民たる資格を、少なくとも農民的土地所有者よりも広い範囲で承認しているわけである。バイエルン憲法は、上述のように第二院を農民的土地所有者にまで解放するにとどめただけでなく、その議員はそれぞれの同身分者によって——すなわち、農民的土地所有者が議員となる場合にはそれぞれの地区の農民的土地所有者たちによって——選出されるべきものとしていた（第六章第一一条）。これに対して、バーデン憲法は、被選挙権者の範囲を営業税納付者にまで拡大し、また、選挙権については、間接選挙制をとりながらも、「選挙区において公民とみなされているか、または公職についている」二五歳以上のすべての国民にこれを認めている。「公民とみなされる」ための要件は明らかでないけれども、バーデンの自由主義者ロテックは、とくにバーデン憲法の解釈としてではなく一般論としてではあるが、選挙権の有無を財産（Vermögen）の有無にかからせることを認めながらも、自立的な営業が前提されるかぎりで労働力（Arbeitskraft）ないし営業能力（Gewerbefähigkeit）も財産とみなされうる、と説き、ある程度の（あまり高くない）租税を納付した者はその意味での財産を有するものと認められる、としている（『国家事典』の、Abgeordnete の項目）。したがって、バーデン憲法は、むろん普通選挙権を認めているわけではないが、伝統的な政治的自権者のみならず、経済的自権者を大幅に公民と認定しているといえよう。

それゆえ、土地所有者をゲルマン社会における完全公民と見るヴェルカーの構成（および、そのかぎりでヴェルカーを受けつぐヴァイツの構成)は、自由主義者自身によって早晩批判されざるをえなかった。そのためには、当然、土地所有、ないし少なくとも土地の私的(個別的)所有が成立する以前に、自由人の共同体があったという想定が必要となる。ゲオルク・ルートヴィッヒ・フォン・マウラー(**G. L. von Maurer**)は、まさにそのような新たな構成の可能性を示すことによって、自由主義の課題に答えることになった。

一八五四年の『マルク＝農場《ホーフ》＝村落《ドルフ》＝都市制度の歴史、および公権力の歴史についての序論』(1)において、マウラーは、原初ゲルマン人の主要な定住形態を散居制(Einzelhofsiedlung)に求めたユストゥス・メーザー以来の一般的見解(allgemein verbreitete Ansicht)を批判する。「この一般的見解によれば、土地の耕作は散在農家(Einzelhof)を中心として行なわれ、それぞれの農家は、他から区別された固有の農地(Feldmark)によって取り巻かれていた、というのである。人々は、中世末期になってはじめて、それまで散在していた住居がより大きな安全のために集まって村落を形成し、それまで分離していた農家ごとの農地が村落単位の農地へとまとめられたものである、と信じた」(S. 2)。

すでにわれわれが見たように、たとえばアイヒホルンは、ゲルマン人のなかにはスウェーヴィ族のように「きわめて古くからすでに村落を形成していた」ものがあるとしており、そのかぎりで散居制を原初的定住形態とするメーザー以来の見解は大きな修正を受けていた。それにもかかわらず、マウラーは、この散居制説を「一般的見解」であるとして、これに批判を加えるのである。「少しく考えてみれば、この見解は、どこから見ても、尤もなものとは認められない。すなわち、この見解によれば、人々が遠く離れて建っている家屋を一旦取り毀して別の所に建て直した、という信じがたいことを信じなければならず、また、人々が自分の家のまわりの農地を自由に耕作しうるという快適な状態を自発的に棄てた上で、自分の農地を地条に分けられ全農地に分散したものとして、しかも他の村民の協力に完全に依存してのみ耕作しうるものとして改めて受け取った、と考えざるをえないのである」。このように不自然 (unwahrscheinlich) な「通説」に対して、マウラーは、次のようなかれ自身の構成を提示する。

「土地の最初の耕作は、個人ではなく、同族 (Geschlecht) の全体、または氏族 (Stamm) の全体によって行なわれた。それらは、アイスランドで frändalid ないし skulldalid (ドイツ語の Freundschaften ないし Gefolgschaften にほぼ対応する) と呼ばれた、やや大きな団体であった。そのことは、一般的な歴史の発展と、われわれに伝えられた最古の史料によって、また後世の状態との比較によっても、証明される。ところで、ドイツの最初の住民は、遊牧民 (herumziehende Hirtenvölker) であった。他の遊牧民 (Nomaden) と同様に、ドイツの遊牧民においても、牧畜、したがってまた十分な牧草地をもつことが、重要であった。しかし、それもまた、農耕なしには永続しえなかった……。ユリウス・カエサルの時代にかれが知ることになったゲルマンの各フェルカーシャフト (Völkerschaften) のなかで、スウェーヴィ人が、まさに右のような時点にあったわけであって、そこでは農耕と結びついた遊牧が行なわれていたのである。もっとも、そのさい、まだ牧畜が主であり、農耕は従として行なわれた」(S. 3 f.)。マウラーによれば、このような半遊牧民がしだいに定住していった、とされるのであるが、そのさい、マウラーは、オーデンヴァルトやバイエルン山地の峡谷地帯、ティロールやフォアアールベルクやスイス、それにユストゥス・メーザーの歴史叙述の主たる対象となったヴェストファーレンについては最初から散居制がとられたことを認めながら、原則としてはむしろ集村がゲルマン人の原初的定住形態であった、として、かれの研究をもっぱら後者、すなわち「共同農地制をとるマルクゲノッセンシャフト」(Markgenossenschaft mit Feldgemeinschaft) の検討にあてるのである。

マウラーは、この「共同農地制をとるマルクゲノッセンシャフト」における農地の所有関係を、次のように描写している。「周知のように、東洋ではどこでも昔から、そしてトルコでは現在もなお、君主（Fürst）ないしそれに当るもの（イスラエル民族においてはエホバ）が、国家における最高の権力を有し、国土の本来のグルントヘルであった。この基本観念は、ローマ国家においては共有地（ager publicus）の占有（possessio）について、ニーブール（Niebuhr）が最初に論じ、サヴィニーやヴァルター（Walter）等に受けつがれたような、さまざまの特徴を与えることになった。全く同じことが、ゲルマンの各フェルカーシャフトについてもあてはまる。征服をこととする遊牧民にあっては、今日は此処、明日は彼処に居を定めるものである以上、これとは別の所有の態様はありえないのであるが、このような移動民族の特性は、かれらが定住地に落ちついてからも保たれるのが常である。そのような状態は、すでにタキトゥスがゲルマン人の農耕共同体（Feldgenossenschaft）の叙述にさいして暗示したところである。すなわちタキトゥスによれば、土地は耕作者の数に応じて全体〔共同体〕により順次占取される。そのさい耕地（Ackerland）は毎年〔耕作者に〕分配（verteilen）され、その他の土地はすべて（alles Übrige）共有地（Gemeinland）でありつづける（Arva per annos mutant, et superest ager）。タキトゥスが ager なる語を用いるさいにローマの共有地（ager publicus）を念頭に置いていたことは、疑問の余地がないと思われる。この見方の正しさは、北欧法史によっても裏づけられる。すなわち、北欧における原初的な土地占取の態様によれば、すべての土地は当初は共有地（Gemeinland, Almenning, alminning, allmänninger, Allmende)、すなわち真に全体ないしフォルクのものである土地であった。そして、北欧において almenning と呼ばれたものが、イングランドでは folcland――すなわち本来フォルク全体のものたる土地――にほかならなかった。

したがって、本当の私的所有権 (Privateigentum) というものは、当初は全く存在しなかった。耕地区画 (Ackerlose) が毎年割り替えられるという状態が続くかぎり、私的所有権などというものは、およそ存在の余地がなかったのである。成員各人は、農地 (Feldmark) について平等の権利 (gleiche Rechte) を有していたが、この権利は観念的 (ideell) な性格のものにすぎなかった。したがって、成員各人は、農地の分配にさいして等しい耕地区画 (ein gleiches Ackerlos) の割り当てを要求することはできたが、少なくとも当初は、前回はあの区画、今回はこの区画というように別の区画が割り当てられることもあった。こうした見方の正しさは、ゲルマン人は土地の私的所有権をもっていないというカエサルの正当な認識によっても確証される。共有地、フォルクの土地、共有マルク (gemeine Mark) が散りぢりに分かれてはじめて、私的所有が出現したのである。したがって私的所有は、当初は特別 (個別) の土地とか森とか農場とか (ein Sondergut oder Sondereigen, ein Sonderholz oder silva singularis, ein Sonderhof oder ein Sundern) と呼ばれた。それは共有マルクから切り離されて、分離 (sondern) された財産になったものであったから」(S. 92 f.)。

もとより、このようなマウラーの構成はあくまでも一個の構成であって、史料から厳密に読み取られたものではない。史料が引用されている場合にも、目的に適合した構成のために相当に恣意的な読み込みが行なわれているのである。ローマの ager publicus がマウラーによって援用されうるような性格のものであったか否かは別として、かりに ager publicus についてのマウラーの理解が当っているとしても、タキトゥスがまさにそれと同じ意味で ager なる語を用いたというのは、「疑問の余地がない」どころか何の根拠もない。et superest ager なる箇所を「その他の土地はすべて共有地でありつづける」と読むのは、相当な読み込みを前提としてはじめて可能なのであって、のちにアルフォンス・ドープシュ (A. Dopsch) が指摘したごとく、この箇所は単純に、「しかし、農地はなお余っているのである」と読むべきものであろう。それゆえ、北欧法史をも援用して(これも、その当否は吟味を必要とする)、「すべての土地は当初は共有地であった」と説くマウラーの主張は、実は必ずしも十分な根拠をもつものではないのである。のみならず、とくにマウラーが共有地についての成員各人の権利を平等なものであるとし、成員各人が農地の分配にさいして等しい耕地区画の割り当てを要求しえたと説いている点については、重大な疑問がある。というのは、マウラーは、タキトゥスの文章を紹介するさいに、共同体によって占取された農地が「耕作者相互の間で、各人の dignatio に応じて分配される (secundum dignationem partiuntur)」という箇所を全く省略しているからである。農地が各人の dignatio (地位・名声) に応じて分配されるということは、むろん分配の不平等を意味する。それゆえ、かりに土地の共有を原初的な所有形態と認めることができるとしても、その所有主体たる共同体の成員が平等の権利を有していたという主張は、少なくともタキトゥスによるかぎり根拠がない、ということになる。まさにこの点において、マウラーの見解は、史料を離れた構成としての性格を示すものであった。

もっとも、マウラーにおいても、最初に土地を占取する全体 (Gesammtheit) は同族 (Geschlecht) ないし氏族 (Stamm) にほかならず、その完全な成員のみが平等の権利を有するものとされる。すなわちマウラーによれば、原初村落は古代デーン語では Adelby ないし Athelby、または単に By と呼ばれ、古代アイスランド語では Adalból ないし Bólstadr と呼ばれた。そのような村落の「完全に自由な成員」は、古代デーン語では Adelbonde、古代ノルウェー語では Adhalmann と呼ばれ、そのような成員が占有する土地はデーン語で Athaelbit ないし Otelbyth、ノルウェー語で Odhal ないし Odhalsiaurd、アングロサクソン語で Oedhel, Aedhel, Edhel と呼ばれた。

「ところで、Adel のもともとの意味は、同族 (Geschlecht)、種族 (Art)、氏族 (race) というほどのものであるから、原初村落とその住民が右のように呼ばれたということは、同時に、最初の定住が同族によって行なわれたということを証明するものである。しかも、Adelbonde だけが完全な権利者であったのだから、Adel という呼び名は、すべての完全な権利、およそすべての適法性 (Gesetzlichkeit) を指すものとなった。したがって、適法な婚姻において生まれた、それゆえに完全な権利を有する息子は、Adel として生まれた (adelig geboren, athelbonde barn) ということになり、情婦に対して、適法な、それゆえに完全な権利をもつ正妻は Adelkone ないし athelkunae (これらは、適法な婚姻から生まれた息子についても用いられた) と呼ばれた。最後に、Adelbonde の集会は Adelthing と呼ばれたが、これは、われわれの文書史料において適法なる集会 (placitum legitimum) と呼びならわされているものである」(S. 13)。

「北欧において Adel 村落と呼ばれたものは、わがゲルマン人の文書史料においては……一般に villa とか Nachbarschaft とか Honnschaft 等々と呼ばれるものであるが、それは多分、最初は Adelsdorf と呼ばれることもあったであろう……。このような〔ゲルマン人の〕村落においても、同族員（Geschlechter）、すなわち ingenui だけが、完全な権利を有する成員（vollberechtigte Genossen）であった。かれらがもともとドイツ語でどう呼ばれたかは明らかでないが、早い時期にアンゲル人、ザクセン人、ランゴバルト人において見られる Adalinge, Adelinge, Edilinge, Edelinge, Edili といった呼び名、そしてまたヴァイステューマーにおいてもしばしば出てくる農村の edele Leute とか Edilmanne とかいうものが、北欧における Adelbonden に当るものであるかもしれない。それゆえ、Edelleute の所有地（Besitzungen）は、地代納付義務を伴うフーフェ（zinspflichtige Huben）と区別してエーデルフーフェ（Edelhuben, hubae nobilium virorum）と呼ばれた。北欧の Athelbit に対応する、同族員の所有地の呼び名は、アロート（Allod）ないしアイゲン（Eigen, proprium）であった。アロート（通常は alodis、時としてまた alodoes）は、all および od から成る語であり、したがって完全なるアイゲンを意味した……。それがアイゲンと呼ばれたのは、共通のマルクから分離されて私的所有となった、真の個別的な土地（Sondergut）だったからである。したがって、アイゲンないし自由なアイゲン（frei ledig Eigen）は、それが分離されたもとの共有地すなわちアルメント（Almend [Almende]）に対置された。しかし、狭義においては、アイゲンは完全な処分権の対象となる完全なるアイゲンを意味したのであり、これがのちに所有権（Eigenthum）と呼ばれることになったのである」（S. 13 ff.）。

この引用文から明らかなように、マウラーは――かつてヴェルカーが史料において nobiliores ないし nobiles と呼ばれる人々を貴族ではなく自由人と解すべきだと説いたのと同様に――同族の「完全な成員」、「完全に自由な成員」としてのアーデルを、普遍的身分すなわち自由人とみなすのである。ただし、ヴェルカーにおいてはまだ土地所有が自由を基礎づけたのに対して、マウラーにおいては、「同族員」としての完全な自由が、共同地が分解したかぎりでの個別的所有を、「完全なるアイゲン」として基礎づけた。一般に旧ヨーロッパにおいては政治的支配と結びついた具体的な所有が具体的＝身分制的な自由を基礎づけたのに対し、ヘーゲル以降、抽象的な人格の自由から抽象的な所有が演繹されるようになったのであるが、(2) この転換は、ゲルマン社会論においては、私的所有権の形成に先行する——しかも平等の権利をもつ成員から成る——土地所有共同体の発見というかたちで、遂行されたわけである。もとより、そのような土地所有共同体は、すでに近世自然法論者による自然状態の構成にさいして、先占による土地の取得に先行する状態として想定されたものであったが、マウラーの主観においては、今やそれがゲルマン社会における事実として発見されたのである。

いずれにせよ、マウラーは、平等の権利をもつ成員から成る共同体を原初的な国制として位置づける。それでは、そのような共同体の成員に対する保護は、いかにして実施されたか？「ローマ人に対する戦争は、最初はマルクゲノッセンシャフトによって行なわれたようである。そのさい、いくつものマルクゲノッセンシャフトが団結し、戦争目的のために一人の共通の将軍（Heerführer）を選んだことも稀ではなかった」(S. 331)。しかし、そのような将軍は戦時にのみ選任されたのであって、その他の場合、共同体は、その成員自身によって——具体的には、共同体により選任されたグラーフ（Graf, comes loci, grafio loci）等々の役人（Beamter）の手によって——統治された。「公権力（öffentliche Gewalt）の成立によってはじめて、変化が生ずる。けだし、対内的・対外的なフォルクの平和、国王の平和、ラントの平和（Volks-, Königs- und Landfriede）の維持が、公権力の本来の、排他的な権利ということになったからである」。ところで、「真の公権力は、時代を降って、王権というものが形成され基礎づけられてはじめて——つまり、ローマ人との間に戦争が繰り返され、また民族大移動が行なわれてはじめて——成立した。これについては別の機会に論ずることにしたいが、いずれにせよ、そのような公権力の成立によって、当初の諸関係は本質的に変化することになる」(S. 332)。もっとも、公権力の形成は、どこでも同じようなかたちをとったわけではない。

「いくつかの国では、すでに早くから、公権力は全面的または部分的に、マルク裁判権または農耕裁判権 (Mark- oder Feldgerichtsbarkeit) と一体を成していた」。たとえばイングランドにおいては、古来の農耕共同体が、部分的な公権力を有する Frithborge なる組織へと発展した。「Frithborge という組織の形成によって、農耕共同体は、イングランドにおいて長期間存続し、基本的には今日なお存在する姿をとることになった。それは、イングランドの都市をドイツやフランスやイタリアの都市から区別する特徴にもなっているものである。すなわち、イングランドの都市においては、ローマの都市における と同様に、公権力が大部分都市参事会の手にあるのに対し、ドイツやフランスやイタリアの都市にあっては、公権力は都市のゲノッセンシャフト的官庁とは別個に、これから全く切り離されたものとして存在するのであり、帝国都市へと上昇した都市においてはじめて、徐々に共同体自身によって獲得されることになったのである」(S. 332 f.)。このことからも明らかなように、ドイツにあっては、そもそもマルク裁判権ないし農耕裁判権というものが公権力(公的裁判権)から峻別されており、「他の一切の公的ならざる裁判権の場合と同様に」公的裁判権の下に位置づけられていた。「それゆえ、旧時の村民ないし市民は、マルクないし農地に関する事項についてはマルク裁判所ないし農耕裁判所に、公的事項については各村落・都市を管轄するガウ裁判所またはラント裁判所 (Gau- und Landgerichte) に訴えなければならなかった。中世末期 (das spätere Mittelalter) になってはじめて、そして近世の諸組織の形成に当ってはいよいよ頻繁に、多くの村落共同体、都市共同体が公権力の一部、たとえば民事裁判権と軽微な犯罪についての刑事裁判権を獲得するようになった。なかには公権力の大部分を獲得し、自由都市と呼ばれるようになったり、これと結びついた帝国直属性のゆえに帝国都市と呼ばれるようになったりしたものさえある。荘園領主たち (Grund- und Hofmarkherren) もまた、多くの領域において、公権力の一部——いわゆる下級裁判権ないし領主裁判権 (Hofmarkgerichtsbarkeit) ——を、契約によって取得し、または特権として授与された。ただ強大な不入権者たち (Emunitäsherren) だけが、すべての公権力をわがものとし、ランデスホーハイトへの礎石を置くことができたのである」(S. 333 f.)。

このような叙述から明らかなように、マウラーにとっては、少なくとも大陸に関するかぎり、公権力とは王権にほかならなかった。王権が形成される以前の共同体の自己統治は、公権力の行使としてはとらえられず、また、公権力としての王権が形成されたのちには、共同体の自治的裁判権は「公的ならざるもの」として位置づけられる。大土地支配者＝荘園領主の支配についても、同様である。むろん、マウラーも、原初的な土地の共有関係が解体して私的＝個別的な所有が成立したのちにさまざまの取得行為によって若干の大土地支配が形成されたことを認める。しかし、マウラーによれば、「この差異はむろんきわめて大きな実際的意味をもつものではあったが、それでも支配の大きさの違いにすぎず、その他の完全に自由な耕地区画所有者が消滅するのと並行して本来平等だったこれらの仲間の上に頭角をあらわす者が出てきたというだけのことであった。公権力に対する不入権が獲得され、ガウグラーフの権利の取得と相俟ってこの不入権が拡大されてはじめて、これらの大土地支配(größere Grundherrschaften)はその他の支配から真に卓越し、しだいにランデスホーハイトへと上昇してゆくことになる。これに対して、公権力に対する不入権を全く獲得しない土地支配、または、少なくとも獲得した不入権を拡大しガウグラーフの権利を取得することに成功しなかった土地支配は、自由な耕地区画所有者が前からもっているのと基本的に同じ権利しかもたない土地支配にとどまるのである」(S. 231)。それゆえマウラーによれば、王権=公権力の移譲が行なわれないかぎり大土地支配の形成も「公的ならざる」社会、つまり私的な社会内部の事実上の階層分化を意味したにすぎず、法的には社会は平等の権利をもつ成員によって構成されている、ということになる。しかも、この王権=公権力の形成過程の考察は、少なくともこの作品においては全く省かれており、「別の機会」に譲られている(マウラーは結局、この問題を論ずるに至らなかった)。ここにわれわれは、法的には平等な成員から成る階級社会としての市民社会と、この市民社会から隔絶された国家との対置という一九世紀的図式を、容易に読み取ることができるであろう(3)。自由主義は、土地所有者を完全公民と見るヴェルカー的構成を棄てることによって身分制的な要素を払拭することができたが、それとともに、国家と市民社会の二元性を容認し、国家から分離された市民社会内部での法的平等の強調に力点を移すことになったわけである。

（1） Georg Ludwig von Maurer, Einleitung zur Geschichte der Mark-, Hof-, Dorf-, und Stadtverfassung und der öffentlichen Gewalt, 1854. 本文の引用は、一八九六年の第二版による。

（2） 村上淳一『近代法の形成』第二章を見よ。

（3） Böckenförde, a.a.O., S. 134 ff. はこの点を強調する。

8 マウラー(2)――ゲルマン的自由と私的土地所有

一九世紀市民社会の類推によって描き出されたマウラーのゲルマン社会像において、共有地が解体したかぎりで生じた「完全なるアイゲン」としての私的所有はどのようなものとされているであろうか？ マウラーによれば、「当初はマルクのすべてが、分割された、または分割されていない共有関係(Gemeinschaft)にあった。けだし、農地が分割されている場合にも、毎年ないし数年ごとに耕地区画の割り替えが行なわれるかぎり、共有関係自体は存続したのである。いわば土地の表面についてのみ個別的利用(Sondernutzung)が認められたのであって、土地そのものは共有関係に置かれていた……。したがって、ローマ人の場合、共有地(ager publicus)については占有権(Besitzrechte, possessio)だけが――むろんきわめて強大な占有権ではあったが――認められ、所有権自体は国家に属していたのと同様に、ゲルマン法においても耕地区画主(Loseigner)は自己の有する土地(Besitz-thum)について当初は占有権(Besitzrechte)だけを、すなわちゲヴェーレ(Gewere)だけをもっていたと思われる。この占有権は、当初は、つまり耕地区画が毎年割り替えられていた間は、単に期限つきのゲヴェーレすなわちプレカリウム（precarium）にすぎなかったが、あたかも定期賃貸借（Zeitpacht）がしだいに世襲賃貸借（Erbpacht）へと移行したのと同様に、徐々に世襲のゲヴェーレになっていった……。しかし、転々として移動する各フェルカーシャフト（Völkerschaft）が一定の居所に落ちついて以来、ないし少なくとも民族大移動の時期以後、この点に関して多くの変化が見られた」(S. 97 f.)。

すなわち、マウラーによれば、定住後も耕地区画の割り替えを継続したフェルカーシャフトがある一方で、「大部分のフェルカーシャフトにおいては、土地の占取と同時に、分配すべき耕地区画が所有地として（zu Erb und Eigen）——ただし、当初の共同関係（Gemeinschaft）を完全に解消することなしに——与えられた。とくに、ゲルマン人が征服したローマの属州においては、土地の分割にさいして、ゲルマン人の各耕地区画所有者に対し、その耕地区画についての比較的強力な権利が認められたようである。というのは、ローマ人所有者たち（possessores）はすでに所有権（Eigenthumsrechte）を有しており、かれらに分配された土地についてかれらの権利を制限するわけにはいかなかったのであって、ゲルマン人もそれぞれの耕地区画についてこれよりも不利な扱いを受けずにすんだからである。その後、ローマ法の影響の下に、私的所有権（Privateigenthum）についての諸概念が、ゲルマン人の間にもますます拡がっていった。しかし、その一方で、ドイツにおいてもかつてのローマ属州においても、依然として後々まで、グラーフの土地所有（Grundbesitz）についても私人の土地所有についても、possessio, possidere とか tenere, habere とかいう語が用いられ、また、ブルグント人の耕地区画、ローマ人の耕地区画がそれぞれの possessio と呼ばれた。さらに後代になってローマ法の影響の下に占有 (Besitz) および所有権 (Eigenthum) の両概念が一層厳格に区別されるようになり、ゲルマン的ゲヴェーレについての諸原則がいろいろと誤解されるようになると、フランスにおいてローマ法とゲルマン法の混同を生じ、その混同が現在まで続いているのである……」(S. 98 f.)。

それでは、マウラーは、「ゲルマン的ゲヴェーレの諸原則」をいかなるものとして理解していたのであろうか。「ドイツにおいても、私有地 (Privatgrundbesitzungen) が世襲されるようになり耕地区画が世襲地として与えられるようになってからも、多かれ少なかれ拡張された占有 (Besitz)、ないしゲヴェーレだけが知られていたのであるが、それは当時の諸関係にとって全く十分なものであった。Were, Wehr, Gewere, Gewehr というのは、Hofwer, Wergeld, Nothwehr, Schutzwehr, Landwehr 等々の語を見ればわかるように、広く保護 (Schutz) を示す表現であった。したがって、土地にあてはめた場合、Were ないし Gewere は、一方では土地の占有の保護、または土地の占有そのものを意味し、他方では、Hofwehr の場合のように保護されている土地、もしくは Brustwehr や Landwehr の場合のように濠によって囲まれた防塁といったかたちで土地を保護するための物を意味した。いずれにせよ、すべての場合に、Were ないし Gewere は、占有の保護、保護された物もしくは保護する物、そしてとくに土地の場合は——正しいゲヴェーレ論がいうように——占有の保護と保護行為、または保護された土地占有を意味したのである。このような保護には、裁判所が関係を有していた。裁判所は平和の維持を任務とすべきものであったから。物についての権利はどんな権利でも裁判上の保護を必要としたから、ゲルマン法においては物についての各種の権利の数だけゲヴェーレが存在した。ところで、裁判上の特別の保護は、通常のゲヴェーレにおける保護から区別されるべきものである。それは、土地が裁判所自体において譲渡され、それについて裁判上の平和 (Gerichtsfriede) が作用したときに、生じたものであった。この、平和のはたらきによって生じた特別の保護は、占有に対して一年と一日以内に異議が唱えられない場合、占有のより強い保障（Sicherheit）をもたらした。それゆえ、このようにして保障されたゲヴェーレは、通常のゲヴェーレと区別して法認ゲヴェーレ（rechte Gewere）と呼ばれた。しかし、この法認ゲヴェーレもまた、占有の保障を与えるにすぎず、ただ通常のゲヴェーレよりも強い保障を与えるというだけのことであった」（S. 99 f.）。

「占有において保護さるべき者がいかなる権利を有していたかは、ゲヴェーレという語の中に含まれてはいない。したがって、ゲヴェーレなる語は、全く一時的な農場の占有から真の所有権者の占有までをも含むあらゆる種類の占有について、多種多様な意味で用いられた。当初は所有権というものは存在せず、すべてが単なる占有にすぎなかったのだから、このゲヴェーレなる概念の下で、時とともに多種多様な権利が形成されえたのである。完全自由人（Vollfreie）の占有は、かれが公権力と公的裁判所そのものによって保護されていたために、最も広範な権利を与えるものであり、それゆえ真正の所有権――一般にはアロートないしアイゲン、フランスでは aleu ないし francaleu、北欧と古ザクセンでは Adelsgut ――をもたらした。封臣（Vasallen）と従属民（hörige Leute）の占有は、かれらに与えられた権利の如何によって、定期の、または世襲の、封土権ないし〔従属民の〕借地権、等々をもたらした。しかし、かれらもまた自己の占有において保護されていたのであるから、かれらの占有もまたゲヴェーレと呼ばれ、こうした占有者は Wehrbrief を取得した」（S. 102 f.）。

「ゲルマン的ゲヴェーレの諸原則」についてのこのようなマウラーの理解は、基本的に、ヴィルヘルム・エドゥアルト・アルプレヒト（W. E. Albrecht）の著名な研究『古ドイツ物権法の基礎としてのゲヴェーレ』(1)（一八二八）に従ったものである。ゲヴェーレと保護との関係について、アルプレヒトはいう。「Gewere (Gewehre, Were) なる名詞および gewern なる動詞は多様な意味で用いられているとはいえ、それらすべての意味は、一箇の共通の基本観念、すなわち保護 (Schutz)、防衛 (Vertheidigung)、ないし保障 (Sicherung) の観念に還元される。ところで、この観念は事実上の意味でも法律上 (juristisch) の意味でもとらえられるのであって、それゆえ、ゲヴェーレ等の語のもろもろの意味は、二つのグループに分けられる。第一のグループ〔事実上の保護にかかわるもの〕は、法律的にはどうでもよいものである。このグループに属するものとしては、物理的実力の行使によって外部の暴力を防ぐという意味での wehren とか、武器の意味での Wehre とかが挙げられる……。第二のグループにおいては、まず、法的な保障という共通の概念が直ちに見て取れるような、多くの意味における用法が識別される。たとえば、誰かにある物を gewern するとか、誰かに Gewehre を約束する――すなわち、第三者の要求からその物を守ってやることを約束する――とかいった言いまわしがこれである……。これらの意味のほかに、ゲヴェーレなる語は、なお三つの意味をもっている。もっとも、それらにおいては、右の基本観念との関連は、さきに示した二つのグループの場合ほど一見明瞭ではないかもしれない。その第一の意味においては、ゲヴェーレは占有 (Besitz) の概念と一致し、第二の意味においては、ゲヴェーレは、ある物を占有してはいないがこれについて物的な訴権をもつ者と、その物との関連を指す。最後に第三の意味は、家屋敷 (Haus und Hof)、または誰かが占有する不動産＝土地 (Immobilien) の全体のことである」(S. 1 ff.)。この三つの意味におけるゲヴェーレのうち、アルプレヒトは第一のものを事実的ゲヴェーレ (faktische Gewere)、第二のものを法律的ゲヴェーレ（juristische Gewere）と名づけ、この両者に、一年と一日を経過したことによって法律上のゲヴェーレに対抗しうるものとなった法認ゲヴェーレ（rechte Gewere）を加えた三者を、主要な対象として考察するのであるが、ここではとくに事実的ゲヴェーレ、すなわち占有の意味におけるゲヴェーレについてのアルプレヒトの見解を一瞥しておこう。

アルプレヒトによれば、占有には、物に向けられた内的側面、すなわち物の支配（Schalten und Walten）に関する側面と、第三者の介入から物を守る外的側面とがあるが、占有が単なる事実たるにとどまらず権利でもあるのは外的側面においてのみである。そして、この権利は、「占有者が、物に対する他人の介入の当否を自分が被告としての諸権利を享有する訴訟の結果にかからせ、また、一切の事実上の攻撃を自力救済によって斥ける」権能にほかならない。「占有のこうした外的側面、その法律的意味における外的側面こそが、ドイツ法により占有の概念をもってとらえられたものであり、それにもとづいて占有がゲヴェーレと呼ばれたところのものである。すなわちドイツ法においては、占有者は、訴訟において被告となる権利、自力救済を実行する権利の結果として、裁判上もしくは裁判外の攻撃に対する物の保護者ないし防衛者（Schützer und Vertheidiger）として現れる」(S. 10)。

このようにアルプレヒトは、ゲヴェーレをドイツ物権法特有の概念であるとし、そのゲヴェーレと保護との関係を強調しながらも、占有の外的側面、外部からの侵害に対抗する保護ないし防衛の側面だけを法律的な問題として取り上げるのである（いわゆる「法律的ゲヴェーレ」、および「法認ゲヴェーレ」も、まさにこの側面にかかわる）。むろん、外的側面に関するアルプレヒトの詳細な分析は、それ自体として、ローマの占有と対比されたゲヴェーレの特色を浮彫りにするものであった。そのかぎりで、アルプレヒトの次のような指摘が重要な意義を有したことは、言うまでもない。「ゲヴェーレとは、物に対する人の関係(私は意図的に、物における権利という表現を避けたい)に物的な効力すなわち物的な訴権、または、他人の物的訴権に対抗する保障を与えるものである。ゲヴェーレをもたない者の利益は、人的＝債権的な効力をもちうるにすぎない。そのさい、ドイツ法の特色は、その形式的な物的性格が特定の権利の絶対的かつ固有の性格なのではなくて、物に対する人の関係の実質的性格とは無関係に、独自の法則によって物権法の領域に分配されているということに示される。そうした性格をある程度帯びる状態に至りえないような物については、法的関心は存在しない」(S. 125)。しかし、アルプレヒトは、このような外的側面における特徴を離れて、いわゆる内的側面についてまでドイツ物権法の特色を指摘してはいない。ゲヴェーレと保護との関係の強調にもかかわらず、占有の内的側面、すなわち物に対する支配 (Schalten und Walten) の側面が、保護の義務と表裏一体を成すものとして描き出されているわけではないのである。マウラーはまさにそのようなアルプレヒトのゲヴェーレ論を前提としながら、ゲヴェーレの発生を共有関係の漸次的解体に伴うものとして説明したわけである。したがって、マウラーにおいても、ゲヴェーレと保護との関係は、アルプレヒトのいわゆる外的側面についてのみ問題となる。内的側面は、保護の観念とは無縁なものとして論じられるのである。マウラーはいう。

「私的所有権についての今日の概念は、ローマ法を材料として創り出されたものである。古ゲルマン法は、所有権を示す特別の呼び名を有していなかった。中世末期になっても依然として、ゲルマン法は、Land, Erbe, Eigen, Allod, Gut, Adelsgut 等々の表現を知っていたにすぎない。アイゲンという語でさえ、もともとは、われわれが今日所有権 (Eigenthum, dominium) の語によって理解しているものを意味していたわけではない。アイゲンというのは、ある者のものであり、それについてその者が処分権 (Verfügungsrechte) をもつような一切合財を意味した。それはあたかも、今日 meine eigene Frau とか meine eigenen Kinder とか言う場合と同様であり、そのさい真の所有権が念頭に置かれているわけではないのである……。アイゲンとは、誰かのものであるもの、処分権の対象となっているものすべてであって、とりわけ共有マルクから切り離され私的占有に移行した土地を意味した。このように広い意味においては、完全なるアイゲン、世襲アイゲン (Erbeigen)、真の自由なるアイゲン (frei lediges Eigen) があっただけでなく、それから区別された Zinseigen (Zinsgut) があり、vogtbar Eigen があり、また多分 Leheneigen というものもあった。これに対して、Mieteigen, Pachteigen とか、Faustpfandeigen といったものが —— Mietgewere, Pachtgewere, Faustpfandgewere などがあったにもかかわらず——なかったことは確かである。そのことは、われわれの祖先がすでに真の所有権の観念をもっていたこと、所有権と単なる占有との区別を少なくともすでに予感していたことを証明するものである。われわれの祖先が、つねに、のちに真の所有権、または少なくとも上級所有権から区別された下級所有権の存在が認められることになったような土地 (Besitzthümer) についてのみアイゲンの語を用いたことは、きわめて確実である。狭義においては、上述のように、アイゲンは完全に自由なアイゲン、アロート、アーデルスグートを意味した。それは、完全に自由な所有者 (vollfreier Besitzer) が完全な支配 (volle Herrschaft) をもち、好むままに処理する権力 (Gewalt) をもつような土地所有なのである。この狭い意味において、アイゲンは、Lehen, Zinsgut, Leibzucht 等々、占有者が完全な支配をもたないすべての土地と対置されるものであった。また、法認ゲヴェーレ (rechte Gewer) すなわち真の支配 (wahre Herrschaft) は土地についてのみ存在し、動産については存在しなかったのであるから、アイゲンは動産の所有 (fahrende Habe) とも対置された。したがって、支配というのが、完全に自由なアイゲンの、所有者に属する権利を正しく表現する語であり、また、私見によれば、完全に自由な土地所有のもともとの呼び名なのである。支配を意味する herdum ないし hertuom は、すでに〔一一世紀のケルン大司教〕聖アンノ (Hl. Anno) の勝利を歌った頌歌に見えており、そのほかにも dominatio ないし dominium に相当するものとして hertôm ないし hêrscaft の語が見られる。土地支配 (Grundherrschaft) に相当するラテン語の表現は、dominatio, potestas ないし時としてまた immunitas であった。とくに、土地支配者の邸に付属する土地が、dominatio とか Herrschaft とか呼ばれたようである。そのような支配ないしアロートに含まれる権利は、ローマの所有権よりも一面では制限されたものであったが、他面ではより広範なものであった。より広範であるというのは、とくに、私権ばかりでなく公権 (öffentliche Rechte) ——それは後になってからも支配権 (herrschaftliche Rechte) と呼ばれた——がこれと結びついていたからである。したがって、完全に自由な耕地区画所有者、ないし Adelbonde は、誰でも、自分のアイゲンにおけるヘルであり、土地支配に含まれる一切の権利をもった真正の土地支配者 (Grundherr) であった」(S. 103 ff.)。

この引用から明らかなように、マウラーはたしかに、狭義のアイゲンが私権のみならず公権をも含む土地支配であったことを認識している。しかし、公権をも含む土地支配が、政治的支配として、支配の対象に対する保護の義務を含みえたか否かについては、マウラーは何も触れていないのである。

マウラーはむしろ、狭義のアイゲンを、「完全に自由な所有者が完全な支配をもち、好むままに処理する権力をもつような土地所有」としてとらえるのであって、ここに見られるのは、「人の物に対する無制約の排他的支配」（サヴィニー）というロマニスト的定義そのものである。「われわれの祖先が、つねに、のちに真の所有権、または少なくとも上級所有権から区別された下級所有権の存在が認められることになったような土地についてのみアイゲンの語を用いたことは、きわめて確実である」、とする点では、マウラーはむしろ、政治的支配から区別された土地の経済的用益＝処分権を本来のアイゲンと見ていると言ってよいであろう。このように、マウラーのゲルマン社会像は、土地所有に関しても一九世紀の市民社会像を忠実に反映したものであった。

マウラーの構成は、周知のように、マルクスおよびことにエンゲルスによって受けつがれた。ベッケンフェルデはいう。(2)「マウラーが出発点とした原初的な、完全なる自由と平等、私的所有の上部構造にすぎぬ一切の支配組織の家産的性格、その支配組織が《公権力》から切り離されて《社会》の領域にとどまるという観念、まさにこれらのことが、マルクスとエンゲルスによって人類社会とその発展について考え出された理論にぴったりと一致するものであった」。エンゲルスの『家族、私的所有、国家の起源』(3)（一八八四）から引用しよう。「それぞれフォルクへと結合したドイツの各氏族（Stämme）においては、大体において、英雄時代のギリシア人やいわゆる王政時代のローマ人の下で展開されたのと同じ国制（Verfassung）が行なわれた。その国制の諸要素は、民会とか、同族の長たちの会議（Rath der Gentilvorsteher）とか、すでに真の王権の確立をめざしていた将軍とかいったものであった。それは、およそ同族秩序（Gentilordnung）が展開しうる最高度の国制であり、未開（Barbarei）の最高段階の模範的国制であった。この国制でやってゆくことのできる限界を社会が一旦踏み越えてしまえば、同族秩序は終りを告げる。同族秩序は打破され、国家（Staat）がこれにとって代ることになる」（S. 148）。マウラーの場合と同様に、エンゲルスにあっても、「同族秩序」は国家以前の国制にほかならないのである。もとより、同族の共有秩序の崩壊とともに生じたとされる私的所有と公権力の二元的構造に対して、マウラーとエンゲルスが同じ態度をとるわけではない。マウラーにおいては、「人々は土地支配（Grundherrschaften）を時代を降ってはじめて生じたものと考え、部分的には不法によって生じたものとさえ考えてきた。しかし、実はそうではない。土地支配は最初の定住に遡ることのできるものであり、したがってゲルマン人の原初的制度に属するものである。すなわち移動するフェルカーシャフトが定住地に落ち着き、分配された耕地区画について私的所有（個別的所有）が取得されて以来、土地支配もまた存在することになった」（S. 226）、とされ、さらに上述のごとく時代を降って形成された大土地支配も公権力を獲得しないかぎり「自由な耕地区画所有者が前からもっているのと基本的に同じ権利しかもたない土地支配にとどまる」（S. 231）、と説かれるのであって、土地の私的所有が是認されるのみならず、法的に平等な社会の内部における階層分化もまた容認され、そのような社会と、社会に対して中立な公権力＝王権とが対置される。王（ないしランデスヘル）が、とくに人口密度の低い地方において巨大な土地支配者となりうるとしても、それはあくまでも社会内部の私的な関係にとどまるものであって、土地支配者としての立場と公権力の担い手としての立場とが直結されることはない、とされるのである。「人々はかつて、国王は国土 (Land) の全体について所有権をもっているとか、国家の上級所有権 (Staatsobereigentum, dominium eminens) なるものがあるとか説いたが、実際には、そのようなものがあった験しはない」(S. 124)。一九世紀的な国家と市民社会の対置という図式の下に、国家ないし公権力の中立性を強調するこのようなマウラーの見解に対して、エンゲルスは、私的所有の成立とともに社会内部に階級分化を生ずるのみならず、「無産階級に対して有産階級を保護するための組織」としての国家が形成されることを指摘する。むろん、エンゲルスにとっては、そのような国家も、これを支える階級社会も、克服されるべき対象でしかない。「国家は永遠の昔からあったものではない。国家なしですんでいた社会、国家とか国家権力とかいうものを全く知らなかった社会も存在した。しかし、経済の発展が、社会における階級分化を必然的にもたらすような段階に達すると、この階級分化の結果として、必然的に国家というものが生じたのである。今やわれわれは、これらの階級の存在がもはや必然ではないばかりでなく、生産を積極的に阻害することになるような生産の発展段階に、急速に近づいている。階級というものは、かつて不可避的に生じたように、不可避的に滅びるであろう。それとともに、国家もまた不可避的に滅びる。生産者の自由にして平等な結合にもとづく生産を新たに組織する社会が生まれ、この社会によって、一切の国家機構はそれにふさわしい場所に持込まれることになる。すなわち、それは、紡ぎ車や青銅の斧と一緒に、考古博物館に陳列されることになるのである」(S. 182)。

しかし、それだからこそ、エンゲルスは、マウラー以上に、原初的な同族共同体を高く評価することにもなった。むろんエンゲルスは、階級分化の進行により「死滅しつつあった」中世ヨーロッパに生きる力を与えたのは、「われわれの国粋主義的歴史叙述がつくり上げた、ドイツ民族の生まれながらの奇蹟力などというもの」ではないことを強調して、ゲルマン・イデオロギーを拒否する。エンゲルスはただ、ゲルマン・イデオロギーを、同族制度(Gentilverfassung)なる標語によって置き換えるのである。「ドイツ人一人ひとりが有能であり勇気に溢れていること、かれらが自由の精神と民主的本能とをもっており、そのために一切の公的事項を自分自身の問題としてとらえること――これらは要するに、ローマ人がすでに失ってしまった特性であり、しかも、これらの特性によってのみ、ローマ世界の泥沼から新たな国家を建設し、新たな民族性を成長させることができるのであるが、これらの特性は最高段階に達した未開人の特徴、その同族制度の成果でなくして何であろうか? かれらは一夫一婦制の古典古代的形態を変形させ、家における夫(男)の支配を緩和し、およそ古典古代世界が認めたよりも高い地位を妻(女)に与えたのであるが、かれらをしてこれを可能ならしめたものは、かれらの未開性、同族制的慣習、なお生き生きと残っている母権制の時代からの遺産でなくして何であろうか? かれらは少なくとも三つの主要な国、すなわちドイツ、北フランス、イギリスにおいて、真の同族制度の一片をマルクゲノッセンシャフトというかたちで救い出して封建国家のなかに持ち込み、最も苛酷な中世体僕制(Leibeigenschaft)の下においてさえ農民に対し地域的なまとまりと、古典古代の奴隷も近代プロレタリアもたない抵抗手段とを与えたのであるが、これは、かれらの未開性、未開のものにほかならぬ同族ごとの定住様式以外の何に負うものであろうか……。ドイツ人がローマ人世界に植えつけた生命力あるもの、生命をもたらすものは、未開性以外にはなかった。実際、未開人だけが、瀕死の文明を抱えて苦悩する世界を若返らせる力をもっている。民族大移動期の直前のドイツ人は未開の最高段階に達しており、そのなかでさらに上昇を続けていたのであるが、この状態こそ右の過程にとって最も有利なものであった。これが一切を説明するのである」(S. 161 f.)。このようなエンゲルスの見解を、われわれは、革命の実践的要請と結びついたゲルマン・イデオロギーの改編、その進化論的意味における「科学化」としてとらえることができるであろう。

(1) Wilhelm Eduard Albrecht, Die Gewere als Grundlage des ältern deutschen Sachenrechts, 1828.

(2) Böckenförde, a. a. O., S. 138 f.

(3) Friedrich Engels, Der Ursprung der Familie, des Privateigenthums und des Staates, 1884. 邦訳として、戸原四郎訳『家族・私有財産・国家の起源』(岩波文庫)がある。ただし、本文の引用は一八九二年の第四版による村上訳。

9 C・A・シュミット――ゲルマン的自由の倫理性

もとより、私的所有の形成の結果としての階級分化に直面した学者が、すべて私的所有の廃棄、国家の死滅を予言したわけではない。マウラーが自由にして平等な成員から成るゲルマン人の原初的共同体から出発しながら、私的＝個別的所有の成立後の事実上の大土地所有の形成を法的平等に反しないものとして容認するに終ったのに対して、一九世紀中葉以降の階級対立の激化にかんがみ、私的所有権の制約、私的所有権に伴う義務の側面を強調することにより私的所有制度そのものを批判から守ることが、多くの学者にとっての関心事となったのである。すでに触れたように、ルードルフ・フォン・イェーリングは、『ローマ法の精神』において共和政期ローマ法の脱倫理性を指摘するとともに、そのような脱倫理性が権利主体の倫理的自己統御を予定するものであったことを力説した。『ローマ法の精神』第一巻(1)によれば、「なしうること、許されていることを抽象的に定式化したものと、実際になされたこととが、これほどまでに隔たっているような法は、かつてなかった。個人の堅実と自己統御、および世論の力が自由の濫用を防ぐところでは、自由を小心に制限しておく必要はない。この時代のローマ私法全体および国法は、私法上の権力（Gewalt）ないし公権力の保有者がそれを品位をもって（würdig）行使するということを前提としていたのである。……そのような権力は、それゆえ、法そのものによって制約されていたのではなかった。権力の保有者は、個々の場合の必要に応じて、その権力を余すところなく行使するか、それとも、衡平や合目的性や国家利益の観点から要請される節度（Mäßigung）を自由な自己制限によって守るかの判断を、ゆだねられていたのである」。

このように、イェーリングによって代表されるロマニストたちは、権利ことに所有権を「それ自体としては」無制約の権利としてとらえながらも――否、まさに無制約な権利の行使を認めることによって――倫理的自律（sittliche Autonomie）が行なわれることを期待した。「私的自治」（Privatautonomie）とは、本来そのような観念だったのである。しかし、ゲルマニストは、ローマの権利、ことに所有権が法的には無制約なものと説かれた点をとらえて、これを攻撃した。そのさい、アルプレヒトのゲヴェーレ論において単なる事実にすぎぬものとして考察の範囲の外に置かれた占有の内的側面、すなわち物の支配（Schalten und Walten）の「ゲルマン的」特色が、しだいに強調されることになる。アルプレヒトの見解を受けついだマウラーにおいて、ゲヴェーレと保護との関係がもっぱら占有の外的側面にかかわるものとして理解され、アイゲンの内的側面が「完全な支配」としてとらえられたのに対して、ゲルマン的所有は「完全な支配」ではなく、法的制約に服するものであった、とする主張が有力になるのである。こうした主張は、やはりアルプレヒトを出発点としながら、占有の外的側面に関するかれの分析の成果を内的側面に移しかえる、というかたちで展開された。以下、クレッシェル(2)によりながら、まずこの過程を概観しておこう。

すでに一八三五年の『相続契約論』(Die Lehre von den Erbverträgen) 第一巻において、著名なゲルマニストのゲオルク・ベーゼラー (G. Beseler) は、「無制約の権利」としての所有権の概念によって分割所有権の存在しえぬことを論証しようとしたティボー (Thibaut) の見解を批判し、封臣や従属農民の下級所有権もゲヴェーレを伴うゆえにゲルマン法上広義の所有権と認められえた、と主張した。さらに一八三六年には、やはりゲルマニストのゲオルク・フィリプス (G. Phillips) が、次のように論じている。「現在所有権 (Eigenthum) という技術的表現で呼ばれているもろもろの法的関係は、かつての法においてはすべてゲヴェーレの原理――物に対する人の法的支配――にもとづくものであった……。しかるに、この支配は、さまざまの範囲のものでありえた。それは無制約のものでも制限されたものでもありえたし、一人に属するものでも複数の者に属するものでもありえた。後者の場合、かれらは同一の物について共同して平等の支配権をもつ場合もあったし、また、その物について、それぞれ異なる内容の支配を行なう場合もあった」。

アルプレヒトのゲヴェーレ論を換骨奪胎しようとするこのような試みは、エルンスト・テーオドア・ガウプ (E. T. Gaupp) によって受けつがれる。ゲルマニストのガウプは、一八三九年、アルプレヒトによって明らかにされたゲヴェーレの特色が同時にゲルマン法における所有権ないし物権一般の性格に反映するものであることを指摘した。アルプレヒトにおいてゲヴェーレが「物に対する人の関係の実質的性格とは無関係に」物的な効力を与えるものとされ、「物に対する人の関係の実質的性格」の如何がいわば棚上げにされていたのに対して、ガウプはまさにそのような棚上げ状態から、「物に対する人の関係」――ないし、アルプレヒトが避けようとした「物における権利」という表現で示されるもの――のドイツ的特色をひき出そうとするのである。すなわち、ガウプは、ゲヴェーレが所有権をはじめとするさまざまの権利に対し同様に物的効力を与えるものだということから、ドイツ法においては所有権が基本的にその他の権利と同様の性格をもつものであった、という結論を導き出す。ガウプによれば、ドイツ法は、ローマ法とは異なり、所有権と他物権、物権と債権の厳格な区別を知らなかった。「ドイツ法は、所有権の完全な分解をもたらすことになるような制度を、拒否したことはなかった。かつてのレーン制がそうであり、また、今日なお実際に見られる多くの関係についていえば、とくにその農地法上の側面がそうである。さらに、現代の抵当制度についても、同様のことが指摘される。これらすべての現象からして明らかなのは、抽象的所有権の形成がローマ法の精神に根ざすものであって、ドイツ法の精神に根ざしてはいない、ということである」。

ローマ的な抽象的所有権とドイツ的＝ゲルマン的所有権とのこのような対置は、直ちに、ローマ的所有権の個人主義的性格と、ゲルマン的所有権の社会的＝倫理的性格との対照（ギールケ）へと展開されてゆくことになるのであるが、この発展を媒介するものとしてきわめて大きな役割を演じたのが、メクレンブルク上級控訴裁判所判事カール・アードルフ・シュミット (C.A. Schmidt) の著書『ローマ法とゲルマン法の原理的差異』(3)（一八五三）であった。この著書において、シュミットは、ローマ法を主観性の原理 (Prinzip der Subjektivität) に立脚するもの、ゲルマン法を客観性の原理 (Prinzip der Objektivität) に立脚するものとして把握する。それによれば、ローマ法の出発点が主観的な自我 (Ich) であり、それゆえ法は個人＝個々の家長 (paterfamilias) にできるかぎり大きな自由の領域を保障すべきものであったのに対して、ゲルマン法の出発点は、個人の主観的意思の上にある客観的な倫理法則 (Sittengesetz) ないしエートスであった。ゲルマン法においては、「法は倫理法則の所産である。人間が相互に行動の基準とすべき諸規範は、倫理法則によってすでに与えられている。それは倫理法則として当初から存在するのである。この倫理法則は、すべての人間を、一切の法的・倫理的問題についてたがいに助け合い（sich einander beistehen）、また、いたるところで《破邪顕正》(das Recht zu stärken und das Unrecht zu kränken)につとめるよう義務づけるものであるが、この倫理法則によって、右の諸規範は、すでに国家以前に、内的強制力をもつのみならず外部からも保護された規範としての性格を与えられている。ただ、この保護は不完全かつ不規則なものであり、まさにこの不完全性のゆえに、倫理法則は、人々が国家へと結合し十分に調えられた外的保護によって諸規範の実現を確保することを要請する。その結果、それらの倫理規範は法になる。したがって、法と倫理法則との関係は、あたかも蝶と毛虫の関係のごときものである。……蝶がすでに毛虫のなかに存在し、毛虫がその内的本性によって蝶になるのと同様に、法はすでに倫理法則のなかにあり、倫理法則はやはりその本性によって、全く自然に、法となってゆくのである」(S. 50 f.)。「それゆえ、法は――法を含み、そこから法が生まれてゆく倫理法則と同様に――神的起源（göttlicher Ursprung）を有するものである。人間は法律を制定するに当って、それをはじめて創造するのではなく、単に、自分たちの倫理意識の裡に生きている規範に国家の保護を与えることによって、〔すでに存在するものを〕現わす（zur Erscheinung bringen）にすぎない。法（Recht）が法律（Gesetz）から生まれるのではなく、逆に、法律が法から生まれるのである。もっとも、ギリシア人が法＝ノモスを自存するもの、神々も人間も従うべき永遠の規準と見たのに対して、ザクセンシュピーゲルとアウクスブルク信仰告白は、法を神に由来し神の意思に発する規範と見たが、こうした差異は、至高の存在をいかなるものと考えるかによって生ずるものたるにとどまる。ギリシア人もゲルマン人も、歴史上の大多数の民族と同様に、次の点では一致しているのである。すなわち、法は人間が創り出したものではなく、神的起源を有するものであり、法のとる姿は神によって、人間の倫理意識の要請するところとしてあらかじめ定められており、また、法はこの神的起源のゆえに神聖な規範（heilige Norm）にほかならず、人間は同時に神に背く罪を犯すことなしには法を破ることはできないのである」（S. 51）。

このようにシュミットは、一三世紀のザクセンシュピーゲルと一六世紀のアウクスブルク信仰告白以外には全く史料を挙示することなしに、ゲルマン法が本来神の意思に由来する倫理規範であり、任意に改廃しえぬものであったこと、この倫理規範の下で人々が「一切の倫理的＝法的問題についてたがいに助け合う」べく義務づけられていたこと、を強調した。そのさい、シュミットは、むろん「ゲルマン的自由」の観念を放棄したわけではない。シュミットによれば、同じように「客観性の原理」に服するギリシア人の場合、個人の主観性が完全にエートスの客観性に従属せしめられたのに対して、ゲルマン人の場合は、倫理法則は人間の自由な行為によって実現されるべきものであった。ここでは、「個々の行為は外面的に倫理法則に合致しているというだけではなく、自由な倫理的決意の結果であるゆえに、そしてそのかぎりで、倫理的なものとみなされえたのであり、倫理的価値を有したのである」（S. 56）。もとより、シュミットにとっては、ゲルマン的自由は脱倫理的なローマ的自由から峻別されたものでなければならない。それゆえ、定義は微妙になる。「それなしには人間の行為が倫理的行為たることをやめるような、倫理的自己決定の権利は、国家でさえこれを廃棄したり制限したりすることの許されぬものである。反対に、個人の倫理的自由（sittliche Freiheit）を守り、実現することこそが、国家のまず果すべき主要な任務（die nächste und hauptsächliche Aufgabe）でなければならない。したがってもとより（demnach allerdings）、倫理法則の実現が、国家の仕えるべきより高次の目的（der höhere Zweck）であり、国家は《破邪顕正》を任務とすべきものである。それゆえ、倫理法則の内容は法の形成の基準たりつづけるのであり、したがってまた、国家が個人に与えることができ、与えるべきでもある自由の種類と程度は最初から決まっている。しかし、倫理法則の実現は、国家においても人間の自由な行為にゆだねられていなければならない。国家は単に、人間の倫理的行為を保護・助長するにとどまるべきものであり、したがって、国家の立法・行政活動には、個人の倫理的自由によって自然的限界が引かれている。それゆえ、破邪顕正が国家の任務だとはいっても、個人には、自己の倫理的判断をはたらかせることができ、自己の作為・不作為について神および自己の良心にのみ責任を負うような領分が残されていなければならない」（S. 56）。

ここにわれわれは、倫理的自律の意味における「私的自治」を、社会的＝倫理的観点から制約しながら維持してゆこうとするゲルマニストの基本路線を読み取ることができるであろう。まさにそのような路線からして、ゲルマン社会における――また、それと重ね合わせて論じられている一九世紀中葉のドイツ社会における――共同体（Genossenschaft）の原理に、新たな意味づけが与えられることになる。

シュミットは、倫理法則のなかには万人の疑を容れぬもの——たとえば、殺人や窃盗や詐欺や偽証が倫理法則により禁ぜられ、契約を守り子を養育するといった行為が倫理法則によって命ぜられるなど——と、具体的な場合に存否・内容が判断さるべきものとの二種があることを指摘し、後者を個人の倫理的自由にゆだねられるべき領域、前者を国家の法的規律に服せしめるべき領域と解する。もっとも、前者すなわち倫理法則が法的に強制される場合、個人がこれを自己の倫理的自由の抑圧として受け取る可能性もないわけではないが、そのような異議は無視することが許される。「けだし、事物の本性からして、同様の基本的倫理観念をもち結合の〔倫理的〕目的を真に欲する人々だけが、その目的実現のための結合に成功しうるのであり、倫理的目的実現のために結合する人々は、かれらの倫理的自由のゆえに必然的に、かれらと基本的倫理観念を同じくせず結合目的の実現を阻害しようとする人々の加入を拒否し、すでに加入している者については結合目的に合した行動を要求する権利をもつからである。この命題は、ドイツ団体〔共同体〕法の基本原理(Grundprinzip des deutschen Genossenschaftsrechts) を成すものであり、また、団体の目的を推進する力をみずから示し、非の打ちどころのない名誉 (Ehre) を有する者だけに団体の成員たる資格を認めるという原則をきわめて自然にもたらすものであるが、これはむろん国家についてもあてはまる。国家というものは、倫理法則の実現に役立ち、人々が自己の倫理的生活目的を実現できるようにする制度なのであるから、国家を構成している人々は、かれらの倫理的自由のゆえに、国家と法に右の目的に合ったかたちを与え、国家の個々の成員から右の目的に合った行動を——少なくとも、放っておけばこの目的と共同生活の倫理的基礎が脅かされるような場合に——要求する権利をも有している。明白な反倫理的行為、ないしフォルクの倫理観念に直接牴触するすべての行為が、公衆の憤激を買い、悪例となりうるものであるゆえに右の場合に当ることは当然である(たとえば一夫多妻制、内縁関係、偽証、瀆神等)。そして、倫理法則の実現に奉仕すべき国家は、倫理の立場から右のような行為に介入すべきであるから、法を形成する場合にははじめから倫理法則を出発点とすることができるのは当然だ、ということになる」(S. 58 f.)。

こうして、シュミットは、イェーリングが『ローマ法の精神』において権利主体の倫理的自律に対する信頼を表明したのとほとんど同じ時期に(4)、早くも倫理的自律の限界を指摘し、個人の目的に対して社会ないし国家の目的を優越させる後期のイェーリングへの、ロマニストの側における転換をいわば先取りして、個人の倫理的自由を謳いながらも「団体の目的」をこれに優越させたわけである。そのさい、「団体の目的」すなわち客観的な倫理法則は、上記のように神の意思に由来するものとして正当化された。したがって、シュミットによれば、ゲルマン的原理においては「団体の目的」が国家権力の保有者——それがフォルクの全員であれ、複数の成員であれ、ただ一人の者(君主)であれ——によって認定されることはありえず、逆に、国家権力の保有者は、はじめから神の意思によって拘束されているのである。そのことは、「ゲルマンの法理全体を支配する、そしてローマの法理にとっては全く無縁の」、「既得権」(wohlerworbenes Recht)なる概念にも示されている。「倫理的に許されたしかたで物を取得した者は、これを所有する倫理的権利をもつ。その物は、《神と法によって》(von Gott und Rechts wegen)かれに属するのであり、そのさいかれが自己のその支配を他人に対して主張する物理力を有するか否かは全く問われない」(S. 106)。もっとも、物理的実力は、倫理的権利が既得権として存在することを前提として、フェーデというかたちで行使されうるが、これについてのシュミットの見解については続いて触れる。いずれにせよ、シュミットによれば、「個人の権利は、国家以前にもすでに存在する。なぜなら、倫理的秩序がはじめから存在するのであって、それが個人の権利を生み出し、これに不可侵性を与えるからである。国家はこの倫理的秩序を、単に現実化するにすぎない。国家は、倫理法則があらゆる既得権に与える保護を、単に規律するにすぎない。それゆえ、国家が建設されたからといって、権利＝法の発生原因と本質にはいささかの変化も生じない。昔も今も倫理法則があらゆる権利＝法の源なのであり、倫理法則が一人格としての神に還元される場合は、神があらゆる権利＝法の源なのである」(S. 106 f.)。それゆえ、「あらゆる既得権は、人間が神から受けとったレーン (Lehen) にほかならず、何人も神に逆らう罪を犯すことなしにこれを奪うことはできない。同時に、このレーンを受けた者は、神の意思にしたがってこれを用い、そのことによって神に仕える義務を負うことになる。それゆえ、権利の発生についてのローマ的な見方とゲルマン的な見方との違いは、一言を以てすれば次のとおりである。ローマ人は、あらゆる権利取得を略奪の原理 (Prinzip der Beute) すなわち取得者の意思と物理力に還元する。これに対してゲルマン人は、これを、高次の意味でのレーンの原理 (Prinzip des Lehens) すなわち神の意思に発する高次の倫理的世界秩序に還元する」(S. 108)。

このような対照は、シュミットによれば当然に、紛争解決の態様についても認められる。ローマにおいて紛争が本来強者の実力により決せられ、権利は勝利の結果と見られたのに対して、ゲルマン人の見方によれば勝利は（神の意思に基礎づけられた）権利の結果であった。「したがって、古ゲルマンの訴訟は、次のような原理にもとづくものであった。武装資格ある男子はすべて、高次の倫理的秩序を保護するために、必要なときは剣を取るべき倫理的権利義務を有していた。この保護は、かれの使命であった。かれは単に、自分自身と自分の妻子眷族を暴力と不法から守る権利を有するにとどまらず、かれの助けを求める倫理的権利をもつすべての人々——すべての人間がたがいに有用な、名誉あるしかたで助け合う義務を負うという原則の下では、当然のことながら、弱き者、守られていない者すべてがこの倫理的権利をもつ——を保護し防衛する権利・義務を有する。かれが名誉ある戦いによって斥けうる不法を受忍しようとすれば、それは恥ずべき臆病、神の信頼の喪失を意味するものと解されたであろう……。そのことからして、各人に然るべき保護を与える国家秩序が成立する以前には、廉直にして武装資格ある男子は、すべてフェーデ権を有していた。これは、自分自身ないし自分が保護義務を負う眷族にかかわる事件におけるのみならず……、かれが自分のこととして考えねばならないと感じるかぎりで第三者の事件についても、相手方を名誉ある戦いという神の法廷に召喚する権能であって、このような要求を紛争解決の最終的手段として承認することは万人の義務であった。廉直にして武装資格ある男子のこのフェーデ権は、それゆえ、高次の倫理的秩序に奉仕するものにほかならず、このフェーデ権の普遍的承認こそが普遍的法秩序のはじまりであった。したがって、フェーデ権は、国家秩序の成立とともに直ちに廃止されねばならぬほどこれと矛盾するものではなかった。戦いと国家秩序を、暴力と法のごとくに対置したローマにおいては、両者はもとより矛盾するものだったのであるが。〔ゲルマン人の場合〕決闘は裁判手続の一部としてこれに取り込まれただけでなく、決闘の結果が真に一箇の神判とみなされたかぎりで裁判手続の一部たらざるをえなかった。決闘は多くの場合、真実探求の最後の手段であり、それゆえ国家の任務は戦いにルールを与えることにのみ存したからである」(S. 116 ff.)。

フェーデ（および神判）に関するこのような考察から、シュミットは次のような結論を導き出す。「一方では、神判の制度が疑問の余地なくキリスト教布教以前に起源を有するということからして、この制度の前提、すなわち個々の権利を生み出す高次の法秩序が神に由来し神の直接の保護に服するものであるという観念が、すでにゲルマン人のキリスト教化以前にその法制の基礎を成していたことがわかる。他方において、ゲルマン人がフェーデ権と神判、とりわけ決闘にあれほど固執したこと——決闘への固執は今なお見られる——は、これらの制度がその基礎にある諸前提とともにいかに深くゲルマン人の考え方に根ざしているか、それがかれらの法生活のその他の側面といかに緊密に結びついて成長してきたか、を示すものである」(S. 119 f.)。このようにして、フェーデもまた、神的起源を有するゲルマン人の倫理的秩序のなかに位置づけられるわけである。

ゲルマン人にとって、権利は神が人間にゆだねたレーンないし職務 (Amt) にほかならなかったという指摘から、シュミットはさらに、いくつかの結論を導き出している。たとえば、「統治者の違法行為にさいしての公然たる反抗の権利」(S. 125) を、シュミットは、このレーン観念によって説明している。もっとも、挙示されている唯一の論拠は、ここでもまたザクセンシュピーゲルである。「ゲルマン的法概念が完全な意味をもつに至ったのは、レーン制国家においてであった」(S. 130)。この「レーン制国家」(Lehenstaat) についてシュミットが詳論しているわけではないが、少なくともそこで念頭に置かれているのが「中世〔むしろ中世中期以降〕の国家生活」であることは明示されており、一二世紀以前の史料、まして古ゲルマンの史料は何も挙示されていないことに留意しておくべきであろう。「もともとは、レーン制はいかなる一般的観念に基礎づけられたものでもなかった。しかし、封主が同時に国家元首 (Staatsoberhaupt) となり、またレーンの世襲性が一般に承認されるようになるや否や、レーンそのものも従来とは異なる意義を有するようになった……。封主が同時に国家元首であり、国家元首として国家秩序の維持をはかる義務を負うところでは、封臣は封主に提供すべき義務を実際には国家に対して、そして国家により実現さるべき高次の法秩序に対して提供するものだ、という考えがおのずから支配的となる。こうして、昔から武装資格ある自由な男子の使命とみなされてきたもの、すなわち高次の法秩序の保護という任務が、レーン制ととりわけ強く結合したものとしてとらえられた。これに加えて、法は神に由来するもの、皇帝（Kaiser）はその権利と帝位をレーンとして神から受け取ったものとされた結果、レーン制国家においては、あらゆる封臣がその土地を間接的に神から受領し、これに対して神に仕えるものであるという観念がきわめて明確に示された。すでに最古の時代の法も、土地についての真正の所有権は高次の法秩序を守る使命を有する共同体成員にのみ属するということを認めていたが、そこですでに暗示されていた、土地所有と高次の法秩序実現の義務との関連は、レーン制国家においては新たな、より明確な表現を見出すことになった。こうしてレーンは、所有権のより高貴な、より完全な形態として現れた。今や封臣の義務としてとらえられるようになったものは、実は以前から、レーンのそのような性格にもとづくものだったのである。そして、あらゆる所有権者は、自己のアロートを寄進することにより、かつての〔レーン制国家以前の〕国家形態の諸機能を集めた一箇の〔新〕秩序に加わる倫理的義務を負っていると感じることになった。かれらは、自由な男子としての使命を果そうとするかぎり、この秩序に加わるほかはなかったのである」(S. 130 ff.)。

むろん、シュミットも、狭義のレーンから区別されたアロートの存在を認めないわけではない。しかし、このアロートもまた、シュミットによれば「高次の意味でのレーンの原理」に立脚するものであり、アロートとレーンの区別は相対化される。ローマの所有権が「物に対する絶対的支配」であるのに対して、「ゲルマン的概念によれば、所有権とは物に対する倫理的な支配の権利、すなわち所有権者が物をその倫理的目的に従って使用する権利・義務を有するような、物に対する支配なのである。物は、人間がそれによって神に仕えるために神から受け取り、その使用について神に責任を負う、レーンにほかならない」(S. 224)。とりわけ、土地所有者は、「自己の家と所有地における自然的統治者(natürliche Obrigkeit)である。すなわち、かれは、自己の支配領域の平和を守り、そこで紀律と良俗が行なわれるように監視する権利・義務を有する」(S. 240)。権利一般と同様、ゲルマンの所有権ないし土地所有権も、「高次の倫理的秩序」を実現するための権利であると同時に義務でもあった、とされるのである。「あらゆる権利には内在的制約があるという、われわれのゲルマン的思考」(ギールケ)の形成にとって、シュミットの果した大きな寄与は否定すべくもないであろう。シュミットは、ギールケによって代表されるゲルマニストの社会的＝倫理的主張をはじめて基礎づけたのであった。

その反面、実践的要請を背景とするシュミットの議論が、「ゲルマン的自由」の観念に「高次の倫理的秩序」を結びつけることによりゲルマン・イデオロギーを再編し、ゲルマン社会の客観的認識をますます困難にしたことも、同時に指摘されねばならない。それは、のちにフリッツ・ケルン(F. Kern)によって描き出されたゲルマン社会像、ゲルマン法の観念のモデルとして、強い呪縛力を発揮することになるのである。

(1) Jhering, a.a.O., Bd. 1 (5. Aufl. 1891) S. 83.

(2) Kroeschell, Zur Lehre vom ,,germanischen'' Eigentumsbegriff. フィリプスおよびガウプの見解は、クレッシェルの引用による。

(3) Carl Adolf Schmidt, Der prinzipielle Unterschied zwischen dem römischen und germanischen Rechte, Bd. 1, 1853.

(4) イェーリングは『ローマ法の精神』第二巻第一部において、シュミットの見解に反撃している。「ゲルマン人がその法において《主観性の原理》を認めていなかったとしたら、それはゲルマン人にとって不幸なことであり、ゲルマン人はシナ人その他東洋の諸民族と同列に置かれることになってしまうだろう。シュミットの本を読んだ者は、人間の心に自由への性向を植えつけたのは神ではなく悪魔だと信ずることになろう」(Note 143)。イェーリングはまた、シュミットのこの本が「現在ほとんど忘れ去られているが、それも尤もなことだ」(Note 43) としている。のちのゲルマニストにおいても、シュミットの引用はほとんど見られない。しかし、シュミットの基本的発想が後世に及ぼした影響は、きわめて大きいと考えるべきであろう。

10　ギールケ（1）――有機体的国家観

エルンスト＝ヴォルフガング・ベッケンフェルデは、オットー・フォン・ギールケのドイツ国制史の構想に強い影響を与えたものとして、ヴァイツおよびマウラーの研究を挙げる。(1)「有機体的自由主義の二つの精神的源流、すなわち、ヴァイツとマウラーにおいてそれぞれ歴史研究を規定する力となった国民政治的＝立憲主義的（nationalpolitisch-konstitutionell）な思考と、発展史的＝社会理論的（entwicklungsgeschichtlich-sozialtheoretisch）な思考は、オットー・フォン・ギールケの著作において、不可分の一体を成すに至った。国家・国制観念も、有機体的自由主義の歴史像も、ギールケの著作において一箇の典型的な表現を見出したのであり、これはかれの時代のはるかのちにまで影響を及ぼすことになった。ギールケの国制史的問題設定の核心を成すのは、かれの具体的国家論（konkrete Staatslehre）である。それは、ヘルシャフトとゲノッセンシャフトの融和（Versöhnung）、統一と自由の融和としての有機体的国家人格の観念において頂点に達した」。このように指摘するベッケンフエルデは、さらに、ギールケに対するヘーゲルの影響をも強調する。「国民政治的＝立憲主義的思考と発展史的＝社会理論的思考との結合は、さらにある種の歴史哲学的正当化を獲得したが、それは紛れもなくヘーゲルの遺産を受けつぐものであった。ギールケは、ドイツ国制史を、一箇の弁証法的過程として構成し、この過程を、その内的論理によって、自己の完成態としての自由主義的＝君主政的立憲国家をめざして進むものとしてとらえた。それによれば、統一と自由、ヘルシャフトとゲノッセンシャフトといった、国民的立憲国家の構成諸要素が、人間の歴史（国制史）のもろもろの《主要原理》なのであり、それらの戦い、それらの弁証法的な対立と高次の形態への上昇が、歴史をかたちづくるのである。しかしながらドイツにおいては、その共同体精神（Genossenschaftsgeist）のゲルマン的＝ドイツ的特性のおかげで、歴史は弁証法的対抗関係にとどまることなく、さらに有機体的綜合（organische Synthese）へと進展した。ヘーゲルの弁証法は、シェリングの有機体的内在性の思考によって、最終的には静止状態へと導かれる。こうしてドイツ国制史の内容は、統一と自由との融和、ヘルシャフトとゲノッセンシャフトとの融和、物的結合体と人的結合体との融和において認められる進歩に存する、ということになる。ドイツ国制史は必然的に、立憲国家ないし有機体的国家人格の観念――右のようなもろもろの対立を高次の全体、有機体的調和において静止せしめる有機体的国家人格の観念――へと進むのである。ゲノッセンシャフト（多数性）のなかにヘルシャフト（単一性）への運動が、またヘルシャフト的結合のなかにゲノッセンシャフトへの運動が生きていた、とされる……。ギールケによれば、国制発達の現実の過程に見られたこのような特徴は、ドイツ人の法意識そのものの発展にさいしても認められる。両者は窮極的に同一の民族精神ないし国民性から発するものであるから。ローマ的抽象が一旦得られた諸概念を不動のものとして対置したのに対し、ドイツ人の法意識はつねに具体的であり、同一のものに相違点を、また対立するものに共通性を認めた、とされる……。このようにして、国家人格の観念において頂点に達した自由主義的＝立憲主義的国家は、法律学的にも歴史的にも、原理的に正当化されることになった。それを超えて先に進むことはもはや不可能であり、無理に進もうとすれば、そこで有機的まとまりを見せていたものが対立する諸要素へと解体してしまう、という結果にならざるをえなかった」。

ベッケンフェルデが適切に要約するように、ギールケにおいてドイツ国制史は、ヘルシャフトとゲノッセンシャフトの両原理の調和に至る発展としてとらえられた。すなわちギールケの『ドイツ団体法論』第一巻(2)(一八六八)によれば、ドイツ国制史の第一期（八〇〇年まで）は原初的＝ゲノッセンシャフト的なフォルクの自由（Volksfreiheit）の原理によって特徴づけられる。もっとも、すでに第一期においても、この原理に対して徐々にヘルシャフト的結合が登場することになるが、「家産的＝封建的国制原理」(patrimoniales und feudales Verfassungsprinzip) を特徴とする第二期（八〇〇—一二〇〇）においてはヘルシャフトがゲノッセンシャフトに、物的なるものが人的なるものに優越するに至る。これに対して第三期(一二〇〇—一五二五)には「自由なアイヌング」(freie Einung) の原理が登場し、ゲノッセンシャフト的＝盟約的なさまざまの秩序が形成される。第四期(一五二五—一八〇六)は、一切のゲノッセンシャフト的要素を排除した官憲国家形成の時代であり、第五期(一八〇六年以降)が立憲国家

における ヘルシャフト的要素とゲノッセンシャフト的要素の終局的融和の時代だ、ということになる。このようにしてヘルシャフトとゲノッセンシャフトの両原理の融和にドイツ国制史の到達点を見るギールケの図式は、しかし、ヘルシャフトの原理を一面的に強調する当時のドイツ国法学との関連では、逆にゲノッセンシャフト原理の強調を意味するものであった。

周知のように一九世紀ドイツの国法学は、一八六〇年代後半以降プロイセンを中心とするドイツ統一が実現されていったことを前提として、カール・フリードリッヒ・ヴィルヘルム・ゲルバー(K. F. W. Gerber)およびパウル・ラーバント(P. Laband)により建設された。ゲルバーはまず、プフタ(G. F. Puchta)がローマ私法体系の構築にさいして用いた概念的体系化の手法をドイツ私法の体系化に適用し、いわばロマニスト的な『ドイツ私法体系』(System des deutschen Privatrechts, 1848–49)をまとめた。ゲルバーによれば、歴史的な姿におけるドイツ法は単に「事実的な関係の形態」を示すにすぎないのであって、現代の学問の課題は「ドイツ的な法関係のなかにまどろんでいる諸理念をその歴史的＝有機的な結びつきから解放し、精錬された法命題ないし法制度に転化せしめることにある」。したがってゲルバーは、たとえばゲルマン法に特殊なゲヴェーレの概念の重要性を認めない。ゲルバーによれば、ゲルマン法においてもローマ法と同様の完全な所有権と他物権の概念は――隠されたかたちで――存在していたのであって、人々はただこれらの概念を理論的に発掘しえなかったがゆえに、ゲヴェーレなる曖昧な概念を用いたにすぎない、とされる。このように、一切の事実的＝自然的な、歴史的＝有機的な要素を捨象して、もっぱら法律学的(juristisch)な概念により体系を構築する手法を、ゲルバーはさらにドイツ国法の体系化に適用したわけである。

一八六五年の『ドイツ国法体系綱要』(3) において、ゲルバーはいう。「フォルクは国家において、共同生活の法秩序を獲得する。フォルクは国家において、倫理的統一体として承認され、法的な力をもつものとなる。フォルクは国家において、みずからの法的利益を守り増進するための本質的な手段を見出す。フォルクは国家において、みずからの倫理的な力すべてを公共善のために用いうるように組織される。国家はフォルクの全体生活のための法形式であり、この法形式は人間の倫理秩序の原初的かつ恒久的な類型に属するものである。国家において統一されたフォルクを自然的に考察するならば、それは、あらゆる部分がそれぞれ全体目的のために協働すべく固有の地位を割り当てられた有機体（Organismus）であるとの印象を与えるであろう。しかし、国家を法律学的（juristisch）に考察するならば、何よりも、フォルクが国家において法的な全体意識をもち意思能力をもつ状態にまで高められるという事実、言いかえればフォルクは国家において法人格を獲得するという事実が、理解されよう。共同生活の倫理的完成をめざすフォルクのすべての力を維持し、示すものとしての国家は、法秩序の知るかぎり最高の法人格であって、その意思能力は、法が認めることのできるかぎり最も内容ゆたかなものとなっている。国家の意思力は、支配する力（die Macht zu herrschen）であり、これを国家権力という」（S. 1 f.）。「学問としての国法学の対象は、国家としての国家の法である。国家の意思力（Willensmacht）、すなわち国家権力が、国家の法（das Recht des Staats）である。それゆえ、国法学は国家権力の学であり、国家としての国家が何を意欲しうるか（国家権力の内容と範囲）、その意思はいかなる機関によって、いかなる形式で表明されうるか、という問いに解答を与えるものである。国法の出発点と中心は、国家の人格に存する。国家の人格との結びつきによって、学問的な体系、すなわち統一的な思考により支配された体系の可能性と方向が示される」（S. 3 f.）。

このようなゲルバーの国家法人説がラーバントに受けつがれ、ドイツ国法学の主流を形成することになるのであるが、それは、旧ヨーロッパ的＝倫理的な政治社会（societas civilis）の解体——脱倫理的な経済社会としての市民社会と、政治的＝倫理的要素を一手に収めた国家との対峙――という状況の下で、法を基本的に国家意思の表現としてとらえようとするものであった。むろんそのさい、国家はゲノッセンシャフトの要素をも含むものとして、すなわち有機体としてはとらえられない。ゲノッセンシャフト的な要素、有機体的性格はすべて自然的（事実的）なものとして捨象されてしまい、国家は法律学的に、支配の機構としてとらえられる。この機構は、君主と議会（Landstände）を機関（Organ）とする法人格ではあるが、「あらゆる部分がそれぞれ全体目的のために協働すべく固有の地位を割り当てられた有機体」としての法人格ではないのである。

これに対してギールケは、一八七四年に発表した論文『国法学の基本概念と最近の国法理論』(4)において、ゲルバー以降の国法理論を批判するとともに自己の有機体的国家論を提示した。この論文は、直接的には、一八七三年に公刊された二つの著書、すなわちマックス・ザイデル（M. Seydel）の『一般国家学綱要』（Grundzüge der allgemeinen Staatslehre）と、アルベルト・テーオドア・ヴァン・クリーケン（A. Th. van Krieken）の『いわゆる有機体的国家論について――国家概念の歴史の一考察』（Über die sogenannte organische Staatstheorie. ein Beitrag zur Geschichte des Staatsbegriffs）を批判するために執筆されたものである。ギールケはこの論文において、ゲルバー以降の国法学におけるロマニスト的形式主義の蔓延を憂慮した上でいう。「これら二つの著作は、明らかにまだ若年の著者たちによって書かれたものである。両者はいずれも、多かれ少なかれ、ゲルバーの画期的な見解の影響を受けている。両者は、〔ゲルバーを離れて〕全く独自の見解を示しているところでは、未熟なところを見せている」(S. 20)。ザイデルについて言えば、かれはゲルバーの国家法人説を批判し、支配する意思の主体たりうるのは国家ではなく君主 (Herrscher) だけである、と主張した。ザイデルは、国土と国民 (Land und Leute)、ならびにこれを支配する意思の主体としての君主があってはじめて、国家の存在を認めることができる、とする。しかし、国家においてはじめて法が存在しうるとするかぎりで、ザイデルはゲルバーの見解を踏襲するのである。ザイデルによれば、「法は、国家の前には存在せず、国家においてはじめて存在する。しかして法とは、支配する意思が人々の国家的共同生活を規律するための規定(Bestimmungen)の全体にほかならない。法の源泉はそれゆえ君主の意思(Herrscherwille) であり、すでにそのことからして、この意思自体は法ではありえないことが明らかになる」。君主の意思自体は法でないというこの形式論理的主張にもかかわらず、国家における君主の意思の表現(規定)が法であるとするかぎりで、ザイデルの見解は、ゲルバーにおける「国家の意思」を「国家における君主の意思」と言い換えたものにすぎない。この種の定義を批判して、ギールケはいう。

「法概念をただ国家概念から導き出し、定義づけることは、むろん容易である。これに加えて、国家はすべての法に先立って存在するという理由で、国家の本質如何という問題は全く法学の範囲外にあるとするなら、法学にとって形式的に争う余地なき出発点が与えられたことになる。しかし、それによって困難は解決されたわけではなく、傍に押しやられたにすぎない。その結果みたされるのは、純粋に形式主義的な傾向にとっての必要だけである。そのような手続を、現実をとらえたものということはできない。いったい、ある時点で法なき国家が成立したということ、まず支配が確立したのちにはじめて法理念が生まれたということは、粗雑きわまる擬制ではないだろうか。実際には、国家と法は手をたずさえて、相互に入り組みつつ成立し、成長してきたのである。何らかの国家的団体 (staatlicher Verband) が存在し、諸個人の上にある普遍性 (Allgemeinheit) として受けとられることなしに、人間が人間であることはできなかった。ザイデルは定着性をもたない部族団体を〔支配の対象としての国土と国民が確定されないゆえに〕なお《国家》と呼ぼうとしないが、そのような部族団体も国家的性質 (staatliche Natur) を有しているのである。同様に、法理念もまた、人間の発生とともに古い起源をもつものであって、流浪の遊牧民集団においてもすでに、何らかの《法》が必然的に存在した。歴史的発展は一様ではないから、むろんある場合には国家が、別の場合には法が前面に現れる。実際、法は単に君主の意思を示すにすぎないと見た民族もあったし、逆に、ある時期のゲルマン人のように、国家をもっぱら法的諸関係の総体としてとらえた民族もあった。ただ、われわれの現在の意識にとっては、国家と法は人間共同生活の二つの独立した機能であり、それらは相互に他を前提とし、また条件づけるものではあるが、決して相覆うものではなく、原因と結果の関係に立つものでもないことが明らかになっている。国家と法の一方を他方なしに考えることは、われわれにとって不可能であるが、そのどちらも、他方に先立って、または他方によって存立するのではない。法学も、真に現実をとらえようとするなら、この自然的な関係を無条件に認めなければならない。

したがって、法の本質を、法は国家の命令である、との定義によって尽くそうとするのは、全く非難すべきことである。国家の最も重要な任務が法に関係するものであり、法との関係なしに国家が国家たることがないとはいえ、国家が本質的に法の分野をはるかに超えるものであるごとく、法もまた、国家との一定の関係がその本質に属するものではあるけれども、核心において国家から独立している。なるほど、多くの点で両者は相覆っており、今日大部分の法は国家の命令というかたちをとっている。しかし、この場合でさえ、国家ないし君主の意思ではなく、フォルクの生活から生じた法意識の表明のために選任されたフォルクの機関が、法の最終的な源なのである。国家は法律において、法律の内容が拘束力をもつべきことを、それが国家の意思だからという理由で宣明するのではなく、その規範が国家にとって正しいと思われるからこそ、それが効力をもつことを欲するのである。制定法のみを念頭に置いたとしても、法を国家の命令として定義することはその外面的現象形態の説明に役立つだけであり、法の本質に触れるものではない」(S. 30 f.)。

したがって、国法理論におけるギールケの最大の関心は、国家を支配の機構としてとらえ、この機構としての国家から法を導き出す法律学的（ロマニスト的）ないし形式主義的な傾向に対抗して、国家における倫理的＝法的な共同体の側面、したがってまた法におけるフォルクの倫理意識の側面を復権させることにあった。ヘルシャフトとゲノッセンシャフトの両原理の調和を求めるためには、まずもって、ロマニスト的形式主義の一面的な支配を打破し、ゲルマン的なゲノッセンシャフトの原理を強調する必要がある、と考えられたのである。ギールケの主著が、『ドイツ団体法論』(Das deutsche Genossenschaftsrecht) と名づけられるものであった理由は、ここにある。しかし、われわれは、ギールケのゲノッセンシャフト論に立ち入る前に、国家と法についての形式主義的理論に対する批判の上にうち立てられたかれ自身の国家論を概観しておくことにしよう。

ギールケがかれの国家論を構築するさいに範型として利用したのは、周知のように、一六世紀末から一七世紀初頭にかけて活躍したドイツの自然法論者、ヨハンネス・アルトゥジウス (J. Althusius)

の国家論であった。一八八〇年に発表された『ヨハンネス・アルトゥジウスと自然法的国家理論の発展』(5)において、ギールケは、アルトゥジウスの国家論を次のようなものとして理解する。すなわちアルトゥジウスは、諸大権（Majestätsrechte）すなわち主権を君主のものではなくフォルクのものであると考えた。主権はフォルクの「精神」であり「霊魂」であって、フォルクは主権を有するかぎりにおいて生き、これを失うや否や死滅するか、または、少なくとも国家（Respublica）の名に値せぬものとなる。主権を行使する者はむろん統治者（Magistrat）であるが、主権の所有と用益（Eigentum und Nießbrauch）の主体はあくまでも全体としてのフォルクであって、フォルクがこれを放棄したり移譲したりすることは、自己の生命を他人に譲れないのと同様に全く不可能なのである。のみならず、主権の行使をゆだねられた者が欠けた場合、またはその権利を失った場合には、フォルクはこれを取り戻した上で新たに委任することになる。また、主権は性質上取引の対象とされたり個人の所有物となったりすることの不可能なものであるから、それをあえて私有しようとする統治者は、それだけで統治者たることをやめ、私人・僭主となるほかはない。

このように主権者と見られるフォルクを、アルトゥジウスは有機体として構成する。ギールケによれば、「アルトゥジウスが強靱な首尾一貫性をもって展開したフォルク主権の理念は社会的構成体の不可欠の核心を成すものであったが、この構成体を、かれは、今や下から、そして内部から（von unten und innen her）築き上げるのである」。すなわち、アルトゥジウスによれば、社会的結合は契約によって達成される。契約によって、結合に加わった者は「共に生きる者」となる。こうして成立

した共同体 (corpus symbioticum) において、支配は全体の福祉のための奉仕と配慮であり、服従は与えられた保護 (Schutz und Schirm) への対価である。それゆえ、すべての結合、すべての支配にとって、その動因は関与者の合意であり、最終目的は公共善の実現にほかならないが、窮極的な原因は、自然において開示される神の世界秩序に存する。したがって、家から国家に至るさまざまの共同体を「下から上へ」と組み立て、上位の団体は下位のそれなしには存在しえないと説くアルトゥジウスは、そのような構成を「聖書に示された歴史と世俗世界の歴史に現れたゆたかな例証」(ギールケ)によって閉じることになる。

旧ヨーロッパ的政治社会の構造に対応するこのような有機体モデルによってギールケが構成した、国家と法についての基礎理論は、『国法学の基本概念と最近の国法理論』において以下のように要約される。

「国家というものはむろん普遍性 (Allgemeinheit) ではあるが、広く流布している見解のいうように、それだけが人間にとっての普遍性だというわけではない。国家は人間のもろもろの社会組織のなかのひとつにすぎない……。もろもろの規模の団体がそれぞれに応じた政治的組織の側面を有するかぎりで、それらは一方で国家に対しある程度の自立性を主張し、他方で国家と同様に、自己と自然的かかわりをもつ諸要素から概念上区別される。さらに、さまざまのレベルで、倫理的＝社会的な、宗教的な、芸術的＝文芸的な、そして経済的な共同生活がそれぞれ独自の組織を形成し、これらはすべて国家に対し独自の存在を主張する……。しかし共同の権力関係の問題に関するかぎり、国家以外のすべての団体は、自己の領分では固有の権力領域をもつ政治的共同体であるとしても国家に対しては単なる特殊団体にすぎず、その政治権力は最終的には国家の権力領域のなかに、そしてその下に組み込まれているのである」。

こうして主権をもつ有機体 (souveräner Organismus) として定義された国家は、自己の単なる意思を法として強制できるものではない。「法の本質は、人間の共同体において外的意思支配を肯定するとともに限界づけることにある」(S. 99 f.)。もとより、発達せるフォルクスガイストは法を形成する機関として国家を大いに利用する。「しかし、それによって国家が法の最終的な源になるわけでもなければ、法の唯一の形成機関となるわけでもない。すべての法の最終的な源は、社会における共同意識 (Gemeinbewußtsein) なのである……。国家が普遍的意思の定着物であるのに対して、法は普遍的意識の流出物である」(S. 103 f.)。

ギールケにおいて国家は有機体ではあるが、まさに主権的有機体、すなわち一箇の法人格であるかぎりにおいて、普遍的意思の定着物としてとらえられる。そのかぎりで、国家からヘルシャフトの要素を捨象することはできないのである。ギールケがゲルマン時代のゲノッセンシャフトではなく中世都市に国家の先駆的形態を見出した理由は、ここにある。しかし、ギールケはまた、「何らかの国家的団体が存在し、諸個人の上にある普遍性として受けとられることなしに、人間が人間であることはできなかった」、と考えるのであり、その意味で、法的諸関係の総体にすぎないゲルマン人のゲノッセンシャフトにも一種の「国家的性質」を承認するのである。だからこそ、ギールケにとっては、支配の機構としての国家、その官職の体系がゲルマン社会に当初から存在したことを論証する必要はなかった。ヘルシャフトの組織は、基本的にゲノッセンシャフトとしての性格をもつ「国家的団体」の内部において徐々に形成されたものとしてとらえられることになる。以下においては『ドイツ団体法論』第一巻によりながら、ドイツ国制史の「第一期」についてのギールケの把握を概観しておこう。

（1）Böckenförde, a.a.O., S. 147 ff.

（2）Otto von Gierke, Das deutsche Genossenschaftsrecht, Bd. 1, Rechtsgeschichte der deutschen Genossenschaft, 1868.

（3）Karl Friedrich Wilhelm Gerber, Grundzüge eines Systems des deutschen Staatsrechts, 1865.

（4）Gierke, Die Grundbegriffe des Staatsrechts und die neuesten Staatsrechtstheorien. 一八七四年に Zeitschrift für die gesamte Staatswissenschaft に発表され、一九一五年に書物として公刊された。

（5）Gierke, Johannes Althusius und die Entwicklung der naturrechtlichen Staatstheorien, 1880 (2, Aufl., 1902, S. 28 ff.).

11 ギールケ(2)――ゲノッセンシャフトとヘルシャフト

『ドイツ団体法論』第一巻「ドイツ・ゲノッセンシャフトの法史」によれば、ゲルマン人はすでに歴史に登場した時点において、家族ないし血縁団体以外のさまざまの結合体を知っており、それらの結合体においてはすでにゲノッセンシャフトの原理とヘルシャフトの原理との対照が見られた。「しかし、両原理は、すでに家族(Familie)においてあらかじめ形成されていたのである。家族は、早くから二つの圏、すなわち家共同体(häusliche Gemeinschaft)と、より広範囲な家族圏つまり同族団(Geschlecht [Sippe, Magschaft])とに分かれていた。前者がヘルシャフト的に組織されていたのに対して、後者はゲノッセンシャフト的に組織されており、これら両結合体の拡張ないし模造から、より上位のもろもろのヘルシャフトおよびゲノッセンシャフトが成長していった。すなわち、家〔家長〕の保護支配(Schutzherrschaft)は従属民に対する保護結合体(Klientelverband)へと拡張されたが、それればかりでなく、それは、ゲフォルクシャフト〔従士制〕において貴族や自由人の上にも及ぶことにより、真に公的(öffentlich)な意義を有するものとなった。それにもかかわらず、本来政治的(eigentlich politisch)な組織は、依然として基本的に、もろもろの同族団の拡張物、すなわちフェルカーシャフトおよびその部分〔フンデルトシャフト〕というかたちをとった自由人のゲノッセンシャフトに基礎を有するものだったのである。これらの結合体においては、同族的体制がひきつづき行なわれたが、しかし、これらの結合体が単なる拡張された同族団、ないし擬制同族団だったというわけでは決してない。血縁関係(Blutsfreundschaft)の観念に代って部族関係ないしフォルク関係(Stammes- oder Volksfreundschaft)の観念が登場し、この観念が、独自の人的な法的関係として、団体の結合手段となった。このように、部族団体ないしフォルク団体は家族的結合の観念そのものを同族団から受けついだわけではないけれども、そのなかで自己に適用しうるものは受けついだのである。それは、人的ゲノッセンシャフト(persönliche Genossenschaft)の観念にほかならない。こうして、今やゲノッセンシャフトは、同族、部族、フォルクの各結合体を含む一箇の類概念となったわけである」(S. 12 f.)。

「この古ゲルマン的ゲノッセンシャフトの本質は本研究において明らかにされるが、その一般的特徴は、生まれながらの帰属にもとづく人的共同体(persönliche Gemeinschaft)であって、自己の内部において特別の平和と特別の法をもたらすものである、という点にある。自由とは、このゲノッセンシャフトの成員であることにほかならない。ところで、この自由は、単に受動的に、平和と法に与ること、ゲノッセンシャフト全体ないしその一成員によって与えられる保護に与ることを意味するか、もしくは、能動的に、全体の平和、全体の法の一人前の担い手たること、全体の平和、全体の法を対内的にも対外的にも共同で担ってゆくことを意味する。前者が被護民（Schutzgenosse）の自由であり、後者が完全成員（Vollgenosse）の自由である。完全成員であるのは、完全成員として生まれた、武装資格ある男子だけである。かれらは――ゲノッセンであるかぎり――たがいに完全に平等である。これらの完全成員の総体が、ゲノッセンシャフトである。それゆえゲノッセンシャフトは、ゲノッセンシャフトの平和と法の源泉であり、持主であり、保護者である。それは、法と平和が破られた場合には復讐（Rache）を行ない、贖罪金（Sühne）を受領する。それは対外的には軍隊として、対内的には裁判所として、法と平和が破られることを防止する。それは、自己の権力ないし権利の一部を成員にゆだねながら成員を指導する。それは各成員の人身と所有とを保護する。それゆえ、法的統一体としてのゲノッセンシャフトに属する平和と法と財産は、全体のものである。全体の一員として、各成員は、それについて平等の権利・義務を有する。これについて処分をなしうるのは個々の成員ではなく、それぞれの成員に分散している統一性を表す全成員の集会なのである。しかし最後に、こうした古いゲノッセンシャフトは、人々が考えたのとは違って、単なる平和団体、法団体にすぎないものではなく、人間の全体をとらえるもの、生活のあらゆる側面を同じように強い力で包み込むもの、宗教的・社交的・倫理的・経済的な結びつきを同時に基礎づけるものであった」(S. 13)。

このようなギールケの基本的構図において、たとえば受動的自由と能動的自由の両者から成る自由の二重概念に、（受動的公民の自由をも含めた）普遍的自由の承認と政治的自由の（能動的公民への）限定との両面を有する近代的自由概念の反映が見出されることは、容易に指摘できる。(1) むろんギールケも、「被護民」すなわち解放奴隷や被征服民の数が増大するにつれてゲノッセンシャフトが質的な変化を見せ、フォルク全体の法と国制が――今や一身分にすぎないものとなった――「完全成員」のゲノッセンシャフトによってではなくしだいに王権によって担われるに至ることを指摘するのだが、そのような変質を生じないかぎりにおいて、「被護民」の受動的自由はゲノッセンシャフト原理の一要素として位置づけられるのである。他方において、ギールケは、古ゲルマン社会における「原初貴族」(Uradel) の存在を認めながら、これをゲノッセンシャフト原理と矛盾せぬものとして説明する。自由人のうちで単に事実上傑出した家門が存在することがゲノッセンシャフト原理に反するものとされないのはもとより、フォルクスゲノッセンシャフトの内部に一定の身分的特権と結びついたシュタンデスゲノッセンシャフトとしての貴族が存在するようになってからも、ゲノッセンシャフト原理はなお維持されていた、と説かれる。「貴族と自由人は、フォルクスゲノッセンであるかぎり平等であって、貴族はただ、それに加えて、フォルク自身によって認められた高い名誉、フォルクの法そのものによって認められた特別の法圏により、シュタンデスゲノッセンであるにすぎない」(S. 36)。のちに、このような「原初貴族」ないしギールケのいうフォルクスアーデルが王の家門に限定され、そのほかには――フォルクによってではなく――王によって認められた名誉にもとづく勤務貴族 (Dienstadel) があるだけだ、という状態になってはじめて、貴族の存在はゲノッセンシャフト原理と牴触することになる、とされる。

さらに、王権もまた、「本来ゲルマン人の政治的な組織は……自由人のゲノッセンシャフトに基礎を有するものであった」(S. 45) というギールケの観点からして、少なくとも当初はゲノッセンシャフト原理によって基礎づけられる。もっとも、ギールケは、主として軍事的危機を克服するための各フェルカーシャフトの連合を永続的なフォルクの統一体に結合するため王権の形成が必要不可欠であったと説いたのちに、そのような王権と各フェルカーシャフトの長としての首長 (Fürst, princeps) の権力との差異は単に量的なものではなく、質的なものであった、と主張する。「首長がゲノッセンのなかの第一人者であったのに対して、王はフォルクの上に、そしてフォルクの外にあり、フォルクと対立するものであった。王は、今まで全く全体のものであったフォルクの一体性の一部分を、独立して担う者となった……。王の軍令権と裁判権はこの種の権力のなかで最も重要なものであって、これら両権力から王の支配権が形成され、ますます強力なものとなっていった。ゲノッセンシャフト的国制は穴をあけられ、そこからヘルシャフト的頂点が生長していった。現代的な言い方をすれば、フォルクはもはや至高ではなく、自己の主権の一部を王に移譲した」(S. 50 f.)。それにもかかわらず、ギールケは、ゲノッセンシャフト原理が直ちにヘルシャフト原理によって置き換えられたわけではないことを強調する。

フォルクの主権の一部が王に移譲されたとはいえ、それは「さしあたりむろん一部にすぎない。フォルクの自由は、フォルクの一体性の強化にもかかわらず存続しえた。集合せるフォルク共同体の権利は、王の権利よりもまだ何倍も強力であった。それは王を選出し、少なくとも承認しえただけでなく、これを罷免し、王政を廃止することさえできた。和戦についての最高決定権も、フォルクのものであった。法をつくり、法を宣べる(裁判する)ことも依然として、フォルクだけがなしえた。各蛮民法〔部族法〕は依然として、フォルク共同体の、ゲノッセンシャフト的合意（genossenschaftliche Kür)、判告（Weistum)、ないし参審人判決（Schöffenspruch）であった。村落やフンデルトシャフト、それに当初はおそらくガウゲノッセンシャフトも依然としてその長たちをみずから選び、自己の領分において自律的に審議し議決した。王でさえ、自由人に対して自発的な醵出だけを要求しえた。当初は、王が戦利品についてとくに大きな分け前を要求する権利もなかった。要するに、王の下で、そして王と並んで、全体的権利と全体的権力をもつフォルクスゲノッセンシャフトが、依然として強力な全一性を保ちつつ存在していたのである。――ただし、一旦独自の存在を主張しうるものとなった王権は、フォルクスゲノッセンシャフトの権利を少しずつ自分のものにしていった。フォルクによる王の選出は王位相続権の前に消えてゆき、フォルクの共同の事項については形式的な同意権が共同決定権にとって代り、国民と国土の各部分の上には王の任命にかかる官吏が登場し、王の裁判所、勅令といったものが現れ、フォルクの全体集会はヘルシャフトの及ぶ範囲が広がれば広がるほど稀にしか開かれず、その出席者も少なくなっていった。しかし、それでもなお、フォルクは王の保護下にある特別の平和ゲノッセンシャフト、法ゲノッセンシャフトでありつづけたのであり、このゲノッセンシャフトの一体性は、相当な部分が王に移譲されたとしても、ある程度まではフォルクのもとに残されていたのである。王権が自己の力をフォルクの頂点としての地位からではなく、自己が形成したヘルシャフト的結合体の頂点としての地位から導き出すようになってはじめて、王権はフォルクスゲノッセンシャフトの理念にとって本当に危険なものとなった。すなわち、王が従士団やキリスト教会や被征服部族に対する保護支配・勤務支配(Schutz- und Dienstherrschaft）によって、裁判官＝指導者からフォルクの支配者（Herr）になり、その土地支配によってフォルクスケーニヒからついに領域支配者 (Gebietsherr) になってはじめて、王権はフォルクスゲノッセンシャフトを真に脅かすものとなったのである。

フォルクスケーニヒトゥムのそのような改造にとってとくに重要な意義をもったのは――とりわけローマ的土台の上の――大きな諸王国 (große Reiche) の建設であった。それは、支配する立場に立ったフォルクのほかに、いくつもの他のフォルクスゲノッセンシャフト、部族ゲノッセンシャフトを含むものであったから。これらは間もなく、国王によってのみ統合されることになったのである。そのようなライヒのすべての住民、すべての部族や属州を直接に結びつけるようなライヒスゲノッセンシャフトの理念は、あったとしても萌芽にとどまった。これらの場合にはライヒを構成する個々のフォルクないし部族だけがみずから結合を保つゲノッセンシャフト的一体であって、それらの上にある高次の一体性は国王によってのみ媒介され、示される、というのが圧倒的に優位を占めた見方であった」(S. 51 ff.)。

フォルクスケーニヒトゥムが当初の性格を保持していたかぎりで、ゲノッセンシャフト原理が貫かれていた旨力説するギールケの場合、とくに注目されるのは、フォルクスゲノッセンシャフトが王を罷免し王政を廃止することさえできたという指摘にもかかわらず、そのような権能がフォルクの主権によって、いわば実定的な性格のものとしてとらえられているということである。フォルクは単に法を宣べること (Rechtsprechung)、すなわち既存の法を前提として裁判することができただけでなく、法をつくること (Erzeugung des Rechts) をもなしえたのであり、そのような法定立権力の主体としてのフォルクに王の罷免権、王政廃止権が承認されているわけである。ここには、倫理法則ないし神法をあらゆる権利＝法の源泉とみなし、そのことから倫理法則ないし神法に背いた統治者に対する反抗権を導き出すカール・アードルフ・シュミットの論理とは明らかに異質の、近代的な発想がある。非ローマ的・ゲルマン的なゲノッセンシャフト原理の強調においてシュミットとギールケとの共通性を認めることができるとしても、「神の意思に発する高次の倫理的世界秩序」（シュミット）なる観念は、ギールケのゲノッセンシャフト論にとっては無縁のものであった[2]。

ギールケにおいては、王権に対抗するフォルクスゲノッセンシャフトの権利が神的＝倫理的な「高次の世界秩序」によって基礎づけられないように、フォルクスゲノッセンシャフトに対抗する王権のヘルシャフト的側面もまた神意によって正当化されるものではない。それは他のあらゆるヘルシャフト的結合体と同様に、家長のヘルシャフトの延長上に、いわば実定的にとらえられるのである。ギールケによれば、ゲノッセンシャフト的なフォルクスケーニヒからヘルシャフト的王権への転換の萌芽は、「すでに早くから、君主がフォルクスケーニヒとしての自己の地位と、自分自身の個人的権利のみに根ざすもう一つの地位とを一体化していたことに見出される。この、もう一つの地位とは、その国における最大の家的結合体（Haus- und Hofverband）の頂点としての地位にほかならない。ここではかれは支配者（Herr）であり、かれの保護＝支配権（mundium [Munt]）がすべての権力の源であり、王の意思、王の権利、王の平和、王の罰令権（Königsbann）、王の領地（Königsgut）、王への勤務（Königsdienst）が優先的・決定的であった。ここからして、国王が——教会とローマ法の影響とによって支えられながら——自己の自立的支配者権（Herrenrecht）をますます拡大し、ついにはかれのフォルク全体にヘルとして対峙すること、すなわちかれのフォルク全体が臣民団体（Unterthanenschaft) としてかれに対峙することが可能になったのである」(S. 102)。

「今や国王は、みずからフォルク全体のヘル、すなわちフォルク全体のハウスヘルないしディーンストヘル (hlāford, mundbora, dominus, senior) と称し、または自己をそのようなものとみなした。これに対してライヒ(王国)のすべての成員は国王に従属し勤務するロイテ (Leute, leudes, homines) と見られた。今や、かれらの服属の根拠は、家臣制 (Vassallität) 類似の、ただしそれよりは弱い一種の関係(これを説明するために、時として、フォルク全体が勤務のために正式に托身したという擬制がなされたことさえある)に求められた。この関係が、フランク時代のいわゆる臣民関係 (Unterthanenverhältniß) であるが、これを真の国家的臣民制 (staatliches Unterthanenthum) と解することのないように留意しなければならない。それは、実際には全く人的な、主として家父長的 (patriarchal) な勤務結合だったのであって、この結合が——すでに特別の誠実勤務によって国王と結びつき、国王の特別の保護に与っている者を除いて——ライヒに属する者すべてを全く一般的に直接国王と結びつけ、かれらに一般的な国王の平和と国王の保護とを与えたのである。もっとも、これによってフォルクの法ゲノッセンシャフト、平和ゲノッセンシャフトの理念がどこでも、また完全に消失してしまったというわけではない。それはイングランドでは、きわめて生き生きとして残存することにもなった。しかし、ライヒとフォルクにとって、本来的に統一を与えるものとしての絆は、しだいに——とくにフランクの場合——もっぱら国王のヘルとしての権利 (Herrenrecht) と、フォルクの臣民性 (Unterthanenschaft) のみ、ということになった。

こうした転換を外形上示す最も重要な行為は、武装資格のあるすべての者が国王に対し誠実誓約のかたちでなすべき臣民誓約 (Unterthaneneid) であった。純粋なフォルクスケーニヒに対して完全自由人が誓約するということは、おそらくなかったであろう。逆に、フォルクスケーニヒはみずからフォルクスゲノッセンシャフトに誓約したのであり、またフォルクスゲノッセンが相互に誓約したのである。いずれにせよ、われわれに伝えられている臣民誓約は勤務のための誠実誓約を模したものであり、疑いもなく、国王がすでにヘルとみなされる時代になってはじめて広く行なわれるようになったものである。もっとも、これと並んで、ゲノッセンシャフト的な考え方が誓約のかたちをとって示されることも少なくなかった。アングロサクソン人においては、王への服属は一つの契約から導かれ、臣従誓約(Huldigungseid)は単に条件付きで、すなわち国王が自分の方でも契約を遵守するという場合に限定して行なわれた。ゴート人においても同様に相互性が守られ、王とフォルクの両方が誓約すべきものとされた。これに対してフランク人においては、ここで強調した臣民誓約は早くから勤務誓約としての性格をもっており、カール大帝は八〇二年に、〔臣民は〕従士が主君に対して負うのと同じ誠実を〔国王に対して〕約束すべきことを明言している。そのことによって、勤務の観念が正式に、ライヒの基本観念として宣言されたわけである」(S. 110 ff.)。

「フォルクスケーニヒがヘルに転化したことによって、法と裁判に対するかれの立場も変化せざるをえなかった。フォルクのすべての成員のなかに生きており、集会したフォルクにより告げられるべきフォルクスレヒトは、依然として主要な法源であった。しかしそれと並んで、国王が自己の罰令権力の内容たる命令＝禁令権によって発したもろもろの命令が、国王の平和の重要性の増大とともに重要な意義をもつことになった。けだし、ゲルマン人にとってすべての立法は、平和の保障と改善に資するものだったからである。こうして国王の法(Königsrecht)がライヒの法(Reichsrecht)となったのであって、とくにフォルクスレヒトが変更されるような場合にフランク王国の勅令(Kapitularien)の制定にさいしてもフォルクが関与することがあったにすぎない。同様にして、国王は、フォルクの最高の裁判領主(Gerichtsherr)となった。かれは以前から最高の裁判官(oberster Richter)ではあったが、自分の従属民に対する関係でのみゲリヒツヘルだったのである。今や、一方では、フォルクのますます多くの部分が国王の支配裁判所 (königliche Herrschaftsgerichte) に服し、他方では通常のガウ裁判所、ツェント (Cent) 裁判所においても国王とその官吏の影響力が圧倒的になった。判決発見人 (Urteilsfinder) になったのは自由な裁判共同体員であったが、しだいに国王ないし官吏の任命にかかる個々の判決人 (Urteiler) が優越的な地位を占め、ついにはカロリンガーの参審制において、フォルク団体の同意を要するとはいえ国王ないし官吏によって任命された参審人たち (Schöffen) が、本来の判決を行なうことになった。かれらはゲノッセンシャフトの代言者として登場したが、いろいろな点で、すでに新たな勤務理念にもとづく官吏とみなされる者であった……」(S. 112 f.)。

「これらすべての関係において、ヘルシャフト的な国王は――かつてのゲノッセンシャフト的な王の場合と同様に――何らの制約にも服さなかったというわけではない。かれは、ゲノッセンシャフト的な王よりもいっそう大幅な制約に服したとさえ言える。しかし、すべてのゲルマン的ムントに対する制約と同様にかれの支配権力に対して課せられる制約は、フォルクスケーニヒがフォルク集会によって課せられた制約とは全く異なる基礎にもとづくもの、全く異なる要素から成るもの、全く異なる法的性質のものであった。すなわちフォルクスゲノッセンシャフトの全体ではなく、国王みずからに由来するもろもろの個別的権利の総体が、ヘルシャフト的国王に対抗したのである。とくにフランク王国においては、ライヒの統治を国王と分担する実力者たち (die Großen) は一箇のまとまりを成していたわけではなく、かれらの影響力も多くの場合法的というよりはむしろ事実上のものであった。七世紀においてはじめて、とくにクロータル二世により、かれらには一定の共通の権利が認められた。それゆえ、フォルク集会にとって代ったライヒ集会としての実力者たちの集会は、フランク王国においてもランゴバルト王国においてもブルグント王国においても古きフォルク集会に根ざすものではなく、国王およびその重臣 (Getreue) が出席する王家会議 (häuslicher Rat des

Königs) であった。それらの重臣 (optimates, primores, proceres) は司教、ライヒ官吏、家臣 (Vassallen) および大グルントヘルたちから成るものであったが、かれらは単に審議(助言)権のみをもつ集会を構成したのである。むろんその力はたえず増大してゆき、慣習とライヒの法律とによってライヒの正規の機関と認められるようになり、立法、裁判、行政に関与するものとなったが、カロリング時代にもそれは明らかに、国王の重臣によって構成された、国王に助言する権利のみをもつ会議としての性格を有していた。それがフォルクを代表するというようなことは、決してなかったのである」(S. 113 f.)。

このようにギールケにおいては、「第一期」におけるゲノッセンシャフト原理の強調にもかかわらず、これと尖鋭に対立するものとしてヘルシャフト的組織の形成が論じられている。われわれはそこに、一九世紀ドイツにおける国家と市民社会の二元性から出発しながら、両者の架橋をめざそうとするギールケの思考過程を読みとることができよう(そのかぎりで、ギールケにおけるヴァイツとマウラーの影響についてのベッケンフェルデの指摘は、首肯できる)。ギールケの構図の、同様に「近代的」な性格は、人的ゲノッセンシャフトないし人的ヘルシャフトの物的 (dinglich) なそれへの転化、すなわちいわゆる「物化」(Verdinglichung) を論ずる箇所においても明瞭に示される。すなわちギールケは、一方において、マウラーの図式にしたがいつつ、ゲルマン人のゲノッセンシャフトがしだいに人的色彩を弱め、土地総有団体、さらに個別的＝私的土地所有者のゲノッセンシャフトとしての性格を示すようになり、ついには大土地所有の形成を見るに至る過程を——「自由なゲノッセンシャフトの土地との結合」という表題の下で——跡づけるのであるが、そのさい土地の私的所有が共同利用のための制約に服したことは力説されているものの、私的所有者の権利を神の意思に由来するものとして倫理的にとらえる態度（C・A・シュミット）は見られない。他方において、ギールケは、人的＝家父長的なヘルシャフトがしだいに土地所有と結びついてゆき、大土地所有のレベルでは領主制（Grundherrschaft, Grundherrlichkeit）が、また国王と実力者たちとの関係ではレーン制（Lehnswesen）が形成され、ヘルシャフトそのものの性格も物的＝家産制的（patrimonial）な――したがって原理的に譲渡、相続、分割可能な――ものとなってゆく、という過程について詳論するのであるが、ここでも、たとえばレーンを「所有権のより高貴な、完全な形態」として倫理的にとらえるシュミット的態度は見出されないのである。

むろんギールケは、「第一期」についてもゲノッセンシャフトとヘルシャフトの両原理を対立的にとらえるだけではない。「あらゆる分野で示されるドイツ法の特色は、それが対立を混和させる傾向をもつという点にある」（S. 135）。したがってヘルシャフト的結合体の内部においても、しだいに被支配者のゲノッセンシャフトが形成されてくる。

「そのような権利の発端は、ヘルシャフト結合体そのものの発生に遡る。そもそもドイツの mundium は、単に権利としての性格のみをもつローマの potestas とは異なり、権利であると同時に義務だったのであり、その行使にさいしてはつねに習俗と伝統による一定の制約に服したのである。すでにタキトゥスによっても、非自由人〔奴隷〕でさえ、主人に対して、自立的な一定の権利をもつものとされている〔《ゲルマーニア》第二五章――奴隷の服役が一定限度にとどまるものとされる〕。半自由人および自由人を加えることによりこの結合体が拡大するとともに、ヘルに対する勤務者の要求について、ますます確固たる慣習が成立していった。結合体そのものの内部において、共通の事項すべての規律に多かれ少なかれ参加すること、フォルクスレヒトによればヘルだけのものとされる財産の利用に一定のしかたで与ることが、確固たる習俗によって、すべての成員に認められた。フォルク裁判所がそのような慣習を破ったヘルに対し遵守を強制しえた、ということはなかったであろうが、それにもかかわらずこの慣習は破られなかった。勤務のための托身に先立って契約が結ばれた場合でさえ、フォルク裁判所はこの契約を保護しなかったが、それでも遵守は神聖な義務(heilige Pflicht)とみなされた。むろん、保護を与えるのは一人ヘルのみであったが、古ゲルマンのやり方によればヘルは裁判官職だけを要求し、かれが召集した人々に法の判告、判決の発見の任務をゆだねた。非自由人に加わる自由人の数が増加すればするほど、伝統と契約と協定によって、当該の結合体を支配する諸規範の中味は確定されてゆき、ついにはフォルクスレヒトと全く同様に確固たる真の法がそこから生まれることになった……。ヘルは平和の担い手であり、それゆえ裁判官であった。しかしかれは、結合体の——被告と同一身分に属する——成員から判決発見人を選任し、こうして荘園裁判所、家人裁判所、レーン裁判所が形成された。ヘルは命令＝禁令権(Zwing und Bann)を有したが、伝統によって神聖なものとされた慣行を無視することはなく、集まった人々にその慣行を告げさせた……。こうして、あらゆる関連においてフォルクスレヒトが滲透し、具体的事情に適応していくということになると、ついにはフォルクの馴れ親しんだゲノッセンシャフトの理念が、ヘルシャフト的結合体内部の近い関係にある成員たちをとらえるようになる。従属する人々自身によってこの結合体の法が告げられ、さらに形成されていくということになれば、直ちに、この法の源は部分的にのみヘルに存し、他の一部は支配に服する人々にある、ということになるのである。これらの人々相互の権利・義務もこの法によって規律された。こうしてかれらの間に一箇の法的な結びっき、平和的＝法的な友的関係が生じた。その源は、少なくとも部分的には、全体（Gesammtheit）そのものに存した。多数の者をそのようにして結合する平和共同体・法共同体（Friedens- und Rechtsgemeinschaft）は、各個人を相互に結合しながら全体を統一体として完結させる絆を結ぶことによって、多数者から一箇のゲノッセンシャフトを形成したのである。そのようなゲノッセンシャフトは、内部的にはフォルクスレヒト上のゲノッセンシャフトときわめて似ていた。外部的には、それは、ヘルシャフト的結合体の制約のなかにあることによって、フォルクスレヒト上のゲノッセンシャフトから区別されていた」（S. 137 ff.）。

ここには、支配者と被支配者の上にある神聖な法秩序という観念はまだ見られない。ギールケは、被支配者全体のゲノッセンシャフトが法共同体・平和共同体として形成され、このゲノッセンシャフトがヘルシャフトに対抗しつつ、これに——完全に法的な制約ではないにせよ——一定の制約を課する機能を果した、と見ているのである。そして、このような制約の端緒は、『ドイツ団体法論』第一巻執筆当時のギールケにおいてはやはり神の意思ではなく、より世俗的に、権利であると同時に義務であるという家長の支配（ムント）のドイツ的特色に求められたのであった。

（1） とくにカントにおける能動的公民と受動的公民の区別について、村上淳一『近代法の形成』第一章を参照されたい。

（2） むろんギールケも、ゲルマン人のフェルカーシャフトが法共同体であると同時に倫理的＝宗教的共同体であったことは認める。しかし、ギールケにおいては、神々（Götter）が倫理的＝法的秩序の源泉であったと説かれているわけではない。

12 ギールケ(3)——勤務的誠実と契約的誠実

ギールケの大著『ドイツ団体法論』については、その第一巻だけ、しかも「ドイツ国制史の第一期」だけをとってみても、要旨を洩れなく紹介することはもとより不可能である。しかし、以後の学説の発展との関係で、ここではなお、ゲルマン的な「誠実」(Treue)の観念に関するギールケの見解を概観しておくことにしよう。

すでに述べたように、ヘーゲルはその『歴史哲学』において、「自由がゲルマン人の第一の旗印であるのに対し、誠実はその第二の旗印である」、とした。そのさい、ヘーゲルは、一方において誠実をヘルに対する服属の要素として扱っている。「もろもろの個人が自由意思によって一人の下に帰服し、自発的にこの関係を破りえぬものとする」ことが誠実の内容とされるのであって、そのかぎりで、ヘーゲルにおける誠実は、ヘルシャフトと関連する観念であったということができる。だからこそ、ヘーゲルは、誠実を自由と並べて、ゲルマン社会の構成原理と見たのである。もっとも、ヘーゲルは、同時にこの誠実を、ゲノッセンシャフトの観念と結びつけている。「ドイツ人のゲノッセンシャフトは、単に客観的な事項にかかわるものではなく、精神的な自我、主観的な、最も内面的な人格にかかわるものである。心、心情、つまり内容から抽象されることなく内容により条件づけられてもいるような全く具体的な全体的主観性によって、この関係は誠実と服従の融合物となっているのである」。しかし、この引用自体からも明らかなように、ヘーゲルにおいてゲノッセンシャフトの観念は、ヘルシャフトの原理と対立的にとらえられているわけではなく、単に、ヘルに対する服従の「全体的主観性」ないし全人格性を強調するためにのみ援用されたものであった。いずれにせよ、ヘーゲルの場合、誠実はもっぱら被支配者の精神的態度として理解されているのである。これに対してヴァイツにおいては、誠実は政治的に無色な美徳としてとらえられる。ヴァイツの『ドイツ国制史』によれば、ドイツ人にとって「とりわけ誠実は神聖なものであった。それは生活のすべてにおいて、家と家族においても、村落においても、国家においても支配すべきものであった。夫は妻に対し、友は友に対し、若者は自己が仕える首長に対し、フォルクは君主に対し、誠実によって結びつけられていた。しかしドイツ人は誇り高く、自由を愛する人々であったから、自分の権利を必要以上に制限し、また放棄しようとはしなかった。生まれながらの自由人は、服従 (Gehorsam) の概念を知らなかった」(S. 46 f.)。このようなヴァイツの見解について、クレッシェルは、自由主義者のヴァイツにとって誠実は非政治的な美徳にすぎず、自由と権利＝法こそが国家を基礎づける要素とされた、と指摘している[1]。しかし、誠実の観念、および誠実を要素とする服従ないしゲフォルクシャフトの観念がヴァイツにおいて重要な政治的意義を認められないのは、何よりも、ヴァイツがゲルマン人の政治的秩序を近代国家のモデルによる国家秩序としてとらえ、誠実ないしそれを要素とする服従を単に私的な関係とみなしたからであった。これに対して、ゲルマン社会の「国家的性質」を認めながらも有機体的法人格としての国家はなお存在しなかったとするギールケにあっては、誠実の観念と結びついたゲフォルクシャフトに、ヘルシャフト的結合体を支える重要な役割が割り当てられることになる。(2)

ギールケにおいても、「誠実」の観念はヘルシャフトとの関連でのみ登場するわけではない。たとえば、原初的なゲノッセンシャフトである同族団体において、「個人はきわめて緊密な人的きずなと、限界を知らぬ相互的誠実＝支持という神聖視された義務とによって結びつけられた」(S. 21)、と説かれる。しかし、誠実の観念は、ギールケにおいては何よりも、家長の支配の拡大にさいして大きな意義をもったとされるのである。

「一人のヘルに服する非自由人ないし従属民(Hörige)の数が増大するにつれて、これらの者の間に、かつては知られていなかった区別、もはやフォルクスレヒト上の地位のみによるのではなく、ヘルの自由な評価によってなされる区別が見られるようになった。各個人を異なるやり方で使役すること、すなわちある者を農耕作業に使役し、他の者を家の仕事(当時の現物経済においては手工業ないし工芸もこれに含まれた)に使役することが行なわれた。全き家(ganzes Haus)の無媒介的な共同生活は終りを告げ、今やヘルのお気に入りの使用人だけがヘルと食卓を共にし、ヘルの日常的な取り巻きとなった。しかし、この関連で生じた最も重要な変化は、疑いもなく、完全に自由なフォルクスゲノッセンもまたヘルに対する勤務(Dienst)に身をゆだねたということである。この自己托身は法的には早くから可能であったが、それが実際に広く行なわれるようになったのは、一方で〔托身者側の〕必要が生じ、他方で〔托身の相手となる〕勢威ある家が見られるようになってからのことであった。こうして自己の仲間（Genosse）の家臣（Mann）となった者は、自由を放棄することがあった。しかし、必然的に自由が放棄されたというわけではない。すべてのゲルマン人を通じて、自己の人的自由を維持しながら他人の家支配に身をゆだねるための、ほぼ同様な性格の――そして形式上も大差のない――法的行為が存在した。この行為の形式は、つねに誠実誓約（Treueid）および手をさし出すこと（Handreichung）から成っていた。その内容は三つの側面を有する。財産法上は、家臣となった者はあらゆる種類の奉仕の義務を負ったが、それはやがて固定され、場合に応じて宮廷ないし国家の官職とか、軍事勤務とか、通常の賦役、単なる地代、ないし全く形式的な貢租とかいったかたちをとった。これに対してヘルは、当初は完全な給養を約したが、のちには多くの場合、土地〔を与えること〕とか、全く形式的な贈与とか、単にゆだねられた土地を使わせたり従来の土地所有をそのまま認めてやったりすることとかのような、個別的な利益だけが約束された。倫理的には、無限定の相互的誠実の義務（Verpflichtung zu unbegrenzter gegenseitiger Treue）が生じた。政治的には、ヘルの平和圏・支配圏が拡大された。すなわちかれは、むろん勤務事項に限ってではあるが、裁判権、保護義務と保護権力、第三者および公権力に対し家臣を代理する権利、家臣が殺傷の害を受けた場合の和約金請求権等、一言を以てすれば家臣に対するムントを獲得したのである。もっとも、家臣にとっては、それは独立性・自立性の減少と結びつくものであった。家臣はこの結合とかかわりのない諸関係（とくに財産法・家族法上のそうした関係）については依然としてフォルクスレヒトとフォルク裁判所に服したが、その結合が及ぶかぎりで部分的にフォルク成員から被護民（Schutzgenosse）となり、その結果村落においてもフォルクにおいても、ある程度まで、ヘルの蔭にある者として扱われることになったのである」（S. 91 f.）。

このようにギールケにおいては、ヘルと家臣とが「無限定の相互的誠実の義務」を負うとされているにもかかわらず、ヘルシャフト的結合体が問題となるかぎりでヘルと家臣との平等性は否定されざるをえなかった。ギールケは、従士制を以てヘルと従士とのゲノッセンシャフト的結合にほかならぬとする説を批判し、従士制は家長のヘルシャフトの拡大されたものとしてとらえるべきであるとした上でいう。「従士が立ち入る関係は、あらゆる側面において、勤務関係(Dienstverhältniß)といえるものである。むろんこれは自発的に形成されるのであるが、従士は誓約によって、ヘルを守り、ヘルのためには自分の手柄をも断念すべく義務づけられる。無限定の相互的誠実は、従士にとってはきわめて大きな自己否定的献身を意味したのであり、その結果戦場においてヘルの死にもかかわらず生き残ることは恥辱とされたほどであった。誠実と結びついていたのは、タキトゥスによれば自由なゲルマン人がほとんど知ることのない、服従(Gehorsam)の義務、最もきびしい服従の義務であった。けだし、指揮者はヘル(主君)であり、ヘルと呼ばれたのである。従士はこのヘルのために戦ったのであって、祖国のため、または自分自身の手柄のために戦ったのではなかった。従士団に加えるかどうか、どのような勤務をさせるか、どのような地位を与えるかはヘルの裁量にかかっており、従士団の組織とそこで行なわれる法もヘルの命により決定された」(S. 96)。

むろん、このように自由の部分的喪失を意味した従士制、ないしそれを支えた誠実は、自発的に選び取られたものとされた。「ヘルに対する勤務が——最も栄光ある宮廷においてなされる場合でさえ——古来の自由を没落させるものであることを、フォルクが知っていたことは明らかである。それにもかかわらず、すでにタキトゥスの時代に、きわめて高貴な家門の子弟でさえ、強力な首長の従士となることをためらわなかった。それも、きわめて尤もなことである。というのは、従士となることによって、かれらは、人々が自由よりも高く評価しはじめたものを獲得したからである。そこでは、新たな生活、より広い理念の世界がかれらを待っていた。農民的共同体の狭い枠は破られ、より洗練された教養、優雅な風俗が涵養され、戦士の名誉と宮廷の栄光、労苦を伴わぬ富と未知の享楽が能力のある者に提供された。古き身分に跼蹐する代りに、あらゆる生活関係において上昇の途が開かれた。やがて、ヘルの名誉と声望が側近にも及ぶことになった。誠実という気高い理念 (hohe Idee der Treue) がこうした関係を倫理的なものとし、フォルクの古来の詩と並んで新たに花開いた英雄詩が誠実勤務を輝かしいものとするとともに、勤務結合 (Dienstband) を仲間結合 (Genossenband) よりも内面的な、神聖な、美的なものとした」(S. 98)。

こうして新たに勤務貴族 (Dienstadel) が生まれたことを指摘しながらも、ギールケは、従士が本来ヘルのムントに服するものであり、したがって従士の誠実が「自由なゲルマン人のほとんど知ることのない服従の義務」と結びつくものであったことを明言しているのである。むろん、ローマのポテスタスとは異なりドイツのムントが、「権利であると同時に義務であった」とすれば、ヘルもまた従士に対し誠実の義務を負った、ということになるであろう。しかしこの点については、ギールケは——「無限定の相互的誠実の義務」という抽象的表現を用いる以外に——何ら具体的に論じていない。このように誠実を基本的にヘルシャフトに服する者の美徳と解する見方は、ヴィクトル・エーレンベルク (V. Ehrenberg) が一八八四年に発表した論文『法的義務としての誠実』[3] においていっそう明確に示される。

エーレンベルクによれば、「われわれ〔ドイツ人〕を激しく、深く、しかも暖かさと優しさを以てとらえる言葉として、誠実 (Treue) にまさるものはない。われわれ誰もが知っているように、詩歌や伝説のなかで《ドイツ的誠実》(deutsche Treue) について語られているのを読むときには、少年でさえ胸が高鳴るのであり、齢を重ねた者にとっては、この言葉は自分自身の青春時代、そしてまたわが民族の青春時代からの呼びかけであるかのごとくに魂に響くものである。けだし、われわれは、誠実というものを特殊ドイツ的なものとして受けとめるように習慣づけられており、大多数の人々は、ドイツ的誠実なるものがそもそも何であるかを明らかに知ることなしに、そしてとりわけそれが法的概念でもあることに全く気付かずに、より良き時代、《黄金》時代を求める人間の一般的憧憬をこの言葉から感じ取っており、しかも、かれらは、その黄金時代なるものを、詩歌・伝説の影響によって、全く特別の——いわゆるドイツ的な——色彩で染め上げ、嘘言と詐欺がまだ世の中を支配していなかった時代、破約や偽証、怯懦や謀略が知られていなかった時代、隣人をしたたかに打ち倒しはしたがこれをおおらかに宥しもした時代、男も女も一回だけ、ただし生涯続くばかりでなく死後にまで及ぶ強さと深さを以て愛した時代であると考えた。もしこの曖昧な感じが当っているとするなら、わが民族の青年時代は荒削りの力と、朴訥な倫理と、多感な感傷とのすばらしい混合物をなしていたのであって、その全く特徴的な独自の契機がドイツ的誠実にほかならなかった、ということになるであろう。実際、ドイツの最もすぐれた人士の一人、学者にして詩人のルートヴィッヒ・ウーラント (Ludwig Uhland) は、詩歌散文においてそのように述べているのである。ウーラントはいう、《肉体的・精神的な、そして自然的・倫理的な一切の結合手段の精髄は、誠実である。誠実において、われわれは、ゲルマン的生活に魂を与え、ゲルマン的生活を守ってゆく力を見る》と」。

しかしながら、エーレンベルクによれば、まさにウーラントが讃美したような誠実、つまり友人同士の誠実とか、男女の誠実というような仲間的誠実（Genossen-Treue）ないし契約的誠実（Vertrags-Treue）は、特殊ドイツ的なものではない。「語られた言葉を守ること、信頼できること、正直であること——これらは決して、とくにドイツ的な美徳というわけではなく、昔のドイツ人がとくにこうした美徳を身につけていたとも言えない。そのような意味での誠実は諸国民ないし諸個人の確実な交流（Verkehr）すべてを基礎づけるものであり、とりわけ商取引にとっては不可欠なものであるが、それは、すでにイタリアにおいて重視されていたのであり、ローマ人はこれをいわゆる bona fides として、きわめて重要かつ偉大な法概念へとつくり上げているのである。この法概念は、今日でも私法全体の一基本原理を成すものであり、人々の交流（取引）が《誠実と信頼》（Treu und Glauben）——すなわち、一方が信頼に値し（Zuverlässigkeit）、かつ、他方がこの信頼性を当てにするのが尤もであること（begründetes Vertrauen）——にもとづくと言うとき、われわれはこの法概念を念頭に置いているのである」。これに対して、真に特殊ドイツ的な誠実といえるものがあるとすれば、それは勤務的誠実（Dienst-Treue）ないし臣下的誠実（Unterthanen-Treue）であって、これはたしかに、ゲルマン人が世界に贈った、新しい概念であった。「これこそドイツの王権を生み出したものであり、みずから生み出したこの王権を破壊してその廃墟にドイツの領邦国家という新たな生命を生み出したものであった」。

それでは、この勤務的誠実ないし臣下的誠実の内容はどのようなものであったのか。エーレンベルクによれば、「誠実とは、最良の知識と能力にもとづき、助言と助力によって自己のヘルの役に立ち、要請も命令も俟たずに自分の利益、そして自分の生命さえも擲って、妻子や親族友人をも顧みずヘルに従い、死んでもヘルに背かない従者（Untergebener）の義務」にほかならない。そのような誠実は、二つの要素から成る。「第一は、ヘルに対する完全な献身、ヘルの利益のための完全な没頭、ヘルの利益に役立たないような自己の生存権の放棄である。従臣（Getreuer）は自分のことは考えず、ヘルのことだけを考える……。惑星が太陽を巡り、永久に太陽に結びつけられており、惑星の送る光がすべて太陽の光〔の反射〕であるように……、忠実なる従臣はヘルの威光によってのみ生きるのであり、それ以上のものを望まない。人間と人間を結びつけるその他すべての絆、妻子や親族友人の絆は、ヘルの無事のためには、苦悩なしにではなくとも選択の余地なく、犠牲にされる……。このようにほとんど反自然的な自己放棄に、第二の要素が加わる。それは第一の要素ほど驚くべきもの、まばゆいものではないが、誠実を特徴づける要素として重要性の劣るものではない。すなわち、誠実を示すことは、個々の場合に命じられるのではなく、従臣自身の判断にゆだねられているのである。従臣は、硬直した命令によってではなく、ヘルの利益にとって自分の行為が合目的的であるという自分自身の確信によって導かれる。奴隷的な服従ではなく、自由な選択が誠実の生命なのである。けだしそれは、犬の誠実ではなく、頭をあげて悠然と歩む男子（従士）の誠実（Mannestreue）であり、自発性を義務とするばかりでなく権利とするものなのだから……」。

それゆえエーレンベルクにおいても、ドイツ的誠実は自発的に選び取られるもの、そのかぎりで契約的（vertragsmäßig）なものではあるが、一旦成立した以上——契約的誠実ではなく従臣的誠実として——無限定の全人格的献身を要求するものであった。エーレンベルクはギールケよりも徹底して、ドイツ的誠実をもっぱら従士の美徳としてとらえている、ということもできる。しかし、上述のようにギールケも、少なくとも『ドイツ団体法論』第一巻（一八六八）においては、誠実の相互性に言及しながらも、実際には従士の美徳としての誠実を論じているのである。これに対して、一八八八年に発表されたドイツ民法典第一草案を批判すべくゲルマン法の倫理性・社会性を力説するに当って、ギールケは、誠実がヘル（主人）と従者（使用人）との人法的＝身分法的関係にかかわる観念であることを指摘しながらも、それが文字どおり相互的＝双務的な義務であることを強調するようになる。とくに一九一四年の論文『雇傭契約の根源』[4]において、ギールケはこの問題を詳論した。

　ギールケによれば、ローマ法の雇傭、すなわち労務の賃貸借（locatio conductio operarum）はもともと奴隷の賃貸借からはじまったものであり、そのかぎりで物の賃貸借を出発点としたが、ローマにおいても自由人が賃労働にたずさわるようになると、雇傭は労務の賃貸借として構成されるようになった。しかし、右のような起源からして、ローマにおいて賃貸借の対象たりえた労務は本来奴隷が提供すべき性格のものに限られ、自由人にふさわしい仕事は無償で――または、対価としての性格をもたず、訴権（actio）を伴わない謝礼の約束つきで――なされたのである。むろんドイツ法においても、労働は本来非自由人（奴隷）の仕事であった。ドイツにおいても非自由人の売買・質入のほかに、非自由人が労務提供のために賃貸されえたことは疑いない。しかし、ドイツ法の雇傭契約の根源は、そのような賃貸借契約に求められるものではない。「ドイツ法の雇傭契約は、人法（Personenrecht〔身分法〕）に根を有するものである。その前身をなしたものは誠実勤務契約（Treudienstvertrag）であった。その最古の形態は従士と主君との契約であり、それがフランク時代以降、托身(Kommendation)として、さまざまの姿をとって現れることになった。誠実勤務契約は、人格を犠牲にすることなしに勤務のため自己献身する契約である。従臣 (Gefolgsmann, Antrustio, Vassall, Muntmann) は自由を留保した。それゆえ、誠実勤務契約は、自己の奴隷化 (Selbstverknechtung) ではなく一箇の双務契約 (gegenseitiger Vertrag) であり、両当事者それぞれの権利と義務を基礎づけるものであった」。たしかにギールケは、『ドイツ団体法論』第一巻においても、自己托身を、「自己の人的自由を維持しながら他人の家支配に身をゆだねるための法的行為」であったとしている。しかし、ギールケは、そのさい托身の双務性を具体的に論ずることはしていなかったのである。もとよりギールケは、『雇傭契約の根源』においても、誠実勤務契約が債権契約ではなく、ヘルと従臣との間の身分関係を設定する人法的契約 (personenrechtlicher Vertrag) であったことを強調し、そのかぎりで、誠実はゲノッセンシャフトではなくヘルシャフトと関連する観念であったとするかつての見解を維持している。しかし、そのことによって、まさにヘルと勤務者とのヘルシャフト的関係の双務性が浮き彫りにされるわけである。誠実勤務契約は「ヘルにムントを与える。このムントは、ヘルに命令権力、懲戒権力を付与するが、同時に、〔勤務者を〕保護し代理する使命をも付与する。勤務者 (Diener) は、この契約によって自由を永続的に制限され、その結果服従と勤務の義務を負うことになるが、同時に〔ヘルによって〕保護され代理される権利を獲得する。双方が有する個々の権利・義務はすべて、こうして生み出された人法的地位の流出物にすぎない。これらの権利・義務は一箇の統一的な中心概念を形成しており、この概念がすべての権利・義務を包摂し、貫いているのである。この中心概念が、誠実にほかならない。誠実義務もまた、双務的である。勤務者がヘルに対して為すべきこと、為すべからざることは、従臣の誠実（Mannentreue）が指示する。ヘルが勤務者に対していかに振舞うべきかは、ヘルの誠実（Herrentreue）が命ずる」。誠実勤務契約におけるこのような双務性を、ギールケはすでに一九一〇年の『債務と責任』（Schuld und Haftung）において指摘しており、『雇傭契約の根源』ではそれを引用するにとどめている。しかし、ギールケが『債務と責任』においてその指摘の根拠として挙げるのは、ハインリッヒ・ブルンナー（H. Brunner）が一八九二年の『ドイツ法制史』（Deutsche Rechtsgeschichte）第二巻でおそらくカール大帝の時代のものであるとして引用する勅令（Capitularia）の断片（従臣がヘルとの勤務関係を断ちうる場合として、ヘルが従臣を違法に奴隷化したり、従臣の生命を狙ったり、従臣の妻と姦通したり、剣を以て従臣を脅迫したり、保護を行ないえなくなった場合を挙げる）など、およびとりわけ一三世紀のザクセンシュピーゲルである。ギールケの時代区分による「第二期」以降のこれらの史料を特殊ゲルマン的＝ドイツ的な観念を示すものと見ることができるか否かは別として、少なくともそこから「無限定の相互的誠実の義務」の一方——ヘルにとっての無限定の義務——を読み取ることにはかなりの無理があると言わなければならない。それはむしろ、相当に限定されたヘルの義務なのである。いずれにせよ、ギールケは、こうしたヘルの義務を、雇傭契約において雇主の果すべきヘルとしての義務と重ね合わせる。

「内容的には、今日の〔BGBをはじめとする諸法律の規律する〕雇傭契約（Dienstvertrag）は、人的〔身分的〕な支配関係を設定する点で、旧きドイツ法の勤務契約（Dienstvertrag）と一致する。雇傭契約は、当事者の一方を他方の必要と目的のための人的活動へと義務づけることによって、両当事者を勤務者（Diener）とヘルの関係に立たしめるのである。現代の立法がこうした呼び方を避けるからといって、この実態を法秩序から追い出すことも、これを生活から消去することもできない。むろんヘルシャフト関係の強さと期間はきわめて多様でありうる。しかし、ヘルシャフト関係が全く見られないということはないのである。そして、このヘルシャフト関係は、引き受けられた勤務が義務者の生業の全部または大部分をなすためにかれの職業活動の内容を成す程度が大きければ大きいほど、広範かつ強固なものとなる。

雇傭契約は、それゆえ、勤務の提供に対する請求権を生み出すとともに、〔使用人の〕人格そのものに対する権力（Gewalt）の源たる主人の権利（Herrenrecht）を生み出す。雇主はつねに、義務者の労働力を自由に用い、その活動を自己の意思のままに、自己の設定した目標に向けて指揮する権利をもつ。これは、労務の提供と不可分の人格そのものをとらえる権力である。この権力は、雇傭契約が義務者をヘルシャフト的団体に勤務すべき手足としてこれに組み込むや否や、拡大された人法的内容と、独自の展開とを見せるようになる……。企業における労働契約によって、労働者と職員はヘルシャフト的に組織された企業に組み込まれ、大企業においては就業規則による規律に服せしめられる。最近しばしばこの《権力関係》を《法関係》に転化することが要求されるが、これは馬鹿げた、いい加減な企てである。けだし、現行法上の権力関係は、細部に及ぶ限界づけによって同時に法関係になってしまっているのであり、また、生命を保ちうる全体の法的組織は、その成員がかれらを統一的目標に導く権力に服せしめられることなしには考えられないからである。そして、そのような権力の主体は、資本主義的企業形態においては企業家以外にありえない……。

今日の雇傭契約は、このようにして主人の権利（Herrenrecht）を生み出す一方で、主人の義務（Herrenpflicht）を課すものでもある。とりわけこの点に、雇傭契約がゲルマン的起源を有することが示される。というのは、ゲルマン的ヘルシャフトはすべて同時に義務関係であったのだから。主人の義務は、約束された給料を支払う債権法上の義務に尽きるものではない。人格に対する権力には、人格のための配慮（Fürsorge）の義務が対応するのである。ドイツ民法典は、雇傭契約にもとづいて雇主が人法的配慮義務を負うべきことを基本的に承認している。それはすべての場合に、仕事の場所や設備や道具の設置・維持について、そしてまた労働の規律について、できるかぎり使用人の生命と健康を守るように配慮すべく、雇主を義務づけている。使用人が家共同体の一員とされる場合には、民法典は、居間と寝室、食事、労働および休憩時間に関する設備ないし規制にまで配慮義務を拡張し、使用人の健康のほかに風紀と宗教にまで気を配ることを要求している。これらの一般的規定が、商人の手代や徒弟、企業で働く労働者とそのさまざまの階層（とくに婦人労働者と少年労働者）、船員、鉱夫、下男下女等々に関する多数の特別法的規定によって補われているわけである。配慮義務によって雇主に課せられている作為・不作為は、一部は細かく定められているが、その他は一般的なかたちで取るべき態度とされているところから導かれるのである。したがってこれを洩れなく数え上げることはできない。まさにこの点に、ヘルの誠実（Herrentreue）によって条件づけられていた旧きヘルの義務（Herrenpflicht）の衣鉢を継ぐ配慮義務の、人法〔身分法〕的内容が示されているのである。にもかかわらず、それは、雇傭契約から生ずる契約上の義務として現れる。そのことは、いくつもの雇傭関係において雇主に課せられている病気の世話の義務についてもあてはまる。そのほかに、勤務義務者を第三者に対して保護し、代理する旧きヘルの義務も、まだ生きている。自己の従士の行為についてヘルが責任を負うこともなくなったわけではない。それはただ現代法では別途に規律されており、したがって形式上は雇傭契約法の外に出されているのである。これに対して、雇傭契約法の内部では、使用人の人法的拘束がさまざまのかたちで雇主の財産法上の給料支払義務に影響を及ぼしている。同様に、雇傭関係の人法的側面が、雇傭契約から生ずる雇主の契約書作成義務というかたちをとって、効果を示している」。これら雇主の義務に使用人の権利が対応するものとされるのは、いうまでもない。他方において、使用人の義務は労務の提供に尽きるものではない、と指摘される。「特別の法律上・契約上の定めがないときにも、一般的な契約的誠実(Vertragstreue)のゆえに、使用人は、勤務的誠実(Dienstreue)の人的内容を義務として課せられる。ただし、この勤務的誠実は、雇傭関係の差異に応じてさまざまの具体的姿をとる。勤務的誠実から出てくるものは、たとえば立派な作法にしたがう義務、最善のことを行ない、損害を防止し、危険にさいしては助けを提供する義務、とくに打ち明けられた秘密またはその他雇傭関係によって知りえた秘密を守る義務などである……」。

「ゲルマン的ヘルシャフトはすべて同時に義務関係であった」という命題、ゲルマン法においては義務を伴わない権利は存しないという命題は、上述のようにすでに一八五〇年代にシュミットによって示唆されたものであったが、ギールケにおいては、それは歴史学的研究としての『ドイツ団体法論』第一巻によって実証的に論証されているわけではない。にもかかわらず、それは、とくにドイツ民法典の編纂をきっかけに、ギールケにおいても一種のゲルマン・イデオロギーとして展開され、「ドイツ的誠実」のスローガンの下に、さまざまの経済的ヘルシャフトに対し社会的義務を課すべく活用されたのであった。

(1) Kroeschell, Die Treue in der deutschen Rechtsgeschichte, in: Studi Medievali X 1, 1970.

（2） ゲフォルクシャフトに関するギールケの見解として本文で紹介するところも、さしあたり、『ドイツ団体法論』第一巻からの引用である。

（3） Viktor Ehrenberg, Die Treue als Rechtspflicht, in: Deutsche Rundschau, Bd. 39, 1884.

（4） Gierke, Die Wurzeln des Dienstvertrages, in: Festschrift für Heinrich Brunner, 1914.

13 ゾーム——法治国家と文化国家

「ゲルマン的ヘルシャフトはすべて同時に義務関係であった」という類の一般的命題の強調は、本来区別されるべきさまざまの関係をすべてこの一般的命題の具体的表現にすぎぬものと解する傾向を生む。実はすでに、ドイツにおける社団（Körperschaft）概念の歴史を扱った『ドイツ団体法論』第二巻[1]（一八七三）において、ギールケは、ドイツ的法概念の一般的特色を論じ、法（objektives Recht）と権利（subjektives Recht）、抽象的な法（Recht in abstracto）と具体的な法（Recht in concreto）の未分離、法の妥当範囲の不確定、公法と私法の未分離等の現象と並んで、とりわけ、ドイツ法が相互性（Gegenseitigkeit）の原理に立脚するものであったことを力説している。

ギールケによれば、ドイツ法は法と権利の未分離、妥当範囲の不確定等の不完全な面を示すにもかかわらず、「主観的側面」においてはローマ法の場合よりも深く多面的な理念を伴うものであった。「けだし、ローマ法が一方的な諸権能（Befugniße）の体系であったのに対して、ドイツ法は相互性の観念の上に、権利と義務の体系として構築されたものだったのである。権利は絶対的な意思力としてではなく、倫理的に制約された意思力、さまざまの意思の相互的関係としてとらえられた……。学者は時として、法理念は自由の理念に由来するという正しい見方をとりながら、ゲルマン人の原初的な自由概念を不当にも恣意（Willkür）として定義し、さしあたりはただ個人の力の及ぶ限界によってのみ限定された主観的意向こそがドイツ的法理念の源であったと主張した。しかし実際には、ゲルマン的自由概念ははじめから倫理的共同意識にもとづく客観的な節度というものを内在させていたのである……。ゲルマン的自由が絶対的自由ではなく、フォルクの個個の成員の、倫理的共同意識によって限界づけられた自己主張であったとするなら、法理念もまた直ちに、共同体と共同体成員の法（権利）により権能に加えられる制約を表現するものとしてフォルクの意識に上らざるをえなかった。ローマ人が権利というものをきわめて明確に一方的かつ無条件の権能としてとらえ、単に法律によって、そしてまた他人の権能によって外部から制限されるにすぎぬものとしたのに対して、〔ゲルマン人において〕権能が制限され条件づけられているということが権利概念そのものに内在する性格とされたのは、わがフォルクのより深くより完全な素質によるものである。もとよりローマ人にあっても、インペリウム、ドミニウム、ポテスタス等々のきびしく絶対的な権能概念は、実際生活においては、昔の良き習俗によって、そしてまた善と衡平（bonum et aequum）によって緩和され、倫理と調和せしめられた。しかし、ゲルマン人の法理念はより高次のもの、より豊かな文化にふさわしいものである。それは、はじめから意思支配を意思制約とともに、権能を義務とともに考えたのであり、インペリウムをドイツ的なヘルシャフトの権利によって、ポテスタスをムントによって、ドミニウムをゲヴェーレとアイゲンによって置き換え、公法においても私法においても全体のものであれ個人のものであれおよそ一方的かつ無制約の力なるものを認めることをしなかった」(S. 130 f.)。

このような一般的命題の下では、たとえばゲノッセンシャフト原理に基礎を有するフォルクスケーニヒトゥムとヘルシャフト的王権との、ギールケ自身の注目すべき区別さえ、さらに展開されることなく、単色の「ゲルマン的法概念」によって塗りつぶされてしまうことになりかねない。とくにギールケが雇傭契約の起源を論じて「ドイツ的誠実」の双務性を強調したさいに、(債権契約から区別されたいわゆる人法的契約にもとづくものとしてではあれ)契約的誠実の観念と、勤務的誠実の観念との交錯ないし混淆を生じた結果、ゲノッセンシャフトとヘルシャフトの両原理の区別はますます曖昧なものとなり、かつてカール・アードルフ・シュミットがしたようにすべてを神意にもとづく倫理法則に還元する傾向が再登場することになるのである。そのような傾向を最も顕著に示したのが、フリッツ・ケルン(F. Kern)の著作『中世初期における神寵王権と反抗権』(一九一四)であった。しかし、ケルンの見解を検討するに先立って、われわれは、当時のドイツ国制史学・法制史学の主流がロマニスト的＝法律学的方法をもってする——したがって一切の倫理的要素を捨象した——ゲルマン＝中世国制史・法制史の構成を目標とするものであったことに留意しておこう。法を基本的に国家の制定法として理解するゲルバー、ラーバントの国法学がギールケの批判にもかかわらず一九世紀後半のドイツ国法学の主流たる地位を堅持し、倫理的＝社会的要素を捨象したパンデクテン法学の体系がギールケの批判にもかかわらずドイツ民法典のモデルとなったのと同様に、ゲルマン社会ないし中世初期の社会を単なるゲノッセンシャフトないし拡大された家長のヘルシャフトとしてとらえるギールケの見解を不当とし、ゲルマン古代ないし中世初期における真の国家(機構としての国家)の存在、したがってまた国家法〔法律〕の存在を主張する立場が、一九世紀後半から二〇世紀初頭にかけてのドイツ国制史学・法制史学の主流となるのである。この主流を形成した学者としては、パウル・ロート（P. Roth）、ルードルフ・ゾーム（R. Sohm）、ハインリッヒ・ブルンナー（H. Brunner）、ゲオルク・フォン・ベロウ（G. v. Below）が挙げられる。かれらの努力によって、ドイツ国制史・法制史は、いわば実定法の体系に匹敵するものとして体系化されることになったのである。このような「法律学的」国制史・法制史の形成については、ベッケンフェルデの鋭い分析(2)があるのみならずわが国においても堀米庸三『中世国家の構造』（一九四九）による概観があるので、ここでは深く立入ることを避け、一八七三年の『国家と教会の関係(3)』を中心に、ゾームの見解をやや詳細に紹介しておくにとどめよう。

ゾームによれば、「国家の概念は国家の任務（Aufgabe）から導き出される。その任務なるものは、現代の国家を特徴づけるもろもろの任務、すなわち国家にとって可能な一連の任務のことではなく、国家が現れるところつねに出現する任務、それが実現されることによって国家の存在が認められるところの任務、すなわち国家にとって本質的な任務のことである。この任務とは、法律の実行（Vollstreckung des Rechtsgesetzes）にほかならない。〔それゆえ〕国家の概念は、法の概念から導き出される。

法の概念は、エーティッシュな〔広義で倫理的な〕法則の概念からもたらされる。エーティッシュな法則とは、意思の完全性のため、すなわち人間の完全性のための意思法則（Willensgesetze）である。意思の完全性とは、人間の意思が神の意思と合致することにほかならない。エーティッシュな法則は、人間の意思が神の意思と抵触することによって生ずる罪（Sünde）を解消することを欲する。

エーティッシュな法則には、二つの種類がある。〔狭義の〕倫理法則（Sittengesetze）と法的法則（Rechtsgesetze）とがこれである。倫理法則とは、人間の意思が従うべき、神の啓示法（das geoffenbarte göttliche Gesetz des menschlichen Willens）である。倫理法則は、神と人間との関係から直接もたらされるエーティッシュな法則である。その目標、直接的な目標は、罪の解消、神の意思の充足にある。

法的法則は、人間によってもたらされた、それゆえ歴史的な生成と変遷に服するエーティッシュな法則である。法的法則は、神と人間との関係から直接もたらされるものではなく、人間と人間との関係からもたらされるものである。法的法則は、エーティッシュな法則の任務を実現するために、〔狭義の〕倫理法則とは異なる立場に立つ。法的法則は、人間の意思を神の意思と合致せしめることを自己の直接の任務とするのではなく、間接的な任務とするにすぎない。法の直接的な任務は、人間の意思を人間の意思と合致させることにのみ存する。法は、人間の意思を神の意思の下に位置づける法則であるのではなく、一箇の人間の意思を他の人間の意思の上に位置づける（Überordnung）法則なのである。法は、倫理法則の場合とは違って、克己（eigene Überwindung）によってではなく他者の意思の克服によって意思が解放（befreien）されることを欲する。法は、さまざまの人間意思の闘争、万人の万人に対する闘争の廃絶によって、すなわち意思支配の規整（Regulierung）によって意思が解放されることを欲する。法的法則は、力の法則（Machtgesetz）、人間共同生活内部における力関係を規律する法則である。ここからして、倫理法則と法的法則とは全く対立することになる。倫理法則は、力を配分する法則ではない。これに対して法的法則は、倫理法則と同じ目標を実現するための力の法則なのである。法的法則は、倫理法則に奉仕することによって、その他一切の力の法則から区別される。もっとも、法は、倫理法則の執行者であるわけでは決してない。もし法的法則が、強制的な形をとった倫理法則であるとするなら、法は倫理性の解消を意味するであろう。倫理法則は法律の内容に対して形式的には何らの影響も及ぼさず、実質的には消極的な影響のみを及ぼすにすぎない。法は自己の内容を自分自身から得るのであって、道徳（Moral）から得るのではない。しかし、法の内容が独立のものであるからといって、倫理法則の任務と法的法則の任務との同一性が否定されるというわけでは全くない。法的法則は、倫理的な発展、すなわち神の意思と人間の意思の合致を妨げる外部的障害を除去するためにこそ、人間の意思と人間の意思との合致を欲するのである。法は、倫理法則の下に自発的に服することを可能にしようと欲する。法は、内面的な自由のために、外部的自由を欲する。われわれが法的義務を同時に倫理的義務として受けとるという事実は、法的法則と倫理法則との間に存する関係、法的法則の倫理的必要性の明確な表現であると同時に覆しえない証明である。法は、人間共同生活内部の力関係を規律するエーティッシュな法則なのである」(S. 9 ff.)。

このようなゾームの見解が、イェーリングによって代表されるロマニストの見解と完全に一致するものであることは明らかであろう。それは、神的起源を有する倫理法則としてのゲルマン法の観念を掲げてローマ法の原理を批判したシュミット的立場に対する、ロマニスト的ゲルマニストからの烈しい反撃であった。むろんそのさい、一九世紀的法観念・国家観念が本質的なるもの、普遍的なるものとして、ゲルマン社会ないし中世社会に発見されるわけである。

「国家は、概念上、法的法則を実行する力（Macht）である。右に述べたことに従えば、国家とは、力関係を規律するための法則を実現する力である、ということになる。法（Recht）が法律（Gesetz）であるごとくに、国家は力なのである。国家とは、もろもろの力関係の上にある力である。国家は、人間共同生活内部の、最高の、主権的な力である。主権とは国家権力を他の一切の権力から卓越させるものであるが、この主権は、国家の本質的な任務とされたものから、そしてそれだけから、論理必然的に導き出されるのである。同時に、国家権力の主権は、法と国家についての上記の定義の正しさを証明するものでもある。

国家は、法的機構 (Rechtsanstalt) であるがゆえに、権力機構 (Machtanstalt)、すなわちもろもろの力関係を規整し、最高権力を発展させるための機構である。国家は、概念上、力を自己の目的とすることによって、他の一切の団体から区別される。国家は、国家権力のために存在する。すなわちそれは、他の一切の力に優越する一箇の主権的な力が存在するために、存在するのである、それはつまり、法的法則のために、すなわち倫理法則に奉仕するものとして存在する、ということである。国家は、力関係のエーティッシュな法則が実現されるために存在する。法と同様に、国家の存在もエーティッシュに要請される。つまり人間の最高の任務、人間の完全性の達成のために要請される。たしかに、国家は倫理法則の執行のためではなく、単に法的法則の執行のために存在する。国家は、法と同様に、倫理法則への奉仕において単に消極的な機能のみを果すべきものである。しかし、国家は自己の存在を何らかの実用的利益によって正当化するものではなく、法的法則の番人、したがってまた倫理法則への奉仕者としてのエーティッシュな価値によってのみ正当化するものである。国家は、法と同様に、倫理法則に自発的に服することを可能にしようと欲する。国家は、内面的な自由のために外部的な自由を欲する。国家は、法と同様に、倫理的発展のために不可欠な前提である。それゆえ、われわれは、国家権力に対する服従を同時に倫理的義務と解するのであるが、そのことはまた国家権力の倫理的必要性の明確な表現であると同時に覆しえない証明である。国家は、人間共同生活の力関係を規整するためのエーティッシュな力である。

ドイツの中世国家は、任務の充足が国家を国家たらしめるような、その任務、すなわち法的法則の実行に、自己を限定した。その意味で、中世国家は一箇の法治国家 (Rechtsstaat) にすぎないものであった。その任務は、消極的任務にすぎなかった。

中世には、国家のほかに、人間共同生活の文化的諸利益 (Culturinteressen) のための積極的配慮を任務とする他の多数の団体があった。たとえば中世国家は、農業という特別の利益を取り上げることはなかった。農業行政 (landwirtschaftliche Polizei) は国家行政ではなく、マルクゲノッセンシャフトの行政、すなわち、農業者の古来の団体の行政であった。農業立法は国家の立法ではなく (中世においてはどこでも、国家の立法権力というものは存在しなかった)、マルクゲノッセンシャフトの立法であった……。中世国家は、同様に、都市の生活の特別の利益を取り上げなかった。都市においては、ツンフト制度によって営業とその組織が発展した。国家権力の介入によることなしに。中世都市においては、営業自由の原理もなければ、ツンフト強制の原理もなかった。営業行政、営業立法は国家によってではなく自律的団体としての都市によって、そしてまた都市の下のツンフト、すなわち営業主の団体によって行なわれた。中世国家はまた、教育制度も取り扱わなかった。公教育は、中世においては国家ではなく教会の手にあった」(S. 13 ff.)。

このようにゾームは、国家の本質的任務を「法律の実行」にまで縮減することによって、法的機構ないし権力機構としての国家の中世における存在を論証したわけである。この機構としての国家は、法と同様に、神の意思と直接的な関係に立つことがない。それはあくまでも、倫理的自律の前提をなすという間接的な関係によってのみ、自己の倫理的性格を主張しうるものにすぎなかった。ゾームにおいては、もろもろの「文化的」任務をも担当する文化国家 (Culturstaat) としての近代国家こそが倫理的な性格を強度に示すものであり、中世国家は——少なくとも直接的には——むしろ脱倫理的な、単なる「法治国家」にすぎないものとされるのである。

ところで、そのさい注目を要するのは、ゾームがこの「法治国家」としての中世国家においてはどこでも (überall im Mittelalter) 国家の立法権力 (Gesetzgebungsgewalt des Staates) は存在しなかったと明言し、「法治国家」の任務を法の実行（Vollstreckung）に限定していることである。『国家と教会の関係』より二年早く、一八七一年に公刊した主著『フランクの国制と裁判制度』(4)において、ゾームは、フランク王国の国家的裁判権が行政単位としてのガウを管轄するグラーフ（Graf）によって実行されたことを強調しながら、そのグラーフがフォルクスレヒトに拘束されていたこと、つまり、――フンデルトシャフトを単位とする――裁判集会（Gerichtsversammlung）の主宰者として、裁判集会の決するところに従い裁判権を実行するにとどまったことを承認する。そのこととの関連で、ゾームはさらに、そもそもフランク国家が立法権力をもたなかったことを指摘するのである。すなわちゾームは、ローマにおける市民法（ius civile）と名誉官法（ius honorarium）の区別に、ドイツにおけるフォルクスレヒトと「統治権力の力によって通用する法」との区別を重ね合わせた上でいう。「市民法は、ローマの法発展における本来の法（das Recht）であった。フォルクスレヒトは、ドイツ法における本来の法である。この、本来の法すなわちレークス（lex）は、もっぱら慣習法であって、制定法ではない。立法権力は、国家権力に含まれていない。勅令（capitula）は法規範ではなく、王の権力の行使のための規範なのである。維持さるべき法のための勅令（capitula pro lege tenenda）、すなわち法を生み出し、それゆえ恰も勅令ではなく慣習法であるかのごとくに通用すべき勅令は、フォルクスゲマインデの同意を必要とした」(S. 102)。これに対して、ローマの名誉官法に相当するものとされたのが、ゾームのいう官職法（Amtsrecht）である。「ドイツの統治権力もまた、ローマ的意味でのインペリウムであった。ドイツの国制におけるインペリウムは、罰令権力（Banngewalt）であった。

ドイツ法における官職法は、刑罰命令による法（Recht kraft Strafbefehls）であった。この罰令権力は、法発展を補充し修正することを任務とした。それは徐々に発展しながら、フォルクスレヒトと並ぶ第二の法体系を生み出した。フランク王国の時代は、レークス・サリカの時代とも、ドイツ中世とも異なり、ドイツ的な市民法と名誉官法との二元主義の時代であった」（S. 102 f.）。ゾームは、この官職法がとりわけ刑法と訴訟法の分野で発展したことを指摘する。それにもかかわらず、ゾームによれば、この官職法の体系は「法的には法命題（Rechtsätze）と認められない法命題の体系」（S. 132）なのである。しかも、これらの法命題は、ローマの名誉官法の場合と異なり一般的なかたちで公示されることは原則としてなかった（勅令は官職法のごく一部を含むにすぎなかった）のであって、訴訟における裁判官（とくに裁判官としての国王自身）の各種の個別的・具体的命令によって生み出されるものとされるのであるから、官職法について立法を云々することは困難であった。要するに、初期のゾームにとっては、フランク時代について国家の立法権力を認めることは不可能であると思われたのである。いずれにせよ、「この名誉官法は、法的には、フォルクスレヒトの発展を内在させるものではなかった。それはフォルクスレヒトを実際上修正しえたにすぎず、これを法的に修正することはできなかった。国家権力によって妥当する法は、われわれが考える意味での制定法（Gesetzesrecht）ではなかった。フランク時代の法発展の特徴は、部族法（Stammesrecht）が本来の法であり、均一的＝領域的な〔官職〕法は法ではない、という点に存した」（S. 138）。

しかしながら、少なくとも中世初期においてすでに機構としての国家が存在したことを強調するゾームの立場からすれば、そのような国家が立法権力を有しなかったとする結論はなお不徹底であったといわざるをえない。果せるかな、一八八〇年に発表した論文『フランク法とローマ法』[5]において、ゾームはかっての見解を大幅に修正することになる。今や、カロリンガーの王権による国家形成の意義が強調され、王権の努力によって国家が単なる「法治国家」ではなく――近代国家と同様の――「文化国家」に転化したことが指摘される。「カロリング朝諸王の下で、ゲルマン的国家理念にもメロヴィング王国にも縁の遠かった、あらゆる文化的利益のための広範な配慮が展開された。今や、交易、度量衡および貨幣制度、運河、灯台、護岸、救貧制度、教育、土地所有関係その他数多くの事項に及ぶ立法と行政(Gesetzgebung und Verwaltung)が開始された」。ここにおいて、少なくともカロリンガー国家の立法活動が正面から承認されたわけである。

「このような観点からして、カロリンガーの立法は、メロヴィング時代の伝統から全く離れて、本来の法生活についてもその発展に関心を寄せるようになった。今や、裁判制度の意識的な改造(参審人制度の導入を思え)、たとえば新たな証拠手続(証人訊問)や新たな執行手続(不動産に対する罰令差押)の計画的展開による訴訟制度の意識的な改造がはじまった。今やようやく、メロヴィング時代には予想もされなかった官職法の完全な展開がはじまったのであり、この官職法は訴訟制度と刑法の改革をもたらすことになった。レークス、すなわち昔から伝えられた慣習法的フォルクスレヒトに代って、突如として国家権力が、すべての法発展の第一の要因となった。

このことからして、カロリンガー国家が個々のフォルクスレヒトとそれらの間に存する差異についても新たな態度を示すことになったのは、不思議でない。諸部族法の差異を均してゆくことが、国家権力の意識的な目標となった。カロリング時代には、法律が個々の部族法を補充するために制定されたのは例外にすぎなかった。メロヴィング時代には主としてフランク以外の諸部族の慣習法が記録されるにとどまり、メロヴィング朝諸王の本来の立法は――サリ族の法であるにせよ、リブワリ族の法であるにせよ――フランクの部族法の発展として行なわれたのに対して、カロリング時代には、あらゆる部族法（ローマ法だけが例外であった）に同一文言の新法を付加する勅令、すなわち全部族法付加勅令 (capitula omnibus legibus addenda) が登場する。同じような効果と目的をもつものとしては、これよりはるかに数の多い独立勅令 (capitula per se scribenda) があるが、これは周知のように、カロリング期の本来の官職法を含むものである。それは王国全体について、そして王国に属するすべての者について領域的に妥当するものであり、フランク王国のあらゆる個別法をひとしく一箇の新たな王法 (Königsrecht) へとつくり変えることを任務とした。諸部族法の改革は、同時にそれらの均一化でもあった。カール大帝の勅令立法は、王国の集権化に加えて法生活の集権化を実現しようとする最初の偉大な試みであった。この勅令立法がとくに行なわれた領域は、公法、刑法、訴訟法である。つまり、公法とそれに直接依存する分野とである。国家観念 (Reichsgedanke) が生き生きとしていた時代にはいつでも、国家の統一 (Reichseinheit) はまず刑法と訴訟法の統一をもたらした。これに対して私法は、国制の影響を受けることがより少なく、したがって後になってはじめて統一の努力の対象となった。カロリング朝諸王の勅令は、多数の個別的勅令から成るものであったとはいえ、全体として見れば、ライヒ裁判所構成法 (Reichsgerichtsverfassungsgesetz)、ライヒ刑法典 (Reichsstrafgesetzbuch)、ライヒ訴訟法 (Reichsprocessgesetzbuch) をなすものであった。私法についても個々の命令 (Verordnungen) は存在した」。

ベッケンフェルデも指摘するように[6]、われわれは、ここに見られるゾームの態度の変化と、一八七一年に建設されたドイツ帝国における立法の進展との対応関係を認めざるをえないであろう。すなわち、一八七一年四月一六日のドイツ帝国憲法（Die Verfassung des Deutschen Reiches）にひき続いて、同じ七一年五月には刑法典（Strafgesetzbuch）が制定され、七七年には裁判所構成法（Gerichtsverfassungsgesetz）、刑事訴訟法（Strafprozeßordnung）、民事訴訟法（Zivilprozeßordnung）、破産法（Konkursordnung）の、いわゆる帝国司法法（Reichsjustizgesetze）の制定を見るに至っている。ゾームが『フランク法とローマ法』を執筆したのは、まさにこうした帝国立法の最盛期であった。民法に関しては、帝国憲法上当初は債権法の分野についてのみ帝国の立法権が認められ、その他の分野については帝国を構成する各邦が立法権を保有するものとされていたが、一八七三年に民法の全体について帝国に立法権を与える旨の憲法改正が成立し、七四年七月にいわゆる第一委員会が設置されて起草作業に着手していた。その第一草案が理由書とともに一八八八年に公表されることになったのは、周知のとおりである。ゾームのいうように、私法（民法）はここでも、公法に比べて、「後になってはじめて統一の努力の対象となった」わけである。いずれにせよ、帝国建設に伴う国家観念の高揚と立法の進展を背景として、フランク王国、ことにカロリンガー国家は、ほぼ完全に近代国家のモデルによってとらえられるものとなった。勅令の重視によって、フランク法は、可変的な実定法としての性格を与えられることになったのである。

（1）　Gierke, Das deutsche Genossenschaftsrecht, Bd. 2, Geschichte des deutschen Körperschaftsbegriffs, 1873.

(2) Böckenförde, a.a.O., S. 177 ff.

(3) Rudolf Sohm, Das Verhältnis von Staat und Kirche aus dem Begriff von Staat und Kirche entwickelt, 1873.

(4) Sohm, Die fränkische Reichs- und Gerichtsverfassung, 1871.

(5) Sohm, Fränkisches Recht und römisches Recht. Prolegomena zur deutschen Rechtsgeschichte, ZRG, Germ. Abt. Bd. 1, 1880. 久保正幡＝世良晃志郎訳『フランク法とローマ法——ドイツ法史への序論』がある。ただし、本文の引用は村上訳。

(6) Böckenförde, a.a.O., S. 195.

14 ケルン(1)——立憲君主政とゲルマン法

ギールケにあっては有機体的法人格としての国家における社会的・政治的諸対立の融和がなお可能であるとされ、ギールケによって批判されたゲルバー、ラーバント以降の実証主義的国法学にあってすら、君主と議会とを機関とする国家における実務上の妥協が拒否されてはいなかったのに対して、一八九〇年にビスマルクが失脚した後のいわゆるヴィルヘルム時代には、立憲君主政そのものの危機が進行する。国家の「機関」たるに甘んずることなく、君主政原理の建前にしたがって親政を行なおうとした皇帝ヴィルヘルム二世は、まさにそのことによって、妥協の体制としての立憲君主政の墓穴を掘ることになったのである。オットー・ブルンナーを引用しよう。(1)「統治を断念し、単に国家を代表するにすぎぬ元首の中立的地位にまで後退することは、君主政原理の下では不可能であった。しかしながら、たとえばドイツ皇帝ヴィルヘルム一世やオーストリア゠ハンガリー皇帝フランツ・ヨーゼフのように、個人としてきわめて控え目な態度をとった君主がこの時代〔一九世紀後半〕の典型的な君主とされるのは、偶然ではない。プロイセンのフリードリッヒ・ヴィルヘルム四世や、ましてドイツ皇帝ヴィルヘルム二世のように、行為以上に演説のなかで君主としての地位を過度に強調した人物は、君主政的感情の解体に大いに寄与することになった。皇帝ヴィルヘルム二世の《親政》による《王党資本》の蕩尽という言いかたをした学者もある。これらの君主があまりにも力をこめて《神寵王権》(Gottesgnadentum)を援用したために、それが実体のないものであることがはじめて完全に暴露されたわけである。そのような状況は、バイエルンの不幸な国王ルートヴィッヒ二世によって最もよく象徴されている。議会の協賛を要する統治様式はかれの憎悪の対象であったが、かれはこの現実に背を向けて、後期ロマン主義の演劇界へ、もはや現存しない《神寵王権》を表現しようとした巨大な居城の幻想境へ、そしてまた、きわめて特徴的なことに、中世の城塞からルイ一四世のヴェルサイユ宮殿に及ぶ昔の君主たちの建造物の擬古的模倣へ、と逃避した。一九一八年の破局にさいして、中部ヨーロッパのもろもろの君主政は抵抗することなくみずからを廃棄してしまったのだが、この急激な瓦解は君主政の立脚点の脆弱さを白日の下に曝したのである」。

フリッツ・ケルンが『中世初期における神寵王権と反抗権』(2)を発表したのは、まさにそのような「瓦解」の直前、第一次世界大戦の勃発を見た一九一四年のことであった。立憲君主政の危機という当時の状況が中世初期を対象とするかれの研究にいかに大きな影響を及ぼしていたかを知るために、われわれは、まず、この研究の末尾に記されたかれ自身による要約を取り上げよう。

「……以上に述べたところからして、中世初期の国家観念の主要な要素は、次のように整理される。

A　君主権 (Herrscherrecht) は、独立の、超世襲的な、超自然的に定められた権利によって、かつ全体 (Gesamtheit) の意思行為によって、成立する(血統権と聖別——フォルクによる選挙)。

B　君主は全体の上にある。しかし、君主の上には法がある。これをゲルマン的＝中世的な言い方で次のように表すこともできた。けだし、法命令 (Rechtsgebot) を発する権利は君主にあるが、法発見 (Rechtsfindung) の権利は、その法が行なわれる対象たる全体のものである、と。あるいは、教会的な考え方によって、次のように言うこともできた。統治権力は実定法の源ではあるが、実定法は神法・自然法に合するかぎりで効力をもつ、と。いずれの場合にも、中世初期の君主は、自己の上にある法理念に拘束されていた。

C　このように、君主の恣意の及びうる限界が観念上明らかであったとすれば、他方において、フォルク主権 (Volkssouveränität) の観念も存在の余地はなかった。たしかにフォルクは君主を任ずるのに一定の役割を演じたが、君主の権力は、単に全体からの委任にもとづくものではなかった。たしかにフォルクは、君主の上にある法について一定の役割を演じたが、教会的な考え方によればフォルクもまた唯一至高の神法・自然法に拘束されており、この神法・自然法が全体に対し統治権力に服することをも要求したのである。ゲルマン的＝国法的な観点からすれば、フォルクは、まさに最高権力の内容をなすもの、すなわち法命令を発する権利を、有していなかったのである。

中世初期の観念によれば、君主とフォルクは、理論的に分けて考えることの困難な結びつきによって、いっしょに国家を形成していた。制限された権利しかもたない君主の統治も、そしてまた——誠実なる者たちの同意 (consensus fidelium) によって活潑に機能した——全体の立法関与権も、近代的意味において《主権的》ではなかった。《主権的》なものがあったとすれば、それはせいぜい、両者の上にあって支配する法であった。しかし、法を《主権的》だというのも、後の国家観念との違いをわかり易くするのに役立つだけであって、むしろ避けた方がよいであろう。

後代のきびしい《あれかこれか》、無制約であるのは君主かフォルクかといった対置は、それゆえ、中世初期の観点からすれば無益な問題の立て方であった。むろん、これら二つの党派的な主義の端緒といったものは、すでに中世初期にも存した。しかしそれは、やはり中世初期の思考の枠の外に出るものであった。これに対して、近代立憲君主政が達成した妥協は、新たなかたちをとりつつ中世初期の諸原則に立ち返ったものである。誠実なる者たちの同意、すなわち国家行政への全体の関与は、憲法に合した形式をとるものとして改善された。しかし、中世初期に存在した君主権（Herrscherrecht）とフォルクスレヒトとの基本的な関係は、きわめて複雑な近代国家秩序をも担ってゆけるものであることが実証されている。この関係は、少なくとも、これを否定する絶対主義の支配、もしくは国民主権の支配に比べて、はるかに効力のあるものである。けだし、絶対主義と国民主権が敵対関係に立った結果、国家をめぐる理論的・実際的闘争が展開され、この闘争は、近代の立憲主義体制において両極端が再び一つにまとめられるに至ってはじめて収拾されることになったのである」(S. 291 ff.)。

むろん、ケルンも、君主権とフォルクスレヒト（国民の権利）、絶対主義と国民主権の妥協としての立憲君主政が今や危機的状況を迎えていることを十分承知していた。「もとよりわれわれは、この二律背反が人間にかかわることがらの本質に根ざすものであるゆえに真に必然的であり、いかなる時代にも解消されえないものであることを、結局のところ認めざるをえないであろう。立憲君主政という近代的な呪文でさえ、君主権とフォルクスレヒトの軋轢の可能性を除去するには至らなかった。一旦波瀾を生ずるならば必ずや、君主と全体との間のきわめて巧妙にバランスのとれた法的関係の外で、すなわち、通常は十分に役立つ法律的制約の外で、終局的な決定が下されることになる。この決定は、法的手段と法命題からではなく、事実としての権力から出てくるのである。西欧諸国の歴史の少なからぬページは、この暴力の手 (gewaltsame Handschrift) によって記されている。この暴力の手こそ、一切の実定法を抹消し、永続的な新たな法を——むろん、より高次の創造的な法という標語の下に——与えることができるものなのである」(S. 294 f.)。

ここには明らかに、妥協の体制としての立憲君主政の終焉の予感——カール・シュミット (Carl Schmitt) の先取り——がある。にもかかわらず、当時のケルンにあっては、それはまだ予感にとどまった。かれはさしあたり、妥協の歴史上のモデルを中世初期に求め、その後の発展において絶対主義と国民主権のいずれもが安定的な秩序を形成しえなかった旨を説くことによって、立憲君主政の維持に奉仕しようとしたのである。

この目的を実現するためにケルンが構成した中世初期の政治秩序は、右に引用したかれ自身の要約からすでに明らかである。一言を以てすれば、それは、従来の学説によって——なお非体系的・個別的に——指摘されたゲルマン的法概念のもろもろの特色を相互に関連させて、より包括的なゲルマン的法概念を構成し、中世初期の政治秩序をこのゲルマン的法概念とキリスト教的職務観念との交錯によって説明しようと試みたものであった。『中世初期における神寵王権と反抗権』は、「神寵王権」、「君主の法的拘束」、「反抗権」の三章から成っており、たとえばその第一章「神寵王権」においても、神寵王権のゲルマン的起源としての血統権 (Geblütsrecht) が特定の家門を神聖化するものであったのに対して、キリスト教的職務観念が本来個人としての君主の適格性を神意によって承認するものであった (したがって後者は、カロリング朝がメロヴィング朝にとって代ったさいに大きな役割を演じた) ことなど、注目すべき見解が示されているが、ここではとくに第二章と第三章について、ケルンの論旨を概観しておくことにしたい。まず、第二章において示されたケルンの見解は、「中世的法観念」なる概念に要約されて後の研究に大きな影響を及ぼしたものである。

ケルンはここでも、ゲルマン的な法観念とキリスト教的なそれとの異同を論ずることから出発する。「ゲルマン的観念とキリスト教的観念とは、マキアヴェリの世紀に至るまで異を唱えられることのなかった次のごとき命題において合致していた。すなわち、国家は法の実現のためにある。国家権力は手段にすぎず、自己目的であるのは法である。君主は無制約ではなく、君主の上に存在し、君主自身の存在を基礎づける法に従属している。揺籃期のゲルマン国家については、《王たちは無限の、または自由な権力をもたない》というタキトゥスの指摘がある。教会の文献は、この観念を完成させるための多くの材料を提供している。しかし、ゲルマン的国法とキリスト教が、それぞれあらゆる国家権力を拘束する唯一至高の法として考えていたものは、内容的に同一ではなかった」(S. 142 f.)。まず、「ゲルマン国家においては、それは慣習法、《父祖の法》(Gesetze der Väter) であり、数限りない個別的権利 (subjektive Einzelrechte) の一箇の連関 (Zusammenhang) としての、所与の法状態 (vorgefundener, objektiver Rechtszustand) であった。あらゆる私的な既得権 (wohlerworbene Privatrechte) は客観的法構造を構成する要素として、恣意的な変更から守られていた。けだし君主もまた、その支配権をこの客観的法構造に負っていたのである。国家目的は、ゲルマン的国家概念によれば固持的 (beharrend) であり、維持的 (erhaltend) であった。それは、現存の秩序、良き旧き法 (gutes altes Recht) の保持 (Bewahrung) に存した。ゲルマンの国家共同体 (Gemeinwesen) は、概念上、法治国家 (Rechtsstaat) であり、秩序国家 (Ordnungsstaat) であった」(S. 143)。

ケルンはこの文章に付した註において、中世における国家目的を法保持 (Rechtsbewahrung) に限定されたものと見る論者としてとくにベロウを挙げるとともに、その意味では「法治国家」という多義的な概念よりも法保持国家 (Rechtsbewahrstaat) という名称の方が適当だと思われる、と述べている。それゆえここでは、ケルンの『中世初期における神寵王権と反抗権』に数ヵ月先立って同じ一九一四年のはじめに刊行されたベロウの『ドイツ中世国家論』(3) のなかから、関連する箇所を紹介しておくことにしよう。

プロイセンの土地貴族出身の保守主義者ベロウの基本的立場は、機構としての国家が中世に存在したという主張を、とりわけレーン制をも一種の国家機構(官職の委任)として構成することにより一層強化し、もって自由主義的ゲノッセンシャフト論に対抗しようとするにあった。したがって、君主に対する法的拘束の問題もまた、国家目的 (Staatszweck) なる標題の下に論じられる。ベロウにとって、中世国家の「国家目的」は、公共善 (öffentliches Wohl) にほかならない。むろん、この公共善を現代の福祉行政の意味における「公共の福祉」と同視するのは誤りである。「中世は、公共善を、何よりもまず、法秩序の維持のための配慮によって保障されるものと見たのである。法秩序の維持という目的設定は、国家の存在にとって不可欠であった。君主がこの任務を果そうとしないならば、他の機関 (Instanz) が直ちにその任務を引き受け、これが支配権力を手中に収めることになるであろう。けだし、国家がこの高次の任務の履行を怠りはじめるや否やその高権 (Hoheitsrecht) がそれだけ侵されるということは、歴史上しばしば見られる例なのである」(S. 201)。ベロウはこの文章に註記して、国家と法の両者は最初から結びつき合ったものとして生じた、という見解を支持する旨述べている。そのことからも明らかなように、ベロウは機構としての国家の中世における存在を強調しながらも、国家を法に先行するものとして、すなわち法を基本的に国家制定法としてとらえる立場をとってはいないのである。したがって、ベロウは、『フランク法とローマ法』(一八八〇)のゾームではなく、『フランクの国制と裁判制度』(一八七一)のゾームと手を結ぶ。ベロウによれば、ゾームが中世国家を「もっぱら法的法則の実現を任務とするもの」であるがゆえに法治国家と呼んだことには、教会に関する事項が重要な国家目的に属したことを看過するかぎりで問題もあるが、ゾームによる近代的「文化国家」と中世の「法治国家」の対置自体は正当であった、とされる。他方においてベロウは、ゲルマン＝中世法における公法・私法の未分離というギールケのテーゼを批判しながらも、公法をも含めて法治国家の原理が妥当した――君主とフォルクの関係も法的関係であった――とするロマン主義的法史学者とりわけギールケの見解を支持する。ベロウはいう。

「われわれは、ゾームの意味においてもロマン主義者の意味においても、法治国家の概念を中世国家に適用したい。ロマン主義的解釈を根拠づけるために付言すれば、近時に至るまでの他のいかなる時代、他のいかなる民族におけるよりも、ドイツ中世の公法関係における法的保護は実際強力であったと思われる。公租公課に関する紛争が通常の裁判所によって裁判されたことを考えてみればよい。ハラー一派と自由主義者たちは、この現象を、中世には公法がなく私法だけが支配していたということによって説明するけれども、公法がなかったという見解がまさに謬説なのである。ドイツ中世は、強力な法的保護を伴う公法の可能性を示している。ゲルマン的法理念は、国家の専制に限界を引こうとした。けだし、中世の裁判制度全体、訴訟の指揮と判決発見との分離、裁判共同体(Gerichtsgemeinde)による判決発見といった制度は強力な法的保護を与えるものだったのであって、この法的保護は、国王裁判所、ライヒ宮廷裁判所においても右の分離が貫かれたという事実に、古典的なかたちで表現されているのである」(S. 205 f.)。ベロウはこれに加えて、このような「法治国家」としての性格がレーン制国家（Lehnsstaat）以前にも認められることを指摘する。しかし、さしあたりわれわれにとって重要なのは、右に引用した文章において、ベロウが公法関係についても法的保護がありえたことを強調している点である。一九世紀前半から中葉にかけてのドイツにおいては法的保護の可能性が私法関係にまで縮減されていたのに対して、一九世紀後半以降しだいに行政裁判制度が採用されるようになり、公法関係もまた法的関係としてとらえられるようになったことは周知のとおりである（ゲオルク・イエリネクの国法学とオットー・マイヤーの行政法学）。今や、中世において近代国家と同様の「機構としての国家」が存在したと主張するためには、ギールケに対抗して国家権力の構成と行使に関する法としての公法が私法から明確に区別されていたことを指摘するにとどまらず、その公法において法的保護が可能であったことを力説する必要があった。保守主義者ベロウは――イエリネクの国家法人説に対するオットー・マイヤーの批判（君主と議会は、それぞれが法人としての国家の機関たるがゆえに制約されるのではなく、共に主権を担う者として相互に制約し合うのである）をも援用しながら――自由主義的有機体説と結びつきうる国家法人説を拒否し、国家が純粋に機構（Anstalt）としての性格をもつことを強調する。だがそれと同時に、ベロウは、君主が単なる「機関」にとどまるものではないにもかかわらず高次の理念に奉仕するもの、法的制約に服するものであることを認めざるをえなかった。このような立場からして、ベロウは、中世国家を「法治国家」としてとらえ、これに近代国家と同様の国家性を認めようとしたのである。ケルンのゲルマン的「法保持国家」の観念は、さしあたり、こうしたベロウの「法治国家」概念と合致するものであったということができる。

ところでケルンによれば、このようなゲルマン的観念に対して、「キリスト教的世界観における国家目的は、より発展的な、活動的な、広範なものであった。伝来の、既存の慣習法ではなく、完全には実現されたことのない、しかし永久に求め続けねばならない神的＝自然的な理性法、そしてまた一定限度で教会法とくにその聖書および神学上の基礎が、国家により尊重され妥当せしめられるべきものであった。キリスト教的中世国家は純粋な法的制度ではなく、高度の福祉国家＝文化国家の理念を示すものであった。したがってそれは、君主を別箇の法へ、既存の秩序ではなくこれから創り出すべき秩序へと拘束した」(S. 143 f.)。しかし、法の可変性を志向するキリスト教的観念が、つねにゲルマン的法観念と対立したわけではない。「すでにフランクの立法において、君主をフォルクスレヒトから解放し、君主を通じてフォルクスレヒトを変更しようとする教会的法理念の志向が示されていたが、同時にそこでも、ゲルマン的法観念と、《神の国》的な法観念との妥協が形成されていた。けだし、教会的・世俗的な国家行政の共通の基礎からして、教会権力と国家権力が同様に、事実上行なわれている法に拘束されることになったからである。信者たちの共同体とフォルクの成員たちの共同体とが、ライヒの集会に共に代表を送ったのであり、そこでは教会の権威者と世俗の権威者が席を並べていっしょに法を認定 (wahrnehmen) したのである」(S. 147 f.)。こうして形成されたものは、次のような法観念であった。「《法》は全体 (Gesamtheit) の生き生きした確信であった。この確信は、国王なしには妥当せず、行なわれないが、国王が法的に《暴君》に陥ったものとされることなしにはこの共通の確信を無視しえないかぎりで、国王の上にあった……。フランクの国王は勅令において自己のイニシァティヴによりいろいろ新しい内容の法を作ったが、この新たな法も、形式的にはすべてフォルクスレヒトでありつづけた。全体がそれを《発見》し、君主がこれを《命令》する、とされたのである」(S. 148)。具体的には、国王が全体の利害関係に介入するさいに「誠実なる者たちの同意」が求められた。この同意は、定められた法が全体の法意識に合するものであるか否か、つまり唯一の法たるフォルクスレヒトに属するものであるか否かを確かめた上で、与えられた。もとより、中世初期においては、同意を求められるべき人々（全体を代表すべき資格のある人々）の範囲が確定していたわけではない。「中世初期の同意手続の規則と慣行は不安定で流動的なものであり、唯一つ確実な、侵しえない原則があるだけであった。すなわち、フォルクの自由な確信と合致する君主の命令だけが、真の法をつくるのである」(S. 151 f.)。

このような法にみずから拘束されることを、中世初期の君主は誓約（geloben）した。「即位前に君主が誓約を行なう例は、すでに民族大移動期の国家においてあちこちに見られる。しかし当時はおそらくこれについての永続的なルールはなかったのであり、キリスト教の影響の下に、多分まず西ゴート人において、確固たる慣行が形成されたものと思われる。九世紀にはフランクの即位の儀式が教会上の儀式というかたちをとることになったが、そのさい君主が戴冠に先立って与えるものとされた厳粛な約束は、若干の変化を見せながらもその後のヨーロッパ王権により先例として守られることになった」(S. 153)。この誓約（Gelübde）の具体的なかたちとして、ケルンは、一〇世紀のドイツ国王の即位における誓約の方式を引用する。

「〔王位につくべき〕君侯に、大司教が問うべきである。《汝は、キリスト教徒によって受けつがれてきた聖なる信仰を守り、正しき業によってこれを行なわんと欲するか？》と。

君侯は答えるべきである。《余はそれを欲する》と。
《汝は聖なる教会とその奉仕者の保護者にして防衛者たらんと欲するか？》
君侯は答えるべきである。《余はそれを欲する》と。
《汝は、神から与えられた王国を、汝の父祖の正義にしたがって治め、守らんと欲するか？》
君侯は答えるべきである。《神の加護と、神を信ずるすべての者の力づけとを得てそれが可能であるかぎり、すべてのことにおいて誠実に行為すること (fideliter acturum esse) を誓う》と。
その上で、大司教はフォルクに言うべきである。《汝らはこの君侯に服従し、かれの支配を確かな誠実によって固め、かれの命令に従うか……？》と。
これに対して集える聖職者とフォルクが一致して言うべきである。《然り。然り。アーメン！》と」(S. 153 f.)。

ケルンは、この種の誓約の形式と内容には変化が見られるが、肝心なのは君主の支配がまさに樹立行為において法に服するものとされたことである、と説く。ところで、ケルンによれば、ここに見られる国王の自己拘束と臣民の服従誓約との間に相互的・双務的な関係を認め、両者を一箇の〔双務〕契約を構成する二つの要素と見ることも可能であるように思われる。そのような見方によれば、契約の一当事者は他方が契約上の義務を履行するかぎりで契約に拘束される、ということになる。「しかし、臣民関係についてのゲルマン的考え方のなかに契約類似の要素が認められ、それがレーン制によってより強いものになったとしても、君主と臣民との国法的つながりは、やはり支配契約の観念によってとらえられるものではなかった。君主とフォルクは、単純に私法上の当事者のごとくに向かい合うものではなかった。両者は客観的法秩序に結びつけられていたのである。両者は神と《法》(das Recht) に対する義務を負っていたのであり、この義務は契約観念に還元されえないものであった」(S. 157 f.)。一方の義務違反が他方を義務から解放するという契約観念は一一世紀になってはじめて明確に示されることになるのであって、本来ゲルマン的な観念ではなかった。「逆に、中世初期の世界観には、義務を忘れた君主に対しても服従する義務——君主に対する義務というよりは神と法に対する義務——があるという教えが含まれていた。これと反対に、悪しき統治権力に対する反抗権が説かれる場合にも、それはとくに権利を侵害された契約当事者の権利として説かれたわけではなく、まして君主に対する臣民の主観的要求権としてのみ説かれたわけではないのであって、それは何よりも、君主によって侵害され、それゆえ回復されねばならない客観的法秩序に対して臣民が負うべき反抗義務とされたのである。それゆえ、いずれの場合にも、契約観念だけでは十分な説明にはならない。それは、服従をも反抗をも十分に基礎づけることはできない」(S. 158 f.)。

この点に関しても、ケルンの所論は、君主と臣民との関係を「私法的」な契約関係ないしレーン関係に還元しえぬものとするベロウの見解と合致している。ケルンの課題は、ベロウが単に「高次の理念」として表現するにとどめたものを取り上げて検討することに移ってゆく。それが、第三章「反抗権」の主題であった。

(1) O. Brunner, Vom Gottesgnadentum zum monarchischen Prinzip. 八七頁註(2)参照。

(2) Fritz Kern, Gottesgnadentum und Widerstandsrecht im frühen Mittelalter. Zur Entwicklungsgeschichte der Monarchie, 1914.

(3) Georg von Below, Der deutsche Staat des Mittelalters. Ein Grundriß der deutschen Verfassungsgeschichte, 1914.

15　ケルン(2)——ゲルマン的誠実の相互性

君主に対する服従をも反抗をも「客観的法秩序」ないし「神と法」に対するフォルクの義務と解するケルンの見解から、われわれは、遡ること約六〇年、一八五三年に発表されたカール・アードルフ・シュミットの所論を想起するであろう。もっとも、シュミットが、神聖な法を破った君主に対する反抗権ないし反抗の義務をとりわけレーン制と結びつけている(もっとも、そこで強調されているのは封主と封臣との間の双務的な契約関係ではなく、すべての権利は神によって与えられたレーンにほかならぬという観念であった)のに対して、ケルンは上述のように、反抗権とレーン契約との関連を否定する。それは、一つにはベロウの場合と同様にケルンがレーン契約を単なる私法上の契約と見ているからであるが、それと同時に、契約的構成が支配契約(Herrschaftsvertrag)の観念につらなること、この支配契約は絶対主義をも基礎づけうる「ロマニスト的理論」であることが意識されているからでもあった。いずれにせよ、レーン制の観念が拒否されるとすれば、残された可能性として、ゲルマン的誠実(Treue)

の概念の活用が試みられたのは自然である。

ケルンによれば、「反抗権は、ゲルマン的＝中世的国家観の不可分の要素であった。それが教会的観念の影響を受ける以前の、純ゲルマン的形態は、民族大移動期の諸国家と、北欧ゲルマン人において見出される」(S. 169)。北欧伝承の一つ、一〇世紀後半から一一世紀初頭にかけて支配したオラフ (Olaf) 王に対する反抗の物語を引用したのちに、ケルンはいう。「ゲルマンの諸民族は、一定の観点から無能であるとされた自分たちの王を罷免する権利をしばしば行使した。民族大移動期の諸国家の歴史、西ゴートやランゴバルトやアングロサクソン、それにフランクの王権の歴史は反乱や暴力的王位追放の事件で溢れているが、この種の狂暴な行為は、法的観念を全く伴っていなかったわけではない。とりわけ君主の《無法》(Gesetzlosigkeit)、それに肉体的または精神的な無能、臆病や政治的不手際、血統権その他の正当性の欠如、さらに凶作や軍事的敗北から読み取られた神の怒りさえもが、一般の確信にとって、その君主の廃位を根拠づけ、要求するのに十分であった」(S. 170 f.)。このような反抗権の観念は、ケルンによれば、「ゲルマン人の国法上の基本概念」としての「誠実」に基礎を有するものである、とされる。

「臣民 (Untertan) は君主に対して、服従 (Gehorsam) だけでなく誠実 (Treue) の義務を負った。この誠実は、服従とは異なり相互的なもの (etwas Gegenseitiges) であり、一方が誠実義務を守るかぎりにおいてのみ他方がこれに対して義務づけられるという留保を含んでいる。もっとも、上に見たように、これを単純に一箇の契約と名づけることは許されないのであって、そこに見られる基本観念は次のようなものであった。すなわち、君主も臣民も法に拘束されている：法にかかわるのは双方の誠実である：法はこれら両者の誠実義務の交点 (Schnittpunkt von ihrer beider Treupflichten) である。それゆえ、国王が法を破った場合、かれは臣民の服従を要求する権利を、まさに自己のそうした行為のゆえに直ちに失うのである」(S. 177 f.)。

この文章の末尾に付した註において、ケルンは、ジッケル（W. Sickel）の論文『カロリンガーの王位権』（一九〇三）と並べてギールケの『債務と責任』（一九一〇）を引用している。引用された箇所においてギールケはいう。「全体が一人に、またヘルが服従者（Untergebener）に与えるべきものが、法的意味において義務とされている、という観念は、すべてのゲルマン的団体法に伴うものであった。むろん、そこから強制しうる義務を生じたのは高次の団体権力が成員の権利保護のために介入する権限をもっている場合に限られ、また、その権限の及ぶ範囲に限られた。しかし、すべての場合に、権力に服する者に与えるべきものを与えず、または与えるべからざるものを与えるような権力者の行動は、不法とみなされた。中世においてしばしば作用した、そして法命題のかたちをとって示されたことも稀ではなかった次のような見方は、以上のごとき観念に根ざすものである。その見方というのは、ヘルが自己の義務に反したにもかかわらずこれを強制する手段がないときには、服従者も自己の義務を免れ、不服従（消極的反抗）の権利をもつ、というのである。これに加えて、支配に服する全体が、違法にふるまうヘルに対する攻撃（積極的反抗）の権利をもつ場合には、団体法にヘルの責任（Haftung）という観点が導入され、ヘルシャフト結合体が独立のゲノッセンシャフト的団体権力の対抗を受けることによって引き裂かれることになる。このような観念が中世に行なわれていたことを証明するものは、とくにラントシュテンデの歴史である（拙著《団体法論》第一巻五六四頁以下参照）。それはまた、領主とゲマインデとの関係にも認められる（《団体法論》第二巻四三七頁以下）」。ギールケがここで指示する自著『ドイツ団体法論』の、第一の引用は一三世紀以降の領邦国家におけるラントシュテンデの活動を扱った箇所であり、第二の引用箇所も中世末期の史料によって村落ゲノッセンシャフトの政治的権利を論じた箇所であって、いずれにしてもギールケが中世初期における反抗権の存在を論証しているわけではないことは明らかである。しかしケルンは、ギールケを援用したのちにひき続いて、そのような臣民の反抗権についてはすでに九世紀に史料があると主張し（ただし、フランク王と、これに抵抗するフランク人、アキタニア人との pactum＝契約である）、さらに遡って、クロードヴェッヒによる戦利品の不当な分配に不服を唱えた一戦士の逸話（五世紀末）までをも援用して、ゲルマン的誠実の相互性をほとんど超歴史的に基礎づけ、これによってゲルマン的反抗権を説明しようとするのである。

ケルンはこれに続いて、右のごときゲルマン的反抗権概念がしだいに教会的な反抗権概念と交錯するに至ったことを指摘する。後者においては、神法・自然法を冒した君主に対する反抗権行使が、神に対する義務として要請されるわけである。しかも、ゲルマン的な反抗権においては、君主が誠実義務を守ったか否かの判断手続が制度化されていなかったのに対して、教会はすべてのキリスト教徒に対すると同様に君主をも、自己の刑罰権力に服せしめ、形式を備えた裁判手続によって、神法・自然法に反した君主に宗教的刑罰を課すること——場合によっては破門すること——ができた。このような教会の刑罰権力は、教皇権と王権ないし皇帝権との協調関係が維持されている限りで無形式のゲルマン的反抗権を抑制する機能を果したが、とくに叙任権闘争における両権力の離反とともに、世俗諸権力の皇帝に対する反抗権を強化する役割を担うことになる。他方において教会の反抗権理論は、ゲルマン的反抗権観念と異なりまさに理論としての性格をもつゆえに、同じくキリスト教に由来する「耐えながらの服従」(duldender Gehorsam) の教えにもとづく君主不可侵性論との間に葛藤を生ずることにもなるわけである。これと並行してローマ法的な契約観念の導入も、支配契約説をめぐって絶対主義とフォルク主権との論争をもたらし、とくに後者の立場においてはレーン契約の観念と重なりつつ反抗権の契約的構成が試みられるに至る。

このように論じたケルンは、最後に中世末期の身分制国家における君主権とフォルクスレヒト、絶対主義と国民主権の制度的妥協に言及する。それはさらに、さきに詳細に見たかれの立憲君主政擁護論と接合することになるわけである。「反抗権は、中世初期の国家の病患の明白な症候以外の何物でもなかった」(S. 282)。君主権とフォルクスレヒトとの間に明確な境界が引かれていなかったために、両者の抗争が表面化せざるをえなかったのである。そして、この病患に対処するために教会の法的判定権による方法も、反抗権を全く否認する方法（絶対主義）も効果を挙げえなかった以上、第三の途、すなわち立憲君主政への途だけが残された。「それは、〔君主権に対する〕制圧（Repression）を改良しようというものではなく、《誠実なる者たちの同意》に一定の形式を与えようとするものであった。この方法によってのみ、真の進歩が可能だったのである。君主とフォルクがいっしょに、もっぱら協同して国家を形成するという古来の、そして絶えることなく受けつがれてきた観念が維持されるためには、反抗権と絶対主義との抗争の可能性が両者にとって同様に縮減されるほかはなかった。すなわち一方で、君主に対する制約は明確化されねばならなかったが、他方でその統治権力には、ゲルマン的法治国家で認められていたよりも広い自由な活動の範囲を憲法上保障することが必要となった。絶対主義の途が〔君主権に対する〕制圧の理論をすべて否認しようとしたのに対して、立憲主義は、制圧を予防に転換せしめることにより、実際上絶対主義に引導を渡そうとした。身分制国家、およびそれに続く代議制的立憲国家は、中世国家との対比におけるこのような進歩を実現しようとしたのである。

そのさい、〔国民〕全体ないしその代表者が地歩を固めただけではなく、王権の方も、自己の存立を脅かすことが稀ではなかった自力救済というものを抑止するための不断の闘争の苦しみから解放されることになった。イギリス議会の歴史は、こうした身分制的発展の最も重要な記録にほかならない……。中世初期は、〔絶対君主政および立憲君主政という〕二つの国家形態の、その後数世紀に亙る争い、近代国家史のドラマを、ぼんやりと予感していたにすぎない。しかし、中世初期は、神寵王権および反抗権という観念の形成によって、来たるべき闘争の当事者のための武器をつくり出すことになったのである」(S. 284)。

もとよりケルンは、絶対主義と国民主権の両陣営がこれらの武器によって闘争を繰り返すことを是認したわけではない。ケルンは、絶対主義が安定した秩序を形成しえなかったことを指摘する反面、反抗権が一種の病理現象にすぎなかったこと、したがってその延長上に位置づけられる国民主権(フォルクスレヒトによる君主権の制圧)もまた永続的な安定をもたらしえないことを強調し、「新たなかたちをとりつつ中世初期の諸原則に立ち返ったもの」としての立憲君主政の価値を謳ったのであった。それにもかかわらず、ケルン自身が予感していたように、ドイツの立憲君主政は一九一八年に脆くも崩壊する。今や、ケルンによって一般化されたゲルマン的＝中世的法観念、とりわけ契約の枠を越えて相互的義務を基礎づけるものとされたゲルマン的誠実の観念が、立憲君主政の擁護という文脈を離れて独り歩きをはじめる。(2) ことに、ナチスのイデオロギーによれば、「新たなかたちをとりつつ中世初期の諸原則に立ち返る」ことではなく、直接超時代的なゲルマン的諸原則、とくにゲルマン的誠実に立ち返ることが要請されるに至る。そのことを示すのが、一九三四年に国家社会主義ドイツ法曹連盟（Bund Nationalsozialistischer Deutscher Juristen）の機関誌『ドイツ法』（Deutsches Recht）に発表された、法制史家ヴァルター・メルク（W. Merk）の小論『旧時のドイツ法における誠実』[3]である。メルクによれば、ドイツ的誠実（Treue）とローマ的フィデース（fides）とは、全く性質を異にするものであった。「ローマ人はフィデースを、廉直（anständig）な人間の信頼性（Zuverlässigkeit）として、われわれの用いる《信用》(Kredit）にほぼ相当するものとして理解した。ローマのフィデースには、激情にとらわれない、冷静な熟慮が、いわば冷気のようにまつわりついており、この熟慮によって、公衆の評判を害するような悪しき衝動が押えられているのである。それは、ゲルマン的誠実の燃える熱気（Glutwärme）と全く対立するものである。後者は意思の極度の緊張と犠牲を厭わぬ行動とを必要とするものであって、全身全霊を打ち込んだ、全人格的な拘束を意味する」。このゲルマン的誠実を、メルクは、自己自身に対する誠実、および他者に対する誠実に分けて論ずるのであるが、重点はむろん後者に置かれる。

他者に対する誠実としては、「ジッペ成員相互の誠実、夫婦間の誠実、友人間の誠実のほかに、自発的な拘束によって基礎づけられた従士の誠実（Mannentreue）、主君の誠実（Herrentreue）、仲間の誠実（Genossentreue）が、ゲルマン人の法生活上きわめて重要な意味をもった。ゲルマン的な従士の誠実および主君の誠実に特徴的なのは、誠実義務の相互性である。主君は従士に対して、従士が主君に対して負うのと同様の誠実義務を負った。《誠実なる主君ありて誠実なる従者あり》（Getreuer Herr, getreuer Knecht）。《誠実は誠実によって購わる》(Treue wird um Treue gekauft)……。〔フン族の王〕アッティラの館に幽閉されたブルグント人の王たちがその従臣ハーゲンを引渡すならば解放してやろうという申出を受けたさいに、かれらは怒りをもってこれを拒否した。《けだしかれらは、その従臣の一人に対する誠実を失うことができなかったからである》。これと全く同様に、ビスマルクは、プロイセンの軍隊組織の最も強固な基礎として、《兵卒が将校を、そしてまた将校が兵卒を決して見捨てないという気持、ヴィルヘルム一世がその従臣に対してあくまで守られたこの気持》を挙げている。中世において不誠実な主君、とくに法的制約の限界を越えた主君に対抗して認められた反抗権も、こうした誠実義務の相互性に根ざすものである。ローマの保護主-被護民関係(Klientelverhältnis)にとって、相互性というこのゲルマン的観念は全く無縁であった。ローマ法は、公法においては上からの一方的命令に下からの一方的服従を対置し、私法においてはある者の一方的権利に他の者の一方的義務を対置した……。

服従(Gehorsam)の概念にとっては、個々の命令された行為を行ないさえすれば十分なのであり、そのさい行為者の考えたこととは無関係に、行為の外的結果だけが重視される。これに対して誠実は、一定の心的態度(Gesinnung)によって担われた永続的行動を要請する。誠実のはたらきは、個々の場合にいちいち命令されうるものではない。誠実は、行為者が命じられていると否とを問わず、行為者自身の判断によって、しかももっぱら主君の利益のために、作用するのである。そのさい重要なのは外からの命令ではなく、誠実義務を負う者の良心(Gewissen)、すなわち行為が主君の利益のために必要であるか、または合目的的であるという内的確信である……。ゲルマン法においては、信託〔を受けた者〕(Treuhänder)の制度が広く展開されている。受託者(Treuhänder)は委託者(Treugeber)から、ないしは委託者のために、自己の名において行使すべき多少とも広い法的権限を与えられ、これをもっぱら委託者のために、誠実の精神によって行使するのである。ゲルマン的な信託（Treuhand）は、最近再び活溌に利用されるようになった狭い意味での信託制度の萌芽たるにとどまらず、現在の直接代理と間接代理、〔法人の〕機関の制度と遺言執行制度の萌芽であった。中世においてはまた、土地所有者と営業主の法的地位も、一種の信託関係にもとづくものとしてとらえられた。かれらは自己の権限を、全く利己的な特殊利益を傍若無人に追求するために濫用することは許されず、自己の地位を全体に奉仕するための一種の職務として用いねばならなかった。

旧時のゲルマンの王権とフューラートゥム（Führertum）もまた、信託的特徴をもっていた。ゲルマン的フューラートゥムは、そのことによって、東洋的専制からも、ローマのカエサルないし皇帝の統治からも区別される。ゲルマン的な国家と法の発展にとって最大の動力となったのは、各種の誠実結合（Treubund）であった。その最古の現象形態は、ゲフォルクシャフト、すなわち主君とその従士との間の、家ゲノッセンシャフトと結びついた、そして契約により自発的に設定された、勤務＝誠実関係であった……。古ゲルマン的ゲフォルクシャフトの永続的意義は、それが一方で中世レーン制と近代の将校団のさきがけとなり、他方で今日の官僚制の歴史的根源となったことにある。ゲフォルクシャフト契約は、各種のゲルマン的誠実勤務契約（Treudienstvertrag）の原型であった。ゲルマン的誠実勤務契約においては、両当事者の個々の権利義務は、双方が義務づけられる誠実という統一的上位概念の下に包摂される。それは、ゲルマン的労働法を基礎づけるとともに、高度に人法的（personenrechtlich）な内容をこれに与えた。ここでは、雇主と使用人は、単に債権法上の債権者・債務者として向かい合うのではない。両者の間の債権法上の関係は、何よりも誠実義務・配慮義務によって特徴づけられる人法的拘束関係からの流出物なのである。ゲルマン的債権法においては、誠実誓約（Treugelübde）、すなわち約束のために誠実を担保として提供することが、きわめて重要な役割を果した。誠実には人格の倫理的価値が表現されているのだから、誠実とともに全人格が担保に供されることになる。このような誠実の供与は、それゆえ、《いかなる事情があろうとも実行されねばならない担保》であった。不誠実 (treulos) な者は自己の名誉 (Ehre) を失った。けだし、ザクセンシュピーゲル三―七八の註釈によれば、《名誉はすべて誠実に由来する》からである。反逆罪 (Landesverrat)、脱走罪 (Heerflucht)、それにとりわけ卑劣な犯罪としての虚偽誓約罪 (Meineid) のような、重大な誠実破棄のケースがきわめて重く罰せられただけではない。誓約を伴わない私的約束の違反でさえ、いくつかの法源はこれを虚偽誓約罪と同様に罰している……。さらに、不誠実 (Untreue, Infidelität) の概念は、フランク王国においても中世ノルウェーにおいても、王権の確立と拡大に役立った。それは、国王のもろもろの処分が無視された場合に、これを伸縮自在な反逆罪の概念でとらえることを可能にしたのである。

近代の法発展・経済発展は、われわれの法における誠実の観念をも、あまりにも衰えさせてしまった。もっぱらローマ法の教育を受けた――そして、ドイツ民族に対してローマ法を押しつけた――法律家たちは、ゲルマン゠ドイツ法の、誠実にもとづくもろもろの共同体と法的関係とに対する理解を、はじめから全然もっていなかった。そればかりでなく、一九世紀の形式論理的な法実証主義も依然として、誠実のごときわれわれの土着の法の倫理的価値を、《論理的に構成しえぬもの》、《神秘的なるもの》として、法から消し去るべきものと考えた。とくに近年は、国家の官僚制化と議会制化 (Parlamentarisierung) によって、非人格的大企業の形成によって、また過度の国家化志向 (Nationalisierungsstreben) によって、国家と経済は大幅に脱人格化されている。その結果、誠実という人格的結合がはたらきうる唯一の場としての小さな共同体 (Gemeinschaft) は、大部分破壊されてしまった。人々は利己心を無制約に解放するか、または頭をひねって考え出した機械的強制組織にこれをはめ込むことに、すべての期待をかけたのである。将来の法改革の主たる任務の一つとして、われわれは、名誉観念とともに誠実をも再びわが法秩序の柱にすべきであろう」。

ゲルマン的誠実における相互性の強調にもかかわらず、ナチス的フューラートゥムの下では、指導者の誠実義務が恩恵としての性格を強めながら、従者の全人格的誠実義務の苛酷さをカムフラージュする機能を果したことは、改めて指摘するまでもないであろう。そのことを端的に示すのが、ナチス親衛隊員が着用したバックルに刻まれた標語、「わが名誉は誠実」(Unsere Ehre heißt Treue)であった。それはまさしく、総統(Führer)に対する親衛隊員の全人格的忠誠のみを意味したのであって、誠実義務の相互性、支配者が服すべき法的制約の観念とは無縁のものであった。したがって、「例外状態において決定を下す者が主権者である」との決断主義的主張を掲げ、法ないし法律の主権という――中世初期についてのケルンの比喩的指摘にもそのかぎりで対応する――規範主義的観念をきびしく拒否したカール・シュミットが、一九三五年に次のように述べることができたのは、不思議ではない。[4]「確実性、計算可能性、測定可能性という基本原理によって支配された法治国家観念は、法概念を形成するという口実の下に、あらゆる観念、概念、制度を、規範主義の立場からあらかじめ定められている抽象物へと転化させてしまう。たとえば、いかなる義務も、法的義務として法律的に意味をもつためには、つねに、規範に照らして測定できる、したがってまた裁判官が審査しうる内容をもつものでなければならない、とされる。このように単純なやり方で、個人主義的＝自由主義的法思考の及ばないところにあるような、別種のもろもろの義務が、法生活から排除されてしまい、一箇の特定の世界観(それは決してとくに法的なものでも、とくに学問的なものでもない)が法学を独占するに至るのである。指導者国家(Führerstaat)の法の生命にとって不可欠なもろもろの誠実義務、すなわち勤務者

(Gefolgschaft)、官吏、フォルクスゲノッセンのそれぞれの誠実義務は完全な意味で法的義務といえるものなのであるが、それらの誠実義務が右のようなやり方によって《単に道徳的な》、ないし《単に政治的な》事項として扱われ、その法的核心を否認されているのである」。

「自由主義的＝民主主義的法治国家」に対するこのような批判の上に、さらにオットー・ケルロイター(O. Koelleuter)によって、ナチス的法治国家の観念が提唱されるわけである。ケルロイターは、再びゲルマン・イデオロギーを利用しつつ言う[5]。「ゲルマン的観念によれば、指導(Führung)はつねに、フォルクによって制約されたものであった。それゆえ、民族的な指導者国家(völkischer Führerstaat)においては、公的生活のあらゆる制度は、すべての政治生活の基礎としての民族の考えによって意味を与えられるのである。一九三三年一二月一日の法律によってナチス党に公法上の社団としての性格が認められたのは、その事実の外部的な法的表現にすぎない。それゆえ、国家と運動〔ナチス党〕と民族は、私見によれば、カール・シュミットが考えたように同等に位置づけられるものではないのであって、国家と運動は民族に根ざしたものでしかありえず、民族に基礎を有する権威的指導の姿であり、手段であるにすぎない……。このような民族的＝ドイツ的思考から、必然的に法治国家(Rechtsstaat)の永遠の価値も導かれる。真の法形成がすべて民族生活の形成の表現にすぎないとするなら、法治国家は永遠の価値をもたざるをえない。なぜなら、法治国家は、政治的生命統一体としての民族が存在するかぎり、存立する、ということになるからである」。ケルロイターにおいて、指導者がフォルクによって制約されることの一応の指摘はあるにしても、その法の内容が全く具体的に描き出されていないことは特徴的である。カール・シュミットが提唱した、規範主義と決断主義との止揚としての具体的秩序思考（konkretes Ordnungsdenken）に対して、のちにクリスティアン・フォン・クロコウ（Ch. v. Krockow）が呈した次のような批判[6]は、それゆえケルロイターの法治国家概念についてもあてはまる。「何がドイツ性の実体かという問題は、理論的根拠のある解答を全く期待しえないゆえに、権威的決定によってのみ定められる……。すべての決定は、指導者により権威的になされる。指導者は、自身、ドイツ法の形而上学的実体に体現された摂理に服するゆえに、独裁者ではない。しかし、その摂理の内容が何であるかは、再び指導者が決めるのである。カリスマ、すなわち摂理を指導者に伝える啓示の恩寵に訴えないかぎり、裸の決断主義にかかわらないわけにはいかないのだ」。相互性・双務性を伴うゲルマン的誠実の観念、ないしゲルマン的＝中世的法観念は、それゆえ、結局のところ――ナチスの独裁そのものを基礎づけるのではなく――独裁の本質を隠蔽する役割を果しえたにすぎない。

しかし、それと同時に、われわれは、ゲルマン的誠実の観念が、まさにナチス・イデオロギーとの関係の曖昧さのゆえに第二次大戦後のドイツ中世史学にも生き延びることができた、という事情にも留意すべきであろう。たとえば、戦後版を重ねて刊行されたハインリッヒ・ミッタイス（H. Mitteis）の教科書『ドイツ法制史』[7]（一九四九）は、依然としてゲルマン的誠実の観念に固執している。ゲルマン的従士制の特色を論ずる箇所で、ミッタイスはいう。「誠実（Treue）は人格の一最高価値である。それは、挙示しうる個々の勤務のみならず、全体的態度、すなわち主君を益するすべてを行ない、主君を害するすべてを控えることを要求する。しかし、それは相互的である。誠実なる主君ありて誠実なる従者あり。主君が誠実に反した場合、そしてまた従臣に対し期待すべき限度を越えた要求をした場合には、従臣には反抗の権利と義務が生じ、最終的には誠実解消 (Treuaufsage, diffidatio) の権利・義務が生じた」。このような一種の形而上学的命題は、のちに述べるように、ようやく一九六〇年ごろから批判的に検討されることになるのである。

(1) Gierke, Schuld und Haftung im älteren deutschen Recht, 1910, S. 13 Anm. 4.

(2) Kern, Recht und Verfassung im Mittelalter, HZ, Bd. 120, 1919 (世良晃志郎訳『中世の法と国制』)には、すでにそのような色彩がある。

(3) Walther Merk, Die Treue im älteren deutschen Recht, in: Deutsches Recht (Zentral-Organ des Bundes Nationalsozialistischer Deutscher Juristen), Nr. 22, 1934.

(4) Carl Schmitt, Staat, Bewegung, Volk. Die Dreigliederung der politischen Einheit, 1935, S. 36 f. もっとも、シュミットもまた、依然として、指導者と勤務者 (Gefolgschaft) の「相互的誠実」に言及する (a. a. O., S. 42)。しかし、指導者と勤務者との同種性 (Artgleichheit) を要請するシュミットにおいては、両者の間に利害の対立が生ずる余地は本来ないのであって、誠実はやはり勤務者の一方的義務にほかならないものであった。

(5) Otto Koelleuter, Volk und Staat in der Weltanschauung des Nationalsozialismus, 1935, SS. 20, 23.

(6) Christian von Krockow, Die Entscheidung. Eine Untersuchung über Ernst Jünger, Carl Schmitt, Martin Heidegger, 1958, S. 103.

(7) Heinrich Mitteis, Deutsche Rechtsgeschichte, 1949, S. 44.

16 ドープシュ——領主制と貴族制

自由をゲルマン人の第一の旗印、誠実をその第二の旗印と呼んだのはヘーゲルの『歴史哲学』であったが、われわれの以上の検討から明らかなように、少なくとも一九世紀末までのゲルマン社会論は、基本的にゲルマン的自由の観念を中心として展開されてきた。ようやく一九世紀末から二〇世紀初頭にかけて、経済社会としてのドイツ市民社会と、これに立脚した立憲君主政が危機に直面するに及んで、誠実、ことに相互的な誠実の観念が重要な役割を与えられるに至ったことは、右に見たとおりである。しかも、このように「誠実」の旗印が前面に押し立てられるのと反比例して、「自由」の旗印はしだいに後退してゆくことになる。後者の傾向はとくに一九世紀末以降のドイツ経済史学において顕著となるのであるが、なかでも後の研究に強い影響を及ぼしたのは、ヴィーンの経済史家、アルフォンス・ドープシュ（A. Dopsch）であった。ドープシュは一九世紀中葉にヴィーンに設立された「オーストリア歴史研究所」（Institut für österreichische Geschichtsforschung）において古文書編纂に従事しながら、ローマ文化とゲルマン文化の断絶、後者による前者の破壊を歴史叙述の前提とするいわゆる「カタストロフ説」(Katastrophentheorie)を批判する独自の理論を形成したのである。この点に関するかれの立場は一九一三年の『カエサルの時代からカール大帝期に及ぶヨーロッパ文化発展の経済的=社会的基礎』第一巻で詳論されているが、これを要約するものとして、一九三二年の『中世初期の経済と社会』(1)(一九三八年の『社会=経済史論集』にも所収)から引用しよう。

「われわれは、ローマ人とゲルマン人の暴力的衝突によってローマ帝国が破壊され、その上で、勝利を収めた野蛮人〔ゲルマン人〕がローマ人を暴力的に屈服させることによりローマの土地の上にゲルマンの諸部族国家を建設した、という広く流布した見方を棄てなければならない。私は、こうした見方、および、いわゆる古代と《中世》との間にきちんとした《文化の区切り》を引こうとするあらゆる見方に反対する。私はそのような見方を要約して《カタストロフ説》と呼び、経済関係、社会関係の領域ではそうした断絶は実際には存在しなかったことを論証した。すなわち、ローマ人の巨大な世界帝国の内部では、カエサルとタキトゥスの時代にはすでに解体が、そして没落さえもが進行していた。もろもろの属州は独自の途を進み、大きな差異を見せるに至っていた……。すでに以前から、ゲルマン人はローマの属州に平和裡に入り込んでいた。五世紀のイタリア、ガリア、スペイン、およびアフリカに成立した、ローマ人とゲルマン人の混合国家は、カエサル以前から始まっていた大規模な〔混合〕過程を仕上げたものにほかならない。ローマ人の世界帝国のゲルマン化は、たとえばゲルマン人の征服の結果として、上からなされたものではなく、きわめて広い基盤の上に、下からなされたものである。それは、コロナート制に服する農民のゲルマン化として、そしてまた多くのゲルマン人が家における下級の奉公に従事したことによって、開始された。さらにゲルマン化は、皇帝セウェルス(三世紀)が行なったように兵士に及び、将校と官吏をも対象とし、ついには文字どおりの蛮族国家がローマ人住民のただ中で確立されるに至った……。それゆえゲルマン人は、早い時期に、ローマ人の傍で、平和的な協働を通じてローマ文化を学び、身につける機会を有した。かれらは直ちに、のみ込みの早い教え子となった。ローマ世界はその内側から、しだいにゲルマン人のものとされていった。けだし、ローマ世界には、ゲルマン人が何世紀にも亙って平和的に滲透していたのであり、ローマ世界の文化がゲルマン人によって受けつがれ、ローマの行政も多くの点ですでにゲルマン人のものとなっていたのであって、〔ローマ人自身の〕政治的支配が除去されるに至ったのはこの長期に亙る変化の過程をしめくくるものにすぎなかったのである……。ゲルマン人が《蛮族》(barbari)と呼ばれたことからして、古典古代の再発見期(人文主義)には、この非文化的な征服者が古典古代を抹殺し破壊し尽したかのごとくに考えられた。再生せる古典古代を讃美したイタリア人は、同時代のゴーティクを野蛮でひどいしろ物とみなした。かれらは古代ローマの征服者を文化破壊者としてしか見られなかったのである。そして、一八世紀フランスの啓蒙主義者、モンテスキューとヴォルテールは、中世を暗黒と迷信の時代として、すなわち先行せる光明の時代に対する一般的没落の時代としてとらえることしかできなかった……。しかし、同時代人は、われわれにこれとは全く異なる姿を描いてみせてくれる。六世紀のローマの文筆家アガティアス(Agathias)は、フランク人は礼儀正しく教養がある、と述べている。かれは、フランク人においてバルバリー的であるのは言葉と衣服だけだ、とまで主張しているのである。《バルバリー》という語は、当時はまだ、今日一般的に考えられるような悪い意味をもっておらず、異邦人、非ローマ人、そしてとりわけ兵士を意味していた」。

このようなドープシュの見解は、「野蛮なるゲルマン人」によるローマ文化の破壊という通念を批判するかぎりで、ゲルマン人の名誉回復を意図する一種のゲルマン・イデオロギーにもとづくものであったかのごとき印象を与える。しかし、ドープシュは、ローマ文化とゲルマン＝中世文化との連続性を強調するために、非ローマ的ないし前ローマ的なゲルマン人固有の文化、とりわけ「ゲルマン的自由」の存在に対しても、懐疑の目を向けるのである。ローマ文化とゲルマン＝中世文化の連続性の主張は、とりもなおさず、ヴァイマル時代から「第三帝国」にかけて蔓延した古ゲルマン文化と中世文化の連続性説（**Kontinuitätstheorie**）に対するきびしい批判を意味した。クラウス・フォン・ゼーはいう。(2)「文化の連続性の問題をめぐる論争の口火を切ったのは、とりわけ、《カエサルの時代からカール大帝期に至るヨーロッパ文化発展の経済的＝社会的基礎》についての、アルフォンス・ドープシュの研究（一九一八―二〇）であった。ドープシュは中部ヨーロッパおよび南ヨーロッパ世界へのゲルマン人の侵入が文化的カタストロフをもたらしたという見解を攻撃し、ゲルマン人が多くの点において――行政、経済、定住に関して――古典古代文化の成果を受容し、発展させたことを証明しようと試みた。この理論は伝統的な《野蛮人》伝説に反論しようというものであったから、ゲルマン人の歴史的な評判を改善するのに役立ったけれども、しかしそれは、当時の文化政策的状況にとって望ましいものとされたわけではなかった。一九二六年には、《ゲルマン人の蘇生》（ヘルマン・ノラウ編）と題する、七〇〇頁に上る論集が刊行された。これには、ゲルマン人の文化、倫理、法、宗教、音楽、言語、詩、造形美術に関する全部で八編の論文が収められていたが、そこでは、《経済的繁栄と国家的勢力との崩壊》ののちに、新たな興隆は、《異民族の文化価値の受胎》などによって実現できるものではなく、《わが民族の魂の最も根源的な力の再生によって、すなわちわが淳風美俗（**Gesittung**）のゲルマン的基礎をもっと強調することによってのみ》実現できるのだ、と説かれた」。ひきつづいて、ゼーは、このような連続性説が「第三帝国」に至ってますます極端なかたちをとっていったことを指摘する。それにもかかわらずドープシュが一九三八年に非連続性説に立脚する諸論文を収めた『社会＝経済史論集』を刊行しえたのは、ナチスのオーストリア併合が三八年三月まで遷延したことと無関係ではないと思われる。

いずれにせよ、ドープシュは、一九一八年の『経済的＝社会的基礎』(3)第一巻において、伝統的なマルクゲノッセンシャフト説を批判した。「マルクゲノッセンシャフト説の基本的前提は、カエサルとタキトゥスの報告にもとづいて叙述しうるものとされたいわゆる原初時代（Urzeit）において、ゲルマン人の大部分が完全に自由（vollfrei）な、そして平等の権利をもつ、フォルク成員であった、というにある。しかし、すでに見たように、こうした見方は、史料により証明されたものというよりはむしろ、農民解放とフランス革命、これに続いた解放戦争、さらにまたロマン主義時代の影響の下に、一般的な歴史理論的考察から生じたものであった。語源研究もまた、こうした見方を強めるのに貢献した。とりわけ、《フランク人》(Franken) という呼び名は《自由人》(Freie) を指すものと解され、カサエルおよびタキトゥスによる《自由》の強調と並んで、右の見方を紛れなく示唆するものとされた。その結果、今日なお支配的な法学者の見解によれば、すでにタキトゥスの時代のゲルマン人において領主制（Grundherrschaft）が見られたという説は、否定されている。かれらによれば、グルントヘルシャフトはいわゆる民族大移動期に続く何世紀かの間に、新たに発展したものとされるのである」(S. 86 f.)。これに対してドープシュは、かれのいう「いわゆる領主制説の父」、カール・ディートリッヒ・ヒュルマンを再評価し、とりわけ一八九六年に発表されたヴィティッヒ(W. Wittich)の研究『北西ドイツにおけるグルントヘルシャフト』(Die Grundherrschaft in Nordwestdeutschland)を参照しつつ、いわゆる原初時代において「グルントヘルシャフトの存在が無条件に承認されねばならない」ことを主張する。「そのことは、カエサルおよびタキトゥスの報告によって確実に証明される。自己の土地所有を自分だけで耕作せず、他人とりわけ半自由人、非自由人を耕作に従事させたグルントヘルは、疑問の余地なく当時すでに存在した。《ゲルマーニア》(第二五章)には、ゲルマン人がローマ人とは顕著に異なる奴隷の使い方をしていること、すなわち奴隷が独立した経営を行ない、一種のコローヌスのように一定量の貢租と賦役の義務だけを負っていることが記されているが、この叙述は、ゲルマンの戦士が平時には狩猟に従事するほかはあまり働かず、経済的活動を好んで他人に委ねる(第一五章)という――よく引用される――説明と同様に、グルントヘルシャフトの存在を積極的に証明するものである。こうした姿と、上に論じた〔ゲルマン人の〕土地占取および《各人の dignatio による》土地分配に関する箇所とを考え合わせれば、当時すでにグルントヘルシャフトが存在したという事実は確証されたといってもよいと思われる」(S. 37)。

もっとも、ドープシュは、タキトゥスの時代の自由なゲルマン人を独立自由の農民ではなく小領主であったと見るヴィティッヒの見解に対しては、批判的であった。「グルントヘルシャフトは、たしかに、すでにタキトゥスの時代のドイツに存在した。しかし、それは、ヴィティッヒが考えたほどに至るところに見られたわけではない。ヴィティッヒの考えに対しては、ハインリッヒ・ブルンナーが、タキトゥスの報告そのものの文言を反証として挙げているが、これは正当である。すちわち、無為に過していたという叙述はすべての一般自由人（Gemeinfreie）についてあてはまるわけではなく、最も勇敢で最も戦士的な者たちだけが、平時にそうした生活をすることが許されていたのである。明らかに、かれらこそが、自己の大きな声望によってより多くの土地を所有した指導者たち（けだし、土地は《dignatio によって》分配されたのである）、すなわち真のグルントヘルたちであった」（S. 91）。このようにドープシュは、いわゆる一般自由人のなかにグルントヘルと解されない者が相当数存在したことを認めるのであるが、それにもかかわらず、ドープシュによれば、原初時代にともかくもグルントヘルシャフトが存在したという事実は「マルクゲノッセンシャフト説が全く念頭に置いていなかった」（S. 92 f.）ところであり、マルクゲノッセンシャフト説はこの事実の指摘によって動揺せざるをえないのである。けだし、マルクゲノッセンシャフト説は、定住共同体のすべての定員が平等の権利をもつ土地総有者であったとしたのだから。

『経済的＝社会的基礎』(4) の第一巻においてこのようにマルクゲノッセンシャフト説を批判したドープシュは、次いで第二巻（一九二〇）の第一章「政治構造」において、古ゲルマン社会における貴族の存在を論証し、この側面からも「ゲルマン的自由」に関する通説を批判した。

「そもそも、ゲルマン古代に貴族（Adel）というものが存在したのであろうか。少なからぬ学者、とくにやや古い学者は、最古の時代のゲルマン人における貴族の存在を全く否定した。こうした見方には、ゲルマンのフォルク成員はもともとすべて平等かつ自由であったという、広く流布した基本観念が影響を与えていると思われる。それゆえ、学者は、とりわけフランク人について貴族の存在を認めようとしなかった。フランク人という呼び名は真の意味で《自由人》を指すものと解されたからである。しかし、われわれは、最古の時代のゲルマン人においても貴族が存在したことについて、確実な証人を有している。すなわちタキトゥスは、フォルクが貴族のなかから王を任命する旨、明言しているのである」(S. 37)。

これに続いて、ドープシュは、タキトゥスのこの証言(『ゲルマーニア』第六章)にもかかわらず出生貴族の存在を否定する見解の採りえないことを主張する。そのさいドープシュは、土地が「dignatio によって」分配されるというタキトゥスの指摘を再び援用している。ドープシュはこれを、「高い声望(Ansehen)、すなわち貴族たることが、土地の分配にさいしてより多くの土地所有に対する要求権をもたらした」(S. 38) ものと解して、出生貴族とグルントヘルシャフトとの関連を示唆するわけである。もっともドープシュは、第一巻でグルントヘルシャフトそのものについて論じたさいには、一般自由人のなかで「最も勇敢で最も戦士的な者たち」だけが自己の声望によってより多くの土地を所有し、平時において無為に過しえた、としているのであって、ドープシュにおいては貴族と一般自由人との関係、およびその両者とグルントヘルシャフトとの関係が明確にされているとは言えない。

ドープシュはさらに、ゲルマン古代における貴族の存在を認めながらもその数はきわめて少なかったとする学説をも批判し、この問題についてのかれの見解を要約していう。「ゲルマン古代には特権的な貴族身分が存在したと言えるだけでなく、この貴族身分が国政の指導、国家の政治全体について決定的な影響力をもったと主張することさえできる」(S. 42)。ここでもドープシュは、一般自由人の存在そのものは認めながらも、その一般自由人をゲルマン人の国家生活の主要な担い手と見たかつての学説を批判するわけである。自由にして平等なゲルマン人がマルクゲノッセンシャフトを形成するとともに民主的国制を支えたとする伝統的な学説は、グルントヘルシャフトないし貴族の存在がある程度広範に認められることによって崩壊せざるをえない、とドープシュは考えた。けだし、われわれが見たように、「ゲルマン的自由」のイデオロギーは、少なくともマウラー以降、一切の例外を認めない人間の始原的自由・平等の教説と結びついていたのであり、その無例外性の否認はとりもなおさず「ゲルマン的自由」の観念の否認を意味したからである。

もっとも、「ゲルマン的自由」の観念に対する批判は、それが平等原理に対する批判をも意味しえたかぎりにおいて、必ずしもナチスのイデオロギーと対立したわけではない。ゲルマン社会において貴族が重要な政治的役割を果したというドープシュの指摘は、まさにドープシュが攻撃した連続性説の立場において、西欧民主主義と対比された指導者国家の構造を正当化することにも役立ったと思われる。オットー・ケルロイターはいう(5)。「民主主義的共和政は、その形式的な平等理念のゆえに、民族離れした見方 (a-völkische Auffassung) に対応したものである。けだし、もし民族 (Volk) を政治的に、生物学的な生命体としてとらえるならば、必然的に、民族が自然的諸要素によって構成されていること、それゆえ民族内部に不平等が存在することを認め、政治秩序の形成にさいしてこれを顧慮せざるをえないのである。それゆえ、すべての民族同胞 (Volksgenossen) が、同様の立場で政治的意思形成の担い手であるといった意味では《政治的に平等》でありえない、という事実を率直に認めなければならない。そのようなことは、形式的には民主的な共和政にあってさえ、政治的現実であったわけではない。民主主義的国法は、政党指導者とか、とりわけ全く背後に潜んでいるアメリカの

《ボス》とかいった《匿名勢力》が政治的支配を行なっているという事実を、隠蔽したにすぎない。これに対して指導者国家（Führerstaat）は、指導の政治的用具（politisches Instrument）としての政治的エリートの必要性を明らかにした。イギリスの指導者国家において何世紀にも亙ってそのような政治的エリートとしての機能を有効に果してきたのは貴族であって、貴族はとりわけ国民（Volk）のなかの上昇する諸層からたえず補充されることによりこの機能を維持してきたのである。ドイツの〔各個別国家の〕王室法と、ドイツの貴族法は、政治の分野においてそのような機能を長期に亙って果すことができなかった。政治的に四分五裂状態にあったドイツにおいて、参謀本部による軍事指導と軍事エリート養成の強力な伝統に比肩しうるような、他のいかなる政治的伝統もその担い手も存在しなかった。ビスマルクは当時のドイツにおける政治的天才として孤立的・例外的な現象であり、それゆえかれは政治的エリート層を生み出すことができなかった。けだし、宮廷勤務ないし国家勤務に服した者によって担われることになったドイツの職業官僚制からは、固有の政治的伝統は生まれなかったのである。職業官僚制は結局のところ、単なる国家勤務者（Staatsdiener）たる役割を果すにとどまったから。ヘーゲル的な官吏国家（Beamtenstaat）は、この点に関しては完全に自由主義的な特徴をもっていた。それは、政治的まとまりとしてのフォルクの表現ではなかったからである。《運動》〔すなわちナチス党〕のなかからはじめて、新たなタイプの政治的指導層が生まれているのである」。

このようなケルロイターの所論において、単なる「国家勤務者」ではなく、政治的有機体たる民族の上澄みとしての「政治的エリート」が要請されていること、しかも貴族が無力化したドイツにおいてナチス党にエリート養成の期待が寄せられていることは、明らかであろう。しかし、「国家勤務者」と「新たなタイプの政治的指導者」との区別の強調にもかかわらず、後者に期待されるのは、やはり、「指導の政治的用具」としての役割なのである。ケルロイターは、カール・シュミットの見解を基本的に支持しながらも、国家、運動、民族のシュミット的三分法を批判し、すべてを民族によって基礎づけようとするのであるが、そのような観点からする「法治国家」論が実際には指導者の独裁の隠蔽手段にすぎなかったことは、上記のとおりである。それと同様に、運動を担う党エリートも、実際には「国家勤務者」以上に指導者への一方的誠実ないし忠誠の義務を負わされたのであって、「イギリスの指導者国家」についてのケルロイターの言及にもかかわらず、貴族がその自立性において政治的エリートのモデルと見られているわけでないことは、言うまでもない。「指導の政治的用具」としての貴族ないし党エリートは、むしろ、すべての前国家的なるもの、自生的・自立的なるものの均一化(Gleichschaltung)を前提とした勤務者として、とりわけ貴族の場合はまさに「勤務貴族」としてとらえられ、その意義を高く評価されているのである。ところで、ドープシュによって批判されたゲルマン的自由・平等に関する伝統的歴史学説は、すべての貴族を「勤務貴族」として構成することにより原初的な一般臣民団体の存在を主張しえたものであった。したがって、ケルロイターの「政治的エリート」論は、ゲルマン社会ないし中世初期の社会を基本的に一般自由人から成るものとして構成した「近代的」歴史学説と照応関係にあった、と言うことができる。それは恰も、カール・シュミットの独裁の理論が「真理ではなく権威が法をつくる」というホッブズの命題を手がかりとしたものであり、その意味ですぐれて「近代的」な性格をもっていたのと同様である。自生的・自立的な「原初貴族」の存在を主張するドープシュの見解は、それゆえ、基本的に「第三帝国」の国家論と相容れるものではなかった。

それにもかかわらず、フォルクの全成員が政治的に平等でなければならないという「民主主義的共和政」の教義が攻撃されたかぎりにおいて、「第三帝国」の時代にはゲルマン＝中世社会の近代的構成に対する批判の展開が可能になり、促進された、という関連の存在は認めなければならないであろう。一九三八年には、アードルフ・ヴァース (A. Waas) が、『ドイツの初期中世における支配と国家』(Herrschaft und Staat im Deutschen Frühmittelalter) を刊行し、ローマ的な諸制度を受けつぃだフランク王国の西部では「官職グラーフシャフト」(Amtsgrafschaft) が形成されたのに対して、東部では「純粋にゲルマン的」な、国王の保護支配 (Muntherrschaft) にもとづくグラーフシャフト、ならびに貴族の固有権にもとづくアロート的グラーフシャフトが見られた、と説いた（このようなヴァースの見解は、のちに紹介するシュレージンガーの『ランデスヘルシャフトの発生』に影響を及ぼすことになる）。ハインリッヒ・ダンネンバウアー (H. Dannenbauer) が一九四一年に、ドープシュの見解をさらに一歩進めて『ゲルマン人における貴族・城塞・支配――ドイツ国制発展の諸基礎』(6) と題する論文を発表しえたことも、このような関連において理解されることである。

ドープシュは、古ゲルマン社会におけるグルントヘルシャフトの存在と貴族の存在とを別の箇所で論じ、両者の関連を必ずしも正面から指摘していなかった。たしかにドープシュは、貴族の存在を論証するさいに、土地が dignatio によって分配されたというタキトゥスの報告を援用している。のみならずドープシュは、やはり貴族の存在の証明のために言う。「従士団がその主君によって給養され、戦闘装備を与えられる権利があるということを考えれば、従士団の規模が大きな場合には主君が大きな富（Reichtum）を有することが前提とされたであろう。富める者、財産のある者だけが多数の従士を抱えておくことができた……」（Bd. 2, S. 40）。しかしドープシュは、ここでは貴族を「富める者」として理解し、その存在を主張しているだけで、この「富」とグルントヘルシャフトとの直接の関連を指摘しているわけではない。これに対してダンネンバウアーはいう。

「ほんの三、四〇人ばかりの従士たちを平時に維持するだけでも、高くつくものである。きわめて富裕なヘルたちだけが、それを賄うことができた。けだし、ヘルは従士の装備だけでなく、その生活に必要なものをすべて支弁しなければならなかったのだから。従士が自分の手で働くことは期待できなかった。従士にとっては、戦闘以外には狩猟と無為と酒盛りだけが身分にふさわしいことだったのである（『ゲルマーニア』第一五章）。このようなヘルの生活は、大きな富なしには考えられなかった。ところで、当時において富といえば、ほとんど土地所有と家畜群に尽きており、ヘルおよびその従士が働かずに生活してゆけるための大土地所有には、ヘルのために土地を耕作する少なからぬ隷属農民（abhängige Bauern）が付きものであった。ヘルとその家族および従士たちが身分にふさわしい生活を送りうるためにどれだけの土地が必要であったかは、むろん計算できない。そのための資料が全然ないのである。しかし、九世紀のザクセンにおける経営のしかたにもとづいて見積れば、少なくとも五〇から一〇〇を数える隷属農民の農家（abhängige Bauernhöfe, Latenhufen）が必要であったとしなければなるまい。おそらくは、これ以上の数に上ったと考えるべきであろう。それゆえ、貴族たる主君（adeliger Gefolgsherr）は、大土地領主（großer Grundherr）として生活していたのである」。

それと同時に、ダンネンバウアーは、こうした貴族が壁と濠によって囲まれた城塞（Burg）に住み、そこから周辺の農民を支配したことを詳細に論ずる。その上で提示されるダンネンバウアーのゲルマン社会像は、こうである。「こうしてわれわれは、ゲルマン人の公的生活のとらえ方に関して、もろもろの法制史教科書の伝統的叙述とは全く異なる出発点に立つことになった。従来の法制史教科書は、ゲルマンの小農民ないしマルクゲノッセンシャフト成員の一般的な自由と平等から出発したのであるが、われわれは、多くの貴族の家門があって、自己の大土地所有、自己の多数の隷属民（abhängige Leute）、自己の武装従士団および自己の城塞を拠りどころとして爾余のフォルク（das übrige Volk）から卓越し、これに対する支配を行なっていた、と見るのである。これは貴族支配（Adelsherrschaft）であって、民主政ではない。社会と国家のこれと同じ特徴を、われわれは全中世を通じて見出すであろう」。

このようにダンネンバウアーは、すでにタキトゥス時代のゲルマン社会が自己の城塞から固有の支配を行なったグルントヘル＝貴族の社会であった、と主張する。一般自由人のなかで「最も勇敢で最も戦士的な者たち」がより多くの土地の分配を受けたと想定し、ここにグルントヘルシャフトの成立を認めた『経済的＝社会的基礎』第一巻のドープシュとは違って、ダンネンバウアーは『経済的＝社会的基礎』第二巻で示唆されたドープシュの見解を発展させ、貴族をはじめからグルントヘルないし一種の豪族としてとらえるのである。もっともそのさい、ダンネンバウアーは、そのような豪族に直接隷属しない——自由な——フォルク（農民）が存在したことを、積極的に否認するわけではない。そのことは右の引用の「爾余のフォルク」という表現からも明らかであるが、ダンネンバウアーはその少し前の箇所で、より明確に、城塞を拠点とする貴族が周辺のフォルクにまで保護を及ぼすことによっておのずから「かれの隷属民 (Eigenleute) すなわちかれの非自由な農民 (unfreie Bauern) だけでなく、かれの全ラントシャフトのヘルとなる」、としているのである。ダンネンバウアーにおける豪族支配制 (Adelsherrschaft) の概念は、それゆえ、非自由な農民ないし隷属民に対する支配に限定された狭義のグルントヘルシャフトに尽きるものではなく、より広い内容をもった政治的秩序概念であった。

(1) Alfons Dopsch, Wirtschaft und Gesellschaft im frühen Mittelalter, in: Tijdschrift voor Rechtsgeschiedenis, Deel XI, 1932 (auch in: Beiträge zur Sozial- und Wirtschaftsgeschichte, 1938).
(2) Klaus von See, Deutsche Germanenideologie, S. 73 f.
(3) Dopsch, Grundlagen der europäischen Kulturentwicklung aus der Zeit von Caesar his auf Karl den Grossen, Bd. 1, 1918. ここでは一九二三年の第二版による。
(4) この第二巻も、ここでは一九二四年の第二版による。
(5) Koelleuter, a. a.O., S. 16 f.
(6) Heinrich Dannenbauer, Adel, Burg und Herrschaft bei den Germanen, in: Historisches Jahrbuch, Bd. 61, 1941 (auch in: Herrschaft und Staat im Mittelalter, hrsg. von H. Kämpf, 1956). 石川操訳『古ゲルマンの社会状態』は、その邦訳である。ただし、本文中の引用は、この訳によらない。

17 O・ブルンナー――ラント法共同体と中世的法観念

すでに見たように、ダンネンバウアーは、かれのいう豪族支配制が「全中世を通じて」見出されるものであることを指摘している。タキトゥスの時代に続く数世紀には、「ゲルマン世界には多種多様な変化が生じた。昔の小さな各フェルカーシャフトは消滅し、新たな大部族（Stamm）の一部になってしまった。古い定住地は棄てられ、長期に亙る移動ののちに、激しい戦いによって、新たな定住地が獲得された。異邦の文化が影響力を示しはじめ、新たな信仰が支配するようにさえなった。しかし、すべての変化を超えて変らない唯一つのものがあった。すなわち、政治的存在の基本形式は旧のままであった。豪族支配制が存続していたのである……。ドイツ内部の諸部族のフランク王国への組み込みという、一見最も徹底的な改革でさえ、実際には何ら変化をもたらすものではなかった。およそわれわれが知りうるかぎり古くから、アレマン地方では古来の高貴にして富裕な諸家門が権力を握っており、グラーフ職は、最も早い史料の現れる八世紀はじめに、すでにそれらの家門によって世襲されている。カール大帝はザクセン地方において、その最も高貴な諸家門からかれのグラーフを任命している。つまり、フランクの国王たちは、旧来の状態を承認したのである。かれらにとってそれを除去することは不可能であった。そんなことをすれば、ありとあらゆる伝来的秩序に完全な革命をもたらすことになったであろう。フランクの国王たちは、たしかに、ライン右岸の自己の本拠地を再制圧したのち、ここにフランク人支配者をグラーフないし総督（Statthalter）として任命した（それは、とりわけ最初の数十年については、きわめてよく理解できる方策であった）。しかし、国王たちは、すでにそれ以前から、シュヴァーベンでもバイエルンでも、そしてまたザクセンでも、一定数の土着豪族の家門を自己の味方にすることを心得ていたし、また、こうした家門は多数の姻戚結合によって、王家やフランク王国の諸権門とのいっそう緊密な共同体を成すことになった。こうして、フランクの国王たちは、併合された諸部族の長ないし実力者たちの少なくとも一部については、世襲した権力を保持させておき、また、これにグラーフの称号を与えることによって形式上フランク国家の行政組織に組み入れることにより、世襲権力の保持を確認してやることができた。しかし、これら新たに任命されたアレマン人ないしザクセン人の《グラーフ》が行なう支配は、旧来同様、グラーフの職にもとづくものではなかった。それは〔国王から〕委任されたものではなかった……。強力な王権は、一時的にかれらの力を弱め、かれらを自己に従属させようと試みることができる。レーン制と従臣制（Vassalität）とは、その有効な手段であることが証明されている。しかし、王権の力が麻痺するや否や、かれらは自己の従臣と自己の城塞と自己の裁判権とを以て、かれらが最初からそうであったもの、すなわち dominus terrae として、ラントの真のヘルとして、立ち現れるのである」。

このようにダンネンバウアーは、タキトゥスの時代の豪族支配制がフランクの王権によっても解体されるに至らなかったこと、換言すれば、(一〇世紀の史料に見える) dominus terrae がフランク王国の官職の私物化により生じたものではなく、旧来の豪族の固有の権力にもとづくものとしてとらえられるべきことを主張する。しかも、それと並んで、ダンネンバウアーは、そのような豪族の支配がフォルクに対する保護と表裏一体をなすものであったことを強調する。

「周辺地域 (Umgegend) のフォルクに対して、城塞は戦時における保護を提供した。そのようにして、城塞は、フォルクの役に立ったのである。そういうわけで、周辺地域のフォルクが城塞のために働くことは、全く公正 (recht und billig) というべきであった。中世には、周辺の住民を築城のために動員する領主の権利に、一定の呼び名が与えられるに至っている。すなわちそれは城塞罰令権 (Burgbann) と呼ばれたのである。かつて九四〇年ごろ、ヴェーザー河畔のコルヴァイの修道院長にあてたオットー一世の証書が、次のように述べている。修道院長は、修道院の城塞に避難するのを常とする三つのガウの住民に対し、城塞罰令権と称する権利を有するものとする、と。しかし、こうした慣行 (Brauch) はずっと古くからあったに違いない。それはアングロサクソン人においてはすでにその二百年も前に、つまり早くも八世紀に存在したことが証明されているのである。したがって、タキトゥスの時代の豪族もまた、こうした権力をもっていたと考えるべきであろう。大小を問わず或る地域の住民は、非常のさいに家財道具を抱えてその地方の強力な豪族の城塞に避難するのが常であった。部族間の永続的なフェーデにさいして、また、従士団による戦闘にさいして、そのような非常時は頻繁に生じたのである。しかし、こうした避難のならわしは、住民をその豪族に対して義務づけることにもなった。豪族は住民に保護を与え、その見返りとして (dafür) 住民は豪族に奉仕 (dienen) した。そのことは、ことがらの性質上当然であって、そうならなかったとすればおかしいようなことである。世界中どこでも、強者が弱者に保護を与えてやるところでは、弱者は強者に奉仕し、その命令に従わざるをえない。それは、高貴なローマ人の保護 (patrocinium) に服した被護民についても、ガリアの首長の従属民についても言えることであるが、ゲルマン人の場合も同様であった。個人は自己を防衛するために力をもたず、のちに個人の味方をすることになる国家組織はまだあまりにも未発達で、間に合うだけの保護を個人に与えることができなかった。それゆえおのずから、すべての者がその地方の実力者の周囲に集まったのである。この実力者は、全く自然に、かれの隷属民、すなわちかれの非自由な農民だけでなく、かれの全ラントシャフトのヘルとなった。かれはその自然的首長 (natürliches Oberhaupt) となったのである。保護を与えうる者は、それによって常に支配をも獲得する……。かれは命令し、規定し、裁判することができる。かれは勤務と貢租を要求することができる。タキトゥスもまた、そのことをきわめて正確に述べている。《ゲルマーニア》第一五章でタキトゥスは報告する。《ガウが自発的に、それも一人ひとりが (viritim) ――つまり、自由人も非自由人も例外なしに――家畜か穀物を供出するのが習いである。供出された物は表敬のしるしとして受納され、ヘルの必要をみたすことにもなる》と。それゆえヘル〔首長=豪族〕は、自己のガウの住民から正式に租税 (Steuern) を得るわけである。ヘルは、強力であり、保護しうるがゆえに、租税を得るのである」。

ダンネンバウアーはこうして、ゲルマン=中世社会の政治秩序の特徴を豪族支配制に求めながら、その支配の根拠を、豪族が周辺のフォルク=住民 (Bewohner) に提供する保護 (Schutz) に求めているわけである。ここに描き出された支配と保護の関係を「見返り関係」と呼ぶならば、この「見返り関係」は、主君と従士との誠実勤務契約にもとづく相互的関係（ギールケ）、および君主と臣民とをともに拘束する客観的法秩序から導き出される相互的誠実の関係（ケルン）と共通性を見せながらも、これらと異なる一つの明瞭な特徴を示すものであった。すなわち、ギールケにおいてもケルンにおいても、誠実義務の相互性の観念がまさに主君ないし君主の義務をも含むものとしてとらえられ、その義務が履行されない場合は従士ないし臣民も自己の義務を免れた（反抗権の承認）、と説かれたのに対して、ダンネンバウアーにあっては、豪族による保護は慣行としてとらえられているにすぎず、豪族に課せられた義務とはされていない。フォルクの側からすれば、保護を与えぬ豪族に対する奉仕の拒否が権利（反抗権）として認められていた、とは説かれていないのである。ダンネンバウアーの場合、豪族の周辺住民に対する支配＝保護の関係は、城塞内に起居する従士団に対する関係からはっきり区別されたものであり、主君と従士との誠実勤務契約の構成がそのままここに適用される可能性はなかった。また、ゲルマン社会における貴族の政治的役割を重視せず、自由人から成る臣民団体としてのフォルクと、その支配者としての君主との対抗関係——フォルクスレヒトと君主権との対抗関係——に焦点を合わせる立場からすれば、君主に対抗しうる実力者をも含む臣民の、服従拒否の可能性が重要な論点にならざるをえないのに対して、ダンネンバウアーのように豪族支配制から出発する場合には、その支配に服するフォルクないし住民は非自由人（隷属農民）と連続的にとらえられることになり、したがってそのようなフォルクの反抗権はさしあたり問題にならないのである。このように、ダンネンバウアーにおいては、豪族とそのフォルクとの関係は法的関係としてはとらえられていないのであるが、それにもかかわらず、かれは、まさに豪族支配制の観念によって、隷属農民をも含めたフォルクが支配者に対し保護を期待しえたこと（見返り関係）を指摘したわけであり、その意味では、自由人のレベルに考察を限定した従来の学説の視野を大幅に拡大したということができる。

ところで、実は、ダンネンバウアーの『貴族・城塞・支配』の発表に二年先立つ一九三九年、ヴィーン大学のオットー・ブルンナー（O. Brunner）は、その主著『ラントとヘルシャフト』[1]のなかで、主として一三世紀以降のオーストリア各ラントについて、グルントヘルと隷属農民（ないし、より広く、保護領主と被護民）の関係を、相互的な法的関係としてとらえているのである。『ラントとヘルシャフト』は、一三世紀に入って領域的な法共同体（Rechtsgemeinschaft）としての性格を明確に示すに至ったラント（Land）と、これに対して支配＝保護を行なうランデスヘル（Landesherr）との相互的な関係の解明を主目的として執筆されたものであり、中世末期から近世初期への国制史的発展の考察にとって多くの示唆を与える名著であるが、そのなかで、ブルンナーは、法共同体としてのラントを構成するラントフォルクが——拡張されたかたちでは聖職者や都市、農民共同体を含みながらも——本来フェーデ能力のある自立的諸権力、すなわち貴族から成るものであったことを指摘する。「ラントフォルクに属することの前提は、〔農耕地帯としての〕ラントに支配圏ないし貴族領を有すること（Besitz einer Herrschaft oder eines adeligen Gutes im Land）であった。ところで、支配圏を有するということが言えるのは、その持主が個々の土地や土地従属農民（Grundholden）を有してそこから収益すなわち地代（Gülte）を得るにとどまらず、〔農耕地帯としての〕ラントに家（Haus）を所有しており、この家が貴族領すなわち一箇の支配圏の中心となっている場合であった」(2)(S. 239)。ブルンナーによれば、家は城塞（Burg）でありうるが、必ずしも城塞であることを要しない。ブルンナーにとって重要なのは、支配＝保護の物理的拠点としての城塞よりも、法的拠点としての家、合法的なフェーデにさいしても不可侵とされた特別平和領域（Sonderfriedensbezirk）としての家であった。そのような家を拠点とする家長（Hausherr）の支配を、ブルンナーは、かつてギールケが試みたのと同様に、「あらゆる支配の核」としてとらえるのである。それでは、その家長の権力はいかなる性格のものであったか。

「家長の権力は、支配（Herrschaft）、保護（Schutz, Vogtei, Pflege, Munt）として現れた。それを特徴づけるものは、保護を与えるべく武器をもった手、であった。ムントを行なう者は、みずから一人前（mündig）でなければならない。単に年齢の上で一人前（成年）であるというだけでなく、かれの家の成員を保護しえなければならない。家長はかれらを保護しうるゆえに、かれらのヘルなのである。かれらは家長の命令権力、指揮命令に服し、家長の仁慈（Huld）ないし恩顧（Gnade）を受ける。家長の命令に従わぬ者は仁慈・恩顧を失い、無保護状態で家から追放される」(S. 258)。

ところで、ブルンナーにおいては、この支配と保護は、単なる「見返り関係」にあるのではない。ブルンナーによれば、ヘルとホルデ（Holde）、すなわちヘルの仁慈（Huld）を受ける者との間には、誠実（fides, Treue）の関係が存在した。「誠実とは、服従（Gehorsam）とは別のものであった……。〔一方では〕誠実は服従以上のものであった。誠実であるということは、命令を俟つまでもなくヘルの利益をはかり、ヘルの損害を防ぐということであった。しかし誠実は、服従を限界づけるものでもあった。人は倫理的＝法的に期待可能な枠内でのみ、誠実たりえたのである。誠実は、倫理〔習俗〕と法の及ぶ範囲を限界とした。これは、きわめて重要な意味のあることである。この限界を超えるヘルに対して、農民は誠実と服従を拒否することができた」(S. 261 f.)。

それゆえ、ブルンナーによれば、「誠実とは両面的 (zweiseitig) な関係である。それは、ある程度まで契約としての性格をもっている。ゲルマン語の triuwa は契約という意味をもっており、フランス語の trève は今でもそうである。しかし、それは特別の種類の契約である。けだし、それは、誓約 (Eid)、誠実誓約 (Treueid, Huldigung) によって基礎づけられるものだから。農地の貸与にさいしても、そのような《契約》が結ばれた。しかしそれは、だからといって今日の《農地賃貸借》(Pacht) と同じではない。たしかにいずれの場合も農地は対価を得て貸与されるが、農地賃貸借の場合、契約によって成立するのは、もっぱら農地の貸与という事実のみにかかわる関係である。これに対してホルデ関係が設定される場合には、ホルデのヘルに対する、誠実誓約により強化された義務づけを生ずる。それは一箇の状態、《Status》であって、そこから、最終的には誓約により宗教的に基礎づけられた全人的義務がもたらされるのである。誠実誓約によって生ずる関係は、有期貸与の場合のように短期間のこともある。しかしそれも全人的義務づけをもたらすのであって、近代契約法の場合のように特定の目的物に限定された関係をもたらすのではない」(S. 262 f.)。このようにブルンナーにおいては、誠実の双務性・相互性がとくに契約的構成によって根拠づけられているわけではない。ここではむしろ、誠実が全人的拘束を意味するものであり、したがって近代的な契約概念とは相容れないものであることが強調されている。誠実が「両面的」な関係であるという指摘にもかかわらず、ブルンナーにおいて誠実そのものはあくまでも農民を義務づけるものであって、ヘルを義務づけるものではない。ヘルと農民との相互的・双務的関係は、ヘルが与える仁慈ないし保護と、農民が捧げる誠実ないし助力との相互的関係として構成されるのである。そして、この関係の相互性は、契約的構成によってではなく「中世の法観念」(Rechtsanschauung des Mittelalters) によって説明される。「農民もまた、《旧き法》、《神と法》を援用することができたし、実際にそうしたのである。領主がこれに耳を貸さなかったときは、農民は、いったいこの領主は神の法に背いていないのか、と問うことになった」(S. 262)。ブルンナーがこの箇所に付した註で引用している文献は農民戦争とその前史に関するものであって、「中世の法観念」の引照にもかかわらず、ここでかれの念頭にあったのがとくに中世末期ないし近世初頭の状態であったことは明らかである。ブルンナーはさらに、ヘルが与える「保護と庇護」(Schutz und Schirm)、およびホルデが提供すべき「助言と助力」(Rat und Hilfe) の具体的内容について詳論したのち、再びこの両者の相互性について論ずるのであるが、そのさい、この相互性の社会的背景に言及して次のように述べている。

「われわれの知るとおり、ヘルは農民を必要とした。とりわけ非常の場合には、農民の助力が頼りであった……。ヘルに対する憎悪の念に燃えた農民、それほどではないとしても反抗的な農民を抱えたヘルは、フェーデにさいしていかに大きな危険に曝されたことか。すでに見たように、保護を受けることのできない農民は自分の義務を免れることができた。農民が別のヘルの保護を受け、その被護民となった例は、きわめて多い。最後には、抑圧された農民は都市または遠方の植民地帯に逃亡することができた。これは、きわめて重大な問題である。中世において人的資源は決して無尽蔵ではなく、ヘルは人手不足のために農民を慎重に扱わざるをえなかったのである。それゆえ農民は、自己の旧き権利、しきたり (Herkommen) を楯に取って頑張り、譲歩を獲得することさえできた。かれは自己の保有権をより強いものとし、貨幣価値の下落によってたえず実質的価値を減少させてゆく金銭地代の額を固定し、森林牧野の利用権をヘルの権利の犠牲において拡大しようと試みた。そのさい、農民が、決して旧来のものではないが自分たちの願望に合したことがらを旧き良き権利と呼んだ例は、枚挙にいとまがない」(S. 345)。ここでも、ブルンナーは、中世末期、少なくとも一三世紀以降の状態を念頭に置きつつ、「旧き良き権利」のイデオロギーの果した役割に言及しているわけである。(3)

もっとも、およそ「良き旧き法」の観念によってヘルとホルデとの関係の相互性 (Gegenseitigkeit) を説明するかぎりで、ブルンナーは、フリッツ・ケルンが中世初期の君主と臣民の関係について指摘した「ゲルマン的法観念」を中世末期の領主＝農民関係にあてはめた、と評することもできる。その意味では、ブルンナーは一三世紀以降のランデスヘルとラントフォルクの関係についても、やはり同様のあてはめを行なっているのである。ブルンナーによれば、グルントヘルの人的結合によって形成された法共同体としての部族ラント (Stammesland) はすでに一三世紀より前に存在したが、一三世紀に入って王権がレーン法上の支配にまで後退すると同時に、領域的法共同体としてのラントが――高級裁判権を確立して支配＝保護を行なう者となったランデスヘルのイニシァティヴの下に――形成されることになった。それにもかかわらず、ラントの担い手、その「核」(Kern) は、やはり、ラント法 (Landrecht) に従って生活するラントロイテないしラントフォルクなのである。「ラント法は、土地を所有する人々の法、広義における農耕地定住共同体の法であった。このラント法は、一箇の中世的法秩序 (eine mittelalterliche Rechtsordnung) であり、その精神的諸前提の下にあった。このラント法は、それに服する人々、それを行なう人々にとって、良き旧き法 (gutes, altes Recht)、良き慣習、正義そのものであると思われた。すでに見たように、そのことは、ここでは倫理的＝宗教的な秩序が実定的ラント法と同一のものとして現れた、ということを意味する。ところで、ラントの慣習が法共同体成員の倫理的＝宗教的確信に合致せぬかぎり法たりえなかったのと同様に、個人の権利主張 (subjektiver Rechtsanspruch des Einzelnen) も、かれの《正義》、かれの《名誉》として現れた。倫理的＝宗教的な秩序、神の法、ないし正義が、ラント法の実定的法秩序およびラント共同体成員の権利主張と同一のものとして現れるような世界では、すでに述べたように主権の問題は生じない。君主とフォルク、ランデスヘルとラントフォルクの上に法が存在するのであって、両者のいずれかが主権者であるのではない。両者が共同で行為し、法を定立し、示し、語るものとして登場する場合も同じことである。けだし、両者は、自分たちの上にある《法》に拘束されていることを、心得ているのである」(S. 235)。

このように「中世的法観念」ないし「中世的法秩序」の観念を一三世紀以降のランデスヘルと（主としてグルントヘルによって構成される）ラントフォルクとの関係、およびグルントヘルと農民との関係にあてはめる前提として、ブルンナーが「中世的法観念」そのものについて多少とも詳細に論じていることは、右の引用からも推測されるとおりである。ブルンナーがそこで、とりわけフェーデに関するかれ自身の詳細な検討に立脚して「中世的法観念」の内容として指摘していることは、フリッツ・ケルンの所論とさして異ならない。ただ、ブルンナーは、法の宗教的基礎づけが中世に特有の現象ではないことを強調する。一方で近世に入っても、たとえばジャン・ボダンが君主は法律 (leges) から解放されているとしながら、法 (ius) すなわち神的な、そして自然の法 (lex divina et naturae) には拘束されると説いており、また世俗化した自然法論も、やはり、神が人間に与えた理性によって法を基礎づけている。他方、中世以前にも、キリスト教的古典古代を含むあらゆるキリスト教的法思考において、そして古ゲルマンの法思考においても、法は宗教的に基礎づけられていた。「この宗教的に基礎づけられた法概念を示すゲルマン語は、《エーヴァ》(êwa) であった。ヴァイスヴァイラー (J. Weißweiler) は、このことばが法の領分と宗教の領分の両方に属するものであることを明らかにしている。実際それは、中世においても依然として、そのような——多くの場合ほとんど区別できない——二重の意味で用いられている。《旧きエー (ê) と新しきエー》、新しき法と旧き法 (lex nova et vetus) というのは旧約聖書と新約聖書のことであり、キリスト教世界の、聖書によって与えられた秩序のことであった。一四五二年にオーストリアの諸身分が皇帝と教皇に反抗するに当って《旧きエーと新しきエー》を援用したさいに、かれらの念頭にあったのはこの基本秩序であり、この基本秩序と一致しているということによってかれらは《正義》の意識をもつことができたのである。エーヴァ、エーは、神の秩序の永久性 (Ewigkeit) を意味し、それによって法の不動性、永続性が基礎づけられた。これはきわめて広範に見られる思考様式であって、近代ヨーロッパの土台の上においてのみ根本的に揺がされることになったものである。われわれは中世的法思考の基礎をここに求めなければならないが、これをとくに中世的なもの、ないしゲルマン的なものと見ることは許されない」(S. 136f.)。

それでは、とくに中世的な法観念とはどのようなものか。ブルンナーによれば、「中世の俗人 (Laie) の法思考の、決定的に重要な一特徴は、かれにとってそれぞれの場合に効力をもつ実定法 (positives

Recht）とこの〔永遠なる神の〕秩序との同一視、かれの《正義》、かれの《主観的》権利主張と正義一般との等置、にあった。かれの実定法〔実定的な権利〕の侵害は、君主による場合であっても、かれにとっては《神の法》の侵害であった」（S. 137）。自然法と実定法を区別する教会の法思考も、さしあたりこのような世俗世界の法思考に大きな影響を及ぼさなかった。ブルンナーによれば、主権的権力が存在しないかぎり、法理念と実定法〔実定的な権利〕との区別が貫かれることはなかったのである。そして、中世において主権的権力の成立を見るに至らなかった事情を、ブルンナーは次のように説明する。

「その原因は、政治的結合体であると同時に宗教的結合体でもあり、したがってその法が宗教的に基礎づけられた生活秩序の一部をなしていたゲルマン諸部族の世界と、とりわけアウグスティヌスによって、正義（iustitia）、正しい権力、正戦（bellum iustum）といった理念を中心問題とするに至っていたキリスト教的古典古代末期の思想との、出合いに求められる。ここに生じた宗教的＝神学的思考にとっては、法理念と実定法が別れることはあっても、やはり後者が前者とつながりをもっていることが決定的に重要であった。しかし、中世を構成するこれら両要素の出合いから、このようにして生活の宗教的基礎の強化がもたらされたとしても、一箇または若干の世俗権力が確立されれば、実定法と正義の区別は可能だったはずである。だが、そうはならなかった。ローマ皇帝権は、キリスト教的ヨーロッパの上に実際に上位権力をうち立てることができなかったし、つねにそのような要求を掲げたわけでもない。こうして、教会が世俗諸権力に対する優位を占め、世俗諸権力を宗教権力の領分から追い出し、教会の《自由》のための闘争を遂行するに至った。教会は《叙任権闘争》という大規模な争いにおいてもろもろの地方権力と手を結び、国王や諸侯が教会と地方権力にはさまれてさしあたり主権的地位の確立へと進むことのできないような状況をつくり出した。この状況は、中世末期にこれを克服しようとするさまざまの試みがなされたにもかかわらず、一六世紀に入るまで継続したのである。こうして、古い時代の法意識が全中世を通じて生き続けることになったのであって、そのことはフェーデという制度について鮮明に見たとおりである」(S. 144 f.)。

このように、ブルンナーの主たる関心は、やはり叙任権闘争後のドイツにおける政治社会の構造と、それが支える法観念との関連を考察することにあった。それゆえ、たとえば中世初期の政治構造との関連で、支配のさまざまのレベルにおいて「中世的法観念」が果した役割を究明することは、本来ブルンナーの視野の外にあったのであって、その意味でブルンナーがケルンの所説をいわば前提していることは理解できる。しかし、中世的法観念の特徴として、ブルンナーが、普遍的法秩序と具体的＝相対的な実定法ないし実定的権利との一体視をとくに重視しているのは、やはり重要なポイントをとらえたものである。むろんケルンも、ゲルマン的な法観念においては「数限りない個別的権利の一箇の連関としての、所与の法状態」が「父祖の法」として不可侵視されたこと、「あらゆる私的既得権が客観的法構造を構成する要素として、恣意的な変更から守られた」ことを指摘しており、遡ればすでにギールケが、ゲルマン法においては法 (objektives Recht) と権利 (subjektives Recht) の区別がなかったことに言及している。しかし、ブルンナーが宗教的に基礎づけられた普遍的法秩序の観念自体をとくに中世的なものではないとして、その法秩序と具体的＝相対的な実定法 (実定的権利) との同一化に中世法の特色が存することを明確にした結果、そのような意味での中世的法観念が、たとえば中世初期にどの程度存在したと言えるのか、という問題を生ずることになるのである。中世初期の豪族と農民との間にそのような意味での法的関係があったのか、という問題もむろん残されるが、とくに問われるのは、やはり、ケルンが対象とした中世初期の君主と「臣民」との関係、とりわけフランク王権と(豪族をも含む)その「臣民」との関係である。

(1) Otto Brunner, Land und Herrschaft. Grundfragen der territorialen Verfassungsgeschichte Österreichs im Mittelalter, 1939. 本文の引用は、一九六五年の第五版による。

(2) ただし、ブルンナーは、貴族たるグルントヘルと、農民をも含む広義のグルントヘルとを峻別しているわけではない。「F・クルーゲ (Kluge) によれば、〔ラントという語の〕本来の意味は《灌木の茂った開拓地》であったとされる。これによっても、ラントは《入植地》を意味したということができる。このラントが法共同体であったとするなら、それはまさに入植農民ないしグルントヘルの法共同体であった」(S. 186)。「われわれが中世初期について部族法とかフォルクスレヒトとかいうことには、理由がある。すなわちそこでは、一箇の統一的な法を担う結合体の、人的結合体 (Personenverband) としての性格が非常に強かったこと、そして、フランク王国において諸部族が隣接して、また一部は混ざり合って定住していたために属人主義 (Personalitätsprinzip) が強調されたこと、がその理由である。しかし、各部族ごとの人的結合体は、農民ないしグルントヘルたちの結合体にほかならなかった……。ラントを単に国家の領土としてとらえてはならない。けだし、中世国家は、抽象的な領土を支配する何らかの人的結合体である、というのではなかった。ラントは《グルントヘルたち》の結合体であって、かれらは、みずから耕作し、または他人に耕作させる農地(ラント)をもつことなしにこの結合体に属することはできなかった」(S. 186 f.)。「われわれがグルントヘルシャフトという語を用いるのは、それが農地所有 (Landbesitz) から成るからである。この地を、土地所有者 (Grundbesitzer) は、みずから経営するか、または一定の借地形態によって、賃料その他の貢租とひきかえに農民の手にゆだねた。しかし、〔グルント〕ヘルシャフトの範囲に含まれるのはそれだけではない。自己の土地を自由な所有地としてもつ自由な農民や、聖俗のヘルから土地を受け取り、これに地代を払う農民も、これに含まれる。

しかし、これら二つのグループ〔固有地を耕作する農民および貸与地を耕作する農民〕は、最初に挙げたヘルの《ヘルシャフト》ないし《フォークタイ》に服した」(S. 249 f.)。

(3)　そのような例について、村上淳一「《良き旧き法》と帝国国制(一)」(『法学協会雑誌』九〇巻一〇号)を見よ。

18 シュレージンガー――従士制とゲルマン的誠実

オットー・ブルンナーは、『ラントとヘルシャフト』において、一三世紀以降のランデスヘルの支配＝保護につき、「ラントとロイテ」(Land und Leute) の全体に及ぶ「一般的保護」(allgemeiner Schutz)、すなわち一般的な平和と法の維持と、かれの直轄権域 (Kammergut) に限定される「特別の保護」(besonderer Schutz) とを分けて論じている。直轄権域とは、広義では聖職者と都市をも含み、狭義ではランデスヘルの直轄領 (Urbargut) を意味する概念であって、ランデスヘルは一般的保護の分野において等族の「助言と助力」を尊重すべく義務づけられながらも、この「特別の保護」を核としてしだいに自己の権力を確立していった、とされる。むろんブルンナーは、特別の保護についてはもとより、一般的保護の分野についても、ランデスヘルの支配は家長の支配を原型とする保護支配であり、かれが加える保護とラントロイテが提供する「助言と助力」との間には、良き旧きラント法によって基礎づけられた相互的関係があった、とするのである。フランク王権の支配について、これとある程度類似した二分法を試みた著作が、ダンネンバウアーの『貴族・城塞・支配』と同じく一九四一年に発表されたヴァルター・シュレージンガー（W. Schlesinger）の『ランデスヘルシャフトの発生』(1)であった。シュレージンガーによれば、「伝統的な学説の核心は、フランク＝ドイツ王国の《国家権力》と、中世末期の領邦や近代主権国家のそれとの等置にある。それによれば、フランク＝ドイツ国王はもろもろの《公》権を国王の官吏すなわちグラーフに（したがってこれらの権利は《グラーフの権利》と呼ばれる）、そしてまた教会に委任し、教会はこの権利をフォークトに行使させた。《官吏》たちは、本来国王のものであったこれらの権利をレーン制によって私物化（aneignen）し、さらにこれを世襲化することにより、ランデスヘルとなった。そして、高級裁判権（グラーフ裁判権）が取得されるや否や《ランデスホーハイト》の状態が成立したとみなされた」（S. 2）。このようなものとしてシュレージンガーがとらえた伝統的学説が、当時さまざまの批判に曝されるに至ったことは、あらためてことわるまでもない。本稿で紹介したかぎりでも、オットー・ブルンナーは自立的な家長のゲノッセンシャフト＝法共同体がラントの核を成したと説くことにより、近代的国家概念を前提とする伝統的学説の構成を批判したし、また、ダンネンバウアーは、ヘルシャフト的な把握によりながらも国王の支配に対抗する豪族の支配の自立性を強調した。これに対してシュレージンガーは、フランク王権の支配そのものと取り組み、いわば国王の直接的支配に服する領分と、直接的には豪族の支配に服する領分とを区別する構成を提示するのである。

シュレージンガーは、フランクの王権を、従士団の主君(軍事的指導者)としての権力、家長の権力、ゲルマン的血統権、(とくにガリアにおいて)ローマ的インペリウム、キリスト教的な神の職務の観念等の複合物としてとらえるのであるが、シュレージンガーによれば、「自己の政治的指導を絶対主義的国家権力に転化させること、すなわち豪族の支配(adelige Herrschaft)を国家の官職に転化させること」をめざす王権の努力は、どこでも一様に成果を挙げたというわけではない。「西部においては、国家的官職による組織化は成功したといえるかもしれない。けだし、ここでは、ゲルマン人の征服豪族と、官職制度への組み込みに慣れているローマ属州の土地貴族とが混和していたからである。これに対して東部では、官職という概念そのものがなじみのないものであった。人々は国王に対して、服従ではなく誠実(Treue)の義務だけを負った……。豪族は固有の支配権を保持していた」(S. 120)。それゆえ、東部においては、「国王支配の領域と豪族支配の領域との二元主義(Dualismus)」(S. 126)を生じたのである(なお、九世紀末のフランク王国の西部と東部の国制発展の差異が、同じ一九四一年にHistorische Zeitschriftに発表されたシュレージンガーの論文ではフランス人とドイツ人の人種的差異と結びつけられていることについて、上述二九頁参照)。

「少なくとも国王の要求のレベルでは存在した、フランク王国の《一般臣民団体》(allgemeiner Untertanenverband)の内部において……国王と直接の関係を有する人は特別の地位を占め、王国領域の内部において直接王権に服する地域またはケーニヒスロイテ(Königsleute)が居住する地域、すなわち国王領(Königsgut)は特別の地位を占めた。われわれが詳細に検討した中部ドイツ〔テューリンゲン〕の諸史料から見て、中部ドイツでは国王領がフランク国家の核であった。各種の教科書によってわれわれの間に知られているフランクの国制は、中部ドイツでは国王領においてのみ完全に実現され、それから拡張されはしたものの、やがて王権の弱体化が進行するに及んで他の制度によりとって代られることになった。王国の、国王領以外の部分は、豪族の支配に服しており、当初は国王に対する豪族（adelige Herren）の人的誠実義務（persönliche Treupflicht）によって国王に結びつけられていた。むろん強力な国王は、ここでも自己の特使（missus）によって、そしてまたおそらくはグラーフによって直接的に統治した。とりわけ国王に対する従軍義務（Heerbannpflicht）に直接的な拘束力を与えようとする試みがなされたように思われる。《ラントの防衛》（Landwehr）については、そのことが確認されている。しかし、この〔国王領以外の〕領域を中央から統治される国家機構に確定的に組み入れることは、レーン制という手段によって不完全なかたちで実現されたにすぎない。封建制（Feudalismus）は、フランク王国における分立主義的堕落（partikularistische Entartung）の結果というよりは、全体としての王国に不十分にしか統合されていない豪族の支配圏を国家的全一体に組み入れようとする試みであった。中部ドイツではレーン制がカロリング時代にようやく徐々に進行しはじめた、ということはすでに見たとおりである。

このような構図は、国王領のもつ特別の国制史上の意義に関して、すでに以前にザクセンについてなされた考察によっても裏づけられるものである。すなわちフィリッピ（F. Philippi）は、ザクセンの各グラーフシャフトが、《このラント全体に一様に配分されラント全体をカヴァーしていた組織の、各部分といったものではなかったこと、ここでグラーフシャフトとして現れるのは、それ以外では別のしかたで組織されているラントの、相互にほとんど関係をもたないいくつかの飛地にほかならないこと》に注目している。かれは、〔一旦完成されていた〕グラーフシャフト組織が解体した結果そうなったという可能性を十分考慮しながらも、すでに、これらの地域はやはり最初から分散していたものであり、フランク国家の入植地である、とした。ザクセンと中部ドイツ〔テューリンゲン〕との共通性は明らかである。テューリンゲン中心部においてはグラーフの存在を示す史料がないのに対して、フランク人の入植地には十分に組織されたグラーフシャフトがあり、その裁判制度は――のちにザクセンシュピーゲルに出てくる――フランク的特徴を見せているのである。ここには、ザクセンの自由農民（Freibauer）と同じような、フランクの一般自由（Gemeinfreiheit）の意味における自由人たち（ingenui）やフランク人たち（Franci）が見出される。フランクの入植地において、立法が実現をめざした諸身分の均一化が、最初に実現されたことは明らかである。スラヴ人と東フランク人は全く平等に扱われた。オーストリアにおいては、スラヴ人は《自由》であった。以上に述べたことすべてからして、《一般自由》の概念が最初に国王領において形成された蓋然性は高いと思われる。そのさい物を言ったのは、国王に対する直接の関係であった。こうして、ここでは、きわめて多様な出自の住民が融合するに至った、と思われる」（S. 126 f.）。

シュレージンガーはまだ、国王領の住民の自由を「一般自由」としてとらえているが、やがて、テーオドア・マイヤー（Th. Mayer）とダンネンバウアーが、これを「国王の自由」（Königsfreiheit）としてとらえ、いわゆる国王自由人学説を形成することになった。国王自由人学説そのものについては、わが国でも石川武『国王自由人学説とその問題点――中世初期ヨーロッパ国制史研究への一つのアプローチ』（『北大法学論集』一二巻二号―一三巻三・四号）、および久保正幡編『中世の自由と国家』所収の諸論稿によって詳細な紹介と批判的検討がなされているので、ここでは立ち入らない。王領地入植者ないし国王直属者の自由を「一般自由」と呼ぶか、「国王の自由」と名づけるかは別として、われわれにとって重要なのは、シュレージンガーがフランク王権の支配を二元的にとらえた、という事実である。ところで、シュレージンガーは、他方においてフランク王権の性格を――ゲルマン的血統権やキリスト教的職務観念によって基礎づけられるカリスマ性を別とすれば——従士団の指導者としての権力(いわゆる軍隊王権)、および家の支配者としての権力によって説明しているが、その相互関係は明らかにされていない。シュレージンガーは、家長の権力を単純に軍事的指導者の権力と重ね合わせているのであって、したがってかれの立場からすれば、ほとんどすべての支配関係を主として家長権によって説明することも、主として従士制によって説明することも可能なのである(一九五三年の論文『ゲルマン＝ドイツ国制史におけるヘルシャフトとゲフォルクシャフト』において、シュレージンガーは後者の立場をとっている)。そのかぎりで、シュレージンガーは、国王領に対する支配と、国王領以外の部分に対する支配との区別に、支配の性格の区別を対応させてはいない、と言える。しかし、右の引用からも明らかなように、シュレージンガーは、とくに国王と豪族との関係を、後者の前者に対する「人的誠実義務」ないし「レーン制」にもとづくものと見ているのである。それゆえ、シュレージンガーは、一方において国王領の住民に対する国王の支配を、将来一般臣民団体に対する主権的君主の支配へと発展すべき萌芽としてとらえ(したがって、この住民の自由は「一般自由」としてとらえられる)、他方において豪族の支配圏を「人的誠実義務」ないし「レーン制」により王権に結びつけられたものとしてとらえているわけである。

そうだとすれば、いわゆる「中世的法観念」については、次のような問題を生ずる。第一に、国王とその直接的支配に服する王領地住民との間に、相互的義務づけの関係、国王の義務違反の場合に住民の反抗権行使が正当視されるような関係がどの程度存在しえたのか。第二に、国王と豪族との間に相互的義務づけの関係があったことは容易に想定しうるとしても（シュレージンガーは、国王に対する豪族の誠実によって「ゲルマン的反抗権」が基礎づけられることを、ケルンを引用しつつ明言している）、その相互的関係は――ケルンの主張とは異なり――君主とフォルクとをともに拘束する唯一の法としてのフォルクスレヒトに由来するものではなく、まさに「レーン契約」にもとづくものではないのか。第一の疑問について、国王に直属する住民の既得権が不可侵とされ、国王がこれを侵害したときは反抗権の行使が認められる、というのでなければ、いかに国王の支配の宗教的基礎が強調されようとも、否、むしろそれによって国王の権威が強調されればされるほど、ケルンによって唱えられ、ブルンナーが明確化した中世的法観念の存在を認めることができないと言わなければならない。また、第二の疑問について、フランク国王と豪族との相互的義務づけがゲノッセンシャフト的な「契約的誠実」（エーレンベルク）によるものではなく、国王と豪族がともに従うべき神聖な法秩序によるものであることが論証されないかぎり、ここにもやはり中世的法観念の存在は認められない、と考えるほかはない。とくに後者について言えば、依然としてフランク王国における一般臣民団体の存在を前提としたケルンにあっては法が臣民を拘束するのは当然のことであり、重点はむろん君主の義務づけ（臣民の反抗権）にあった。これに対して、シュレージンガーのように豪族の支配の自立性を承認する場合には、かりにフランク人豪族が王権によって平準化され、もろもろのフェルカーシャフトの法が一箇のフランク法にまで統一されていたことを認めるとしても、フランク人以外の豪族にとってそのフランク法が神聖なフォルクスレヒトとして拘束力をもったとすることは困難であり、契約的誠実ないし仲間的誠実の観念を援用せざるをえないのである。(2) エーレンベルクもいうように、この契約的誠実は特殊ドイツ的なものではない。このように、フリッツ・ケルンがそもそも中世初期について「ゲルマン的＝中世的法観念」の存在を証明しえたと信じたにもかかわらず、実は、その証明は成功していないと考えざるをえないであろう。いわゆる中世的法観念が存在しうるためには、おそらく、豪族がゲノッセンシャフト的に結合している状態（フランクの国王と豪族との関係、一三世紀以降の皇帝と帝国諸侯との関係）ではなく、豪族が領域的法共同体の担い手としての地位を保持しながらも君主の一般的支配＝保護に服している状態（一三世紀以降のランデスヘルとラントロイテとの関係）が、少なくともより適合的であった、ということになる。

それにもかかわらず、シュレージンガー自身は、このような問題を意識するには至らなかった。すでに触れたように、シュレージンガーは、一九五三年の『ゲルマン＝ドイツ国制史におけるヘルシャフトとゲフォルクシャフト』(3) において、中世初期におけるさまざまのレベルの支配を――妻に対する夫の支配までをも含めて――ゲフォルクシャフトへと還元しているが、そのさい、かれは、ゲフォルクシャフトが次のような性格をもつものであることをア・プリオリに前提し、中世初期のすべての支配がそのような特質を備えていたかのごとく説くのである。

「以下においては、ゲフォルクシャフトを、自発的に形成され、誠実（Treue）に基礎づけられた、そして従士（Mann）に助言と（戦士としての）助力の義務を負わせ、主君（Herr）に保護と《仁慈》(Milde) の義務を負わせる、主君と従士の関係として理解する。そこには、上官の部下に対する、服従（Gehorsam）を要求する関係は生じない。自由なゲルマン人は服従を知らず、まして無条件の服従などというものは知らなかった。指導者と従士を、服従よりももっと強く結びつけるものは、友情 (Freundschaft) と誠実の絆であった。のちには、従士は主君に対して、助力と誠実 (trustis et fidelitas, Trost und Treue) を誓約するようになった。法 (Recht) に反することを要求することは、その Recht が従士の権利 (subjektives Recht) を意味するにすぎない場合にも、主君のなしうるところではなかった。主君がそれをあえてするならば、かれは自分の要求が実行されることを期待しえなかった。それゆえ、従士は主君と全く同様に、自由に自分の態度を決めることができた。従士は主君の要求したことをしなければならなかったのではなく、自分が正しいと信ずることをしなければならなかったのである。したがって、主君が従士に助言を求め、自分の意向に反してもその助言に従った多くの例が知られている』。

そのような相互的義務づけの関係が、ほとんどすべての支配について——したがって自由または非自由な従属農民に対する大農民 (Großbauer) の支配についても、そしてまた、国王の支配に関しては国王領に対する支配と豪族に対する支配(ないしレーン関係)とを区別することなしに——指摘されるわけである。ケルンにおいて君主と臣民との相互的義務を基礎づけるものとされた中世初期の神聖な法秩序の観念は、「フォルク全体がゲフォルクシャフトにより編成 (gliedern) されていた」と見るシュレージンガーによって具体的＝相対的な「見返り関係」ないし契約関係と混和されることにより、きわめて大きな射程をもつ教説へと組み替えられることになったのである。

このようなシュレージンガーの教説は、まずハンス・クーン (H. Kuhn) の論文『ゲルマン的ゲフォルクシャフトの限界』(4)(一九五六)によって批判された。クーンは、平時において労働に従事しない従士団を維持することは現物経済の下では不可能であり、多くの貨幣ないし貴金属の流通という条件の下でのみ——すなわち南部ではローマ時代と民族大移動期、北部ではヴァイキング時代(とりわけ一一世紀の初頭から一〇六六年まで)にのみ——可能であったとし、その他の場合君主に勤務したのはその保護支配(ムント)に服する家臣団(Vasallentum, Dienstmannschaft)であったと主張したのである。他方においてチェコスロヴァキアの歴史家グラウス(F. Graus)は、一九五九年の論文『いわゆるゲルマン的誠実について』により、特殊ゲルマン的な誠実(Treue)の観念の不存在を主張し、また、一九六四年には、クラウス・フォン・ゼーが『古北欧の法用語——ゲルマン人の法観念と法信念についての言語学的研究』(5)のなかで、他のいくつもの基本的概念とともに誠実の概念にも綿密な検討を加えた。ゼーによれば、ヴァルター・メルクによる誠実の倫理性の強調にもかかわらず、ゲルマン語のトロイエは本来倫理的態度とは無関係に、契約ないし休戦契約を意味するものにすぎなかった。トロイエの語源は樹木を意味するインド＝ゲルマン語の deru / dreu に存したとされる(英語の tree もこれに由来する)が、木の堅さからして、確実にして永続的な拘束という意味が生まれ、正式の契約によってそのような拘束が確保されることになったのである。タキトゥスがゲルマン人の誠実について言及しているのは『ゲルマーニア』第二四章であり、そこでは賭博に負けた者が進んで自分の身を提供すること、ゲルマン人自身がこれを誠実(fides)と呼んでいることが述べられているが、ゼーによれば、まさにタキトゥスのこの報告こそ、ゲルマン人の「誠実」が、硬直した、形式的な契約であったことを意味するものである、とされる。こうして、誠実の倫理性に何の根拠もないことが主張された結果、シュレージンガーの教説の基礎は大きく揺らぐことになったのである。しかし、ゲルマン的誠実の観念にいっそう大きな打撃を与えたのは、カール・クレッシェルの論文『ドイツ法史における誠実』(6)（一九七〇）であった。クレッシェルは、まず、タキトゥスがいかなる意味で、通常誠実（Treue）と訳されるフィデース（fides）なる語を用いたかを検討する。

「タキトゥスが《ゲルマーニア》において――昔から法史学が誠実観念の中心に置いてきた――従士制を記述するさい、フィデースなる語を全く用いていないことに、《ゲルマーニア》を読む者は驚くであろう。これは、タキトゥスがその他の点ではローマの保護主（patronus）と被護民（cliens）の関係にかかわる用語を用いており、この関係についてはフィデースの観念が重要な役割を果していただけに、いっそう注目されることである。むろん、ローマの保護主‐被護民関係について言われるフィデースは、主君と従臣との間の、普通考えられているような相互的な誠実結合とは全く異なる意味をもっていたのであり、おそらくそれだからこそ、タキトゥスは、このフィデースという概念の使用をことさらに避けたのである」。

それでは、ローマの保護主と被護民との関係において、フィデースとは本来何を意味したのか。クレッシエルによれば、フィデースとはもともと保護主の支配権力を指す語であったが、すでに共和政後期にその支配権力が弱体化するに及んで、保護主の公的声望を意味するようになった。そのさい、保護主が自分のことばを守ること、それゆえ人々が保護主を信頼しうることも、フィデースの内容とされたわけである。それはやがて人間一般の信頼性を意味する概念にまで拡大されてゆくことになるが、「さしあたりは、そして保護主と被護民との関係ではつねに、フィデースは保護主にかかわるものであり、被護民の性格ないし態度にかかわるものではなかったのである。それだからこそ、タキトゥスが従士制についてフィデースの語を用いていないことは注目すべきである。それは、《ゲルマーニア》第一四章がいうように、従士団が力と戦いによらずしては保持しえないものであるからではなかろうか。その他の点では、従士制はローマの保護主 - 被護民関係と酷似しているのである」。他方において、タキトゥスがフィデースの語を用いている箇所、すなわち、賭博に負けた者が進んで奴隷となる風習に関して、「このように卑しむべきことがらにおける強情さ」をゲルマン人自身はフィデースと呼ぶ、と述べている箇所について、クレッシェルは、ここで問題となっているのは賭博に負けた者の――束縛を受けようとする――主観的意識ではなく、ローマ的なフィデースの観念に従って、賭博に負けた者が客観的に当てになること (objektive Verläßlichkeit) なのではないか、と指摘する。それゆえ、クレッシェルによれば、「タキトゥスはゲルマン的誠実については何も述べていないのである」。

クレッシェルはさらに、中世初期についても、ゲルマン的誠実の観念が認められないことを指摘する。中世初期においても史料に現れるのはむろんフィデースというラテン語であり、それは依然として権力 (dicio, potestas) と結びついた概念であった。もっとも、中世初期には、アントルスティオーネンの国王に対する義務、封臣の封主に対する義務等の意味でフィデースという語が用いられる例も見られる。「ここにゲルマン的な従士制の誠実の一片を見出すことができる、と考えたくなるだろう。それは主君 (Herr) に対する従臣 (Mann) の誠実であり、従臣に対する主君の誠実がこれに対応する、と。しかし、このような見方には根拠がない。一方において、主君の誠実 (Herrentreue) なるものの存在は証明されない。従臣に対する主君の拘束という意味でのフィデースについて述べる史料は全くない。史料はせいぜい、ローマの保護主 - 被護民関係におけると同様、従臣の避難所たるべき保護権力としてのフィデースについて語るのみである。ヘルの与える援助（auxilium）と守護（defensio）からゲルマン的な主君の誠実という観念があったと推測することができるかもしれないが、これらの語もやはりローマの保護主‐被護民関係に由来するものであって、そこでは相互的な誠実など全くありえなかったのである。他方において、主人（Herr）に対するしもべ（Mann）の拘束としてのフィデースは、すでにローマの用語法において準備されていた。すでに共和政後期において、フィデースは、有力者の信頼性（つまりもとの意味でのフィデース）によってもたらされた〔しもべが主人に寄せる〕積極的な信頼の態度としてのフィデースの観念が見られた。キケロはこの概念をより頻繁に用いるようになっているが、この概念がその固有の意味をもつようになったのは、神に寄せる信頼、神を信ずることとの意味におけるギリシア語のピスティス（πίστις）がキリスト教によってフィデースと訳されてからのことである。これら二つのフィデース概念〔主人の信頼性と、しもべが主人に寄せる信頼〕の間に相互性があるという観念は存在しなかった」。そして、クレッシェルによれば、神を信ずる者（fidelis Dei）としての人間という観念が、封臣の封主に対する関係、アントルスティオーネンの国王に対する関係のモデルとなった、とされる。カロリング期に見られる fideles Dei et regis という表現は、世俗の従属関係をキリスト教的範型によってとらえようとするものであった。

クレッシェルはさらに、フィデースから派生した——そして、アントルスティオーネン関係、レーン制、および（レーン制をモデルとした）カロリンガーの臣民誓約について、誓約により成立する関係を指すものとして用いられた——フィデリタス（fidelitas）の語についても、相互的なゲルマン的誠実の観念との関連を見出すことができないとし、また、フィデリタスおよびインフィデリタス（infidelitas）の概念がゲルマン諸王のカトリック改宗とともに用いられるようになったものであること、それゆえフィデリタスはキリストに対する信仰と結びついた国王への誠実を意味し、インフィデリタスは臣民の義務違反を意味したことを指摘する。そして、フィデリタスもインフィデリタスも、主として証書(Urkunde)、書式集(Formula)ないし勅令(Capitularia)に現れる語であり、西ゴート法典のようにまだローマの影響下にある場合を除いて各部族のレークスにはほとんど登場しないものであることをも理由に、これらの観念がゲルマン的思考に根ざすものではなかったことを強調する。そして、ドイツ語のトロイエ(Treue)ないしそれに先行するゲルマン語の triuwi, treuwa 等も、クレッシェルによれば、そのようなフィデースの訳語として現れたのであり、人間の神への信仰と束縛を意味したのであって、相互的義務づけの観念とは全く相容れないものであった、とされる。そのほかに、クレッシェルは、フィデースの語が用いられたもう一つの場合として、fides facta を取り上げ、それがフェーデを終了させて判決の実行の法的土台を形成するための厳格な方式による契約を意味した旨論ずる。これについてのクレッシェルの議論を詳しく紹介することは省略するが、いずれにせよクレッシェルによれば、神への信仰と束縛を意味するものとしてのフィデースおよびトロイエと、フェーデを終了させる要式契約(Urfehde-Vertrag)ないし契約一般としてのフィデースおよび treuwa, treuga, Treugelöbnis(今日の Treu und Glauben もこれに由来する)とは、ようやく一四世紀になって重なり合うことになった。「それゆえ、これは《ゲルマン的》ないし《ドイツ的》誠実とは何のかかわりもないものであった。実際に相互的な、ある程度まで水平的な結合が見られる場合には、それは倫理的な性格をもつものではなく、厳格な形式的性格をもつものであった。これに対して内面的な束縛が少なくとも要請される場合、すなわち、主人（Herr）に対するしもべ（Mann）の献身が問題となる場合には、これに力を与えるのはゲルマン的誠実の燃える熱気〔ヴァルター・メルク〕などではなく、神を頼りとするキリスト教信仰というお手本なのである」。

ゲルマン＝ドイツ法史の脱イデオロギー化をめざすクレッシェルによって、ゲルマン人の「第二の旗印」たる誠実（Treue）の概念は、今や全く色あせてしまったといえよう。そのことは、当然、この誠実義務の相互性を核とするフリッツ・ケルンの「ゲルマン的＝中世的」法観念が根拠を奪われたことを意味する。

（1） Walter Schlesinger, Die Entstehung der Landesherrschaft, Untersuchungen vorwiegend nach mitteldeutschen Quellen, 1941.

（2） ハンス・クルト・シュルツェは、ヴァースからシュレージンガーに受けつがれた、フランク王国の東部において官職グラーフシャフトの展開は見られなかったとする見解を批判し、次のように論ずる。「グラーフシャフト制は〔西部と東部を含む〕王国に対する国王の支配の最重要な手段に数えられるものであり、司法と行政と軍事に関する王国組織の基本的制度であった。それは、長期に及ぶ発展において、カロリング期の史料のなかで明確に示されるようなかたちをとることになった。そこには、ローマ末期と初期フランク時代の遺産が合流しているのである。グラーフの権力の本質は、国王から委任された官職権力（Amtsgewalt）であった。しかしこの官職権力は、豪族の観念世界に属する考え方によっていつまでも影響されていた。これは、王権によって委任された権利ないし権能と、《ラントとロイテ》（Land und Leute）を支配する各豪族（Herr）の支配権との接触点であった。国王の委任による官職と、支配ないし指導を行なおうとする豪族の要求とが、グラーフの一身において、特別のしかたで結合していたのである。すでにカロリング期に、委任された権利を豪族の《アロート的支配権力》と一体化しようとする傾向が現れた」（H. K. Schulze, Die Grafschaftsverfassung der Karolingerzeit in den Gebieten östlich des

Rheins, 1973, S. 347)。このようなシュルツェのとらえ方によれば、中世初期のグラーフは、国家行政の末端に位置づけられると同時に土地貴族の代表としての性格をも保持した絶対主義プロイセンの郡長 (Kreisdirektor, Landrat) を連想させる、中央と地方との結節点ともいうべき位置づけを与えられるわけであるが、いずれにせよ、われわれは、シュルツェによるグラーフシャフト制の再評価が豪族支配制の否定を意味するものでないことに留意する必要があろう。グラーフが官職としての性格をもったことを認めるとしても、そのグラーフが豪族としての立場において「ラントとロイテ」を支配するさいに遵守した法 (Volksrecht, Stammesrecht) が、フランク王国の統一的な法の一部であったというわけではなく、したがって、一個の統一的・普遍的な法秩序によってフォルクと国王の双方が拘束されていた、ということにはならないのである。グラーフシャフト制の再評価にもかかわらず、フリッツ・ケルンが描いたように君主と一般臣民団体との対峙という図式を前提として、両者を義務づける客観的法構造を想定することは、もはや不可能だというほかはない。

(3) Schlesinger, Herrschaft und Gefolgschaft in der germanisch-deutschen Verfassungsgeschichte, HZ 176, 1953 (auch in: Herrschaft und Staat im Mittelalter, hrsg. von H. Kämpf, 1956).

(4) Hans Kuhn, Die Grenzen der germanischen Gefolgschaft, ZRG, Germ. Abt. Bd. 73,1956.

(5) Klaus von See, Altnordische Rechtswörter. Philologische Studien zur Rechtsauffassung und Rechtsgesinnung der Germanen, 1964.

(6) Kroeschell, Die Treue in der deutschen Rechtsgeschichte.

19 クレッシェル――ゲルマン・イデオロギー批判

いわゆるゲルマン的＝中世的法観念の教説にはじめて疑問を投じたのは、やはり、クラウス・フォン・ゼーであった。かれは『古北欧の法用語』において、北欧語の réttr が客観的法秩序を意味せず、ある者の声望または地位にもとづきかれに属した権利を意味するものであったとし、そのさい重要な意義をもったのは信仰共同体ないし平和共同体としてのフォルクの観念ではなく契約の観念であった、と主張した。ゼーによれば、フォルクスレヒトとか慣習法とか「良き旧き法」とかいう観念は、のちに教会の影響下にはじめて現れたものであって、それ以前には、法規は意識的につくり出されたものであり、したがってその改廃は可能であると考えられていた。北欧法の一見民族的な特徴の多くは、中世中期ないし末期にはじめて現れたものである、とされた。

このようなゼーの批判に続いて、一九六八年にはカール・クレッシェルの注目すべき論文『一二世紀における法と法概念』(1)が発表され、ゲルマン的＝中世的法観念についてのケルン以来の教説は大きな打撃を受けるに至った。オットー・ブルンナーも意識していたように、ゲルマン的＝中世的法観念がとくに「ゲルマン的＝中世的」であるとされた所以は、具体的＝相対的な実定的権利ないし実定法が普遍的法秩序と同一化されていたという点に存したが、クレッシェルは中世初期についてそのような特色が認められるか否かを、綿密に分析するのである。

クレッシェルは、まず、中世におけるユース（ius）の用語法を検討する。「近代の歴史家はこのことばから不可避的にレヒト（Recht）という語を連想し、そのさいやはり不可避的に、相互に関連する権利（subjektives Recht）と法（objektives Recht）の両観念を念頭に浮かべるのである」。しかし実際には、ユースの語義はそれほど単純にとらえられるものではない。たしかに、古代ローマ法においては、ユースは今日のレヒトと同様に、主観的－客観的な二重の意味で用いられていた。しかし、ことに西ローマの卑俗法においては、ユースはしだいに権利のみを意味するようになり、ついには主として財産権の意味で用いられるようになった。ユースの中世における用法も、中世中期、さらには中世末期に入ってまで、この発展に従ったものであった。すなわち、中世においても、ユースはほとんどつねに権利を意味し、ことに財産権を意味した。もっとも、たとえば ius matrimonii（妻の法的地位）とか、ius ministerialium nostrorum（わがミニステリアーレンの法的地位）とかいった用法に見られるように、ユースが法的地位ないし法的関係を示した場合もある。しかし、これらの場合も、ユースは客観的意味で、すなわち法を意味するものとして用いられたわけではない。「勅令においてはなお時として見られるユースの客観的意味は、中世中期にはほとんど消滅してしまったように見える。きわめて稀に、古典古代の名残りとして ius gentium（万民法）ということばが用いられたり、何事かが contra ius et fas（法と神法に反して）なされたという言いまわしが見られるにすぎない」。なお、用いられ、これが mitrehte (mit Recht) 等のドイツ語に訳されたが、この場合にもユースまたはレヒトは客観的な法規範を意味したわけではなく、自己の権利を行使する者は正しくふるまうものであるという素朴な観念、または、正しい(裁判)手続による権利行使という観念を示すにとどまった。

クレッシェルはひき続き、レークス (lex) の用法を検討する。クレッシェルによれば、レークスはつねに法を意味し、したがってユースの適用範囲とほとんど交錯することがなかった。レークスは、世俗の法を意味しただけでなく、四世紀以降宗教的な法、さらに宗教そのものを意味するものとしても用いられたが、世俗の法についてはとくにもろもろの部族法を指すものとして用いられた。そのさい、レークスは多くの場合成文法を意味したが、つねに成文法のみを意味したわけではない。そのことは、史料においてレークスとモース (mos) がしばしば同義に用いられていることからも明らかである。したがってレークスとは、実際に適用し、遵守されている法を意味したのである。ところで、このレークスは、古高ドイツ語の注釈において通常エーヴァ (êwa) ないしエー (ê) と訳された。しかしそのさい、エーヴァがラテン語の aevum (永続) と語根を共有するということから想像されるような不変性・永続性は、エーヴァとレークスとの等置にさいしては全く認められない。レークスは立法者 (legum conditores, legum datores) によりつくられうるものと考えられていたが、まさにそのようなレークスがエーヴァと等置されたのである。誓約や証言のやり方、賠償や遺産分割の方法等についての準則が法に明るい者によって与えられねばならないことは、中世においても充分に意識されていた。その意味で、レークスないしエーヴァは法ではあるが抽象的な規範ではなく、具体的に与えられる判断であったといえる。また、エーヴァないしエーとキリスト教的観念との間に強い関連があったことは否定できないが、そのことも——旧約と新約が旧きエーと新しきエーとしてとらえられたことから明らかなように――エーヴァの不変性・永続性を認める根拠となるものではない。

クレッシェルによれば、規範の旧さが重視されたのは、レークスやエーヴァについてではなく、それから区別された慣習 (consuetudo) についてであった。すでにローマにおいても、三世紀初頭以降、長い慣習はレークスを改廃する力をもつとされている。しかしそのさい、慣習は単に旧いだけでなく、キリスト教的観念にしたがって理性 (ratio) と真理 (veritas) に合したものでなければならなかった。中世初期と中世中期の慣習概念は、このようなローマ的＝キリスト教的慣習概念の影響を受けているのであり、したがって、やはりレークスから区別された概念だったのである。むろんレークスは、つねに成文法であったわけではなく、近代的な観念からすれば慣習法というべき場合もあったが、その場合にも、レークスについては長く行なわれていること、理性と真理に合していることが要請されたわけではない。したがって、「不文の旧き良き法という ゲルマン的＝ドイツ的観念の存在は認められない。事実上行なわれていたエーヴァなるものは、法に明るい者によって考え出された――いわゆるフォルクスレヒト上の――もろもろの手続規則の総体であって、それは、現に通用している法としてのレークスの最も重要な部分に相当した。他方においてはたしかに、もろもろの権利も存在し、それを行使する者は正しくふるまうものであると考えられたが、しかしそれはレークスないしエーヴァを構成するものではなく、また、通用している規範としてのレークスないしエーヴァに依存するものでもなかった。最後に、教会的法思考の概念として慣習 (consuetudo) というものがあったが、それは成文法 (lex scripta) との緊張関係と、理性ないし真理との結びつきとによって、近代の法概念を最もよく想起させるものである。旧い由来と長い慣用は、まさにこの慣習にかかわる問題であった」。

クレッシェルはこの指摘によって、中世初期においては具体的＝相対的な実定的権利(ユース)ないし実定法（レークス）が永続的＝普遍的な法秩序と一体視されていなかったこと、つまり、いわゆるゲルマン的＝中世的法観念の中世初期における存在が否認さるべきことを、主張しているのである。その上で、クレッシェルは、このような状態が一二世紀に至って変化を見せはじめることを指摘する。クレッシェルによれば、一二世紀に入ると、ユースとレヒトは依然として権利を意味しながらも、同時に法の意味で用いられるようになった。まず都市法を見れば、たとえば一一〇一年のシュパイヤーの証書には「市民の法にしたがって」(secundum ius civile) 賠償せねばならないと訳されており、ラードルフツェルでは一一〇〇年にある土地が「取引の法の下で」(sub iure fori) 贈与されているなど、ユースが明らかに法の意味で用いられる例が出てくる。ラント法においても同様であって、一二、三世紀にはとくに、一般にラントディンク (lantdinch) と呼ばれた裁判所の活動との関係で、ユースがレークスないし慣習 (consuetudo) とともに法を意味するものとして用いられることになる。そのさい、ユースないし慣習と等置されたこのレークスは、具体的に与えられる判断としてのエーヴァに対応したかつてのレークスとは、性格を異にするものであった。今や、もろもろの慣習、伝来の諸権利、諸特権、裁判慣行が織り合わさって、一箇の新たな法へと凝集することになったのである。ドイツ語でも、とくに中高ドイツ語の詩において、ラントレヒト (lantrecht) が一箇の客観的秩序の意味で用いられるようになる。そして、ザクセンシュピーゲルでは、ラントレヒトは法を意味するとともにこれに対応する個人の法的地位を意味するという、今日のレヒトの概念と同様の二重の意味で用いられている。こうして、一二世紀以降、ユースないしレヒトは、権利と法の双方を意味するようになった。とくに、神の世界秩序との関連は、ユースないしレヒトが法をも意味するようになってはじめて完全に可能になったのであって、「神はみずからレヒトであり、それゆえレヒトを愛する」というザクセンシュピーゲルの一句は、このような思考の最も著名な表現なのである。

それでは、一二世紀に至ってこのような変化を見るに至った理由は何処に求められるであろうか。クレッシェルによれば、この変化をもたらしたもろもろの精神的要因のなかには、ローマ法、およびことにカノン法の影響が含まれる。当時ローマ法がしだいに知られはじめたこと、とくにハインリッヒ五世とロータル三世以来まず勅法集（Codex）が知られるようになったことは周知の事実である。そのさい、ローマ法の実務上の影響が大きかったというよりは、むしろ、ドイツ人の法思考がローマ的観念の影響を受けたということが重要であった。二重の意味をもつユースの概念、法のあるべき姿としての成文法（lex scripta）、およびそれと慣習（consuetudo）との関係、法の実質的内容としての正義（iustitia）、規範の高権的執行者としての裁判官（iudex）――これらの観念はすべて、当時のドイツ人に強い印象を与えるものであった。それはことに、教会の思考のかなりの部分を基礎づけるものであり、これを通じていっそう強い影響力を示したのである。教父たちの理論は、ユースとかユーデックスとかユースティティアとかいった観念が当時のドイツ人により最終的に受容されるために大きな役割を果した。セビリャのイシドールス（Isidorus）によれば、法のあるべき姿（iuris species）としてのレークスは、「栄光あるもの、公正なるもの、可能なるもの、自然に従えるもの、父祖の国の慣習に従えるもの、時と所に調和せるもの、不可欠なるもの、有用なるもの、明白なるものであって……、個人に都合のよいように定められたものではなく公民の共同体のために有用であるように定められたもの」、とされた。実際、一二世紀のもろもろの都市法とラント法を見れば、そこには明白に「理性的なる慣習」(consuetudo rationalibis)という考えが認められる。そのさい、ローマ法と並んでカノン法もまた新しい法観念の展開に寄与したということは、たとえば一一四〇年のグラティアーヌス教令集 (Decretum Gratiani) が慣習をすべての法の基礎とし、レークスとは文書にまとめられた慣習であるとしていることからも明らかであって、この概念が中世中期のラント法 (leges terrae) の一表現としての「ラントの法と慣習」(iura et constitudines terrae) という言い方と一致しているのは、偶然ではない。

いわゆるゲルマン的＝中世的法観念は中世初期には存在せず、一二世紀以降、領域的法共同体の形成に対応して、ローマ法と教会法の影響の下に、はじめて出現するに至ったものである、とするクレッシェルの所説は、かれの弟子ゲルハルト・ケープラー (G. Köbler) の研究『中世初期における法』[2]に受けつがれることになるが、クレッシェル説を別の観点から裏づけるものとして注目されるのは、クレッシェルの『一二世紀における法と法概念』と同じく一九六八年に発表されたゲルハルト・トイアーカウフ (G. Theuerkauf) の力作、『レークス、スペクルム、コンペンディウム・ユーリス――八世紀から一六世紀に至る北ドイツにおける法記録と法意識』[3]である。トイアーカウフはこの著書において、ザクセンをフランク王国に組み込むためカール大帝の下で八〇二年ごろ編纂され、少なくとも一〇世紀に至るまで行なわれた――そして遅くとも一二世紀には効力を失った――レークス・サク

ソーヌム (Lex Saxonum)、一二二五年ごろから一五三五年ごろまで通用したザクセンシュピーゲル(Sachsenspiegel)、および、一五三六年ごろから一七世紀の初頭、理性法の展開を見るまでザクセンにおいて広範に用いられたコンラート・ラーグス (K. Lagus) の『ザクセン法要義』(Compendium iuris Saxonici) を比較しつつ、部族法→ラント法としてのザクセン法における法意識の変遷を検討している。

トイアーカウフによれば、レークスとは本来ローマ市民 (populus Romanus) の参加の下になされた立法、またはローマ末期の君主のヘルシャフト的立法について用いられた名称であって、元来は成文法を意味した。しかしゲルマン社会ではひろく不文法が通用していたから、レークスは時には慣習と伝承によって受けつがれた法、時には文書に記録された法を意味するようになった。カール大帝のフランク王国において、世俗の分野で用いられたレークス概念の特徴は、次のとおりである。(1) レークスとは一箇の法的概念である。(2) レークスの成立には、法共同体 (Rechtsgemeinschaft) が、法に明るい者を通じて決定的な影響を及ぼした。(3) レークスは文書のかたちで記録される必要はなかった。(4) レークスは法共同体の名称、ことに部族名と結びつけて用いられることがあった (たとえば、レークス・サクソーヌム)。(5) 記録されたレークスは完全性と体系性を必要としなかった。

ところで中世初期のもろもろの成文のレークスは、カロリング朝末期以降、不文法が優勢になるにつれてしだいに行なわれなくなり、慣習と伝承によって受けつがれた法としてのレークスが、それぞれの法共同体＝部族名と結びついたものとして存続した。しかし一二世紀はすでにカノン法とローマ法の開花期にあたり、ローマ末期に見られたレークスのヘルシャフト的要素が強調されることになる。今やレークスは、法共同体の法を示すものではなくなり、君主によって制定された法を指すものとなった。ザクセンに例をとれば、カロリング期に成文化されたザクセンの部族法は、一〇世紀から一二世紀にかけてしだいに意味を失っていった。ことに叙任権闘争と、シュタウフェン家対ヴェルフェン家の対立とを通じて、法共同体としてのザクセンはもろもろの領域（Territorien）へと分解してしまったのである。それゆえ、レークスという概念は、一二世紀には、(1) そのゲノッセンシャフト的要素を大部分喪失した。すなわち、法共同体がレークスの担い手であり、レークスの形成にさいして決定的な役割を演じた時代はすでに過去のものとなってしまった。また、レークスは、(2) 伝承を含むものではなく再び成文法を意味することになった。そして、レークスは、(3) 法共同体の名称との結びつきを失った。今やレークスは、それを制定した者の法であり、それを有する者の法ではなくなった。

したがって、アイケ・フォン・レプゴウ（Eike von Repgow）は、かれの法記録の表題として、レークスとは別の語を必要とした。スペクルム（シュピーゲル）がこれである。もとより、スペクルムは本来直接に法を意味することばではなかった。それは、もろもろのテクストを一つの像にまとめる鏡ないし模写（Abbild）の意味で、あらゆる分野で用いられた。しかしそれと同時に、スペクルムは、人々の前に提示される鏡、すなわち模範（Vorbild）として理解された。それゆえ、スペクルムという表題をもつ作品は、一般に道徳と密接な関連を有し、多くはまた宗教・神学とも関連した。そして、鏡が提示されるべき対象としての共同体ないし社会層が、これに属格で付加されたのである（たとえば、Speculum Saxonum＝Sachsenspiegel）。

ところで、トイアーカウフによれば、「アイケ・フォン・レプゴウがザクセンシュピーゲルをまとめた一二二〇年ないし三五年のころ、法がいかに多様であったかは、容易に知ることができる。世界が教権と俗権に分かれる傾向は、叙任権闘争の結果、はっきりした分裂にまで尖鋭化していた。ドイツの王位継承をめぐる争いは、そのことを明瞭に意識させた。帝国もザクセンも、もろもろの領域（Territorium）へと分解してしまった。政治の分野と法の分野を通ずるこの領域化（Territorialisierung）は、ハインリッヒ四世のザクセン戦争と叙任権闘争ののち直ちに明白になった。それ以来、領域法（ius terrae）は、一箇のザクセン支配圏または一司教区よりも小さな、一つの地域（Region）の法を指すことになった。領域法（Territorialrecht）と部族法（Stammesrecht）、領域法と帝国法の緊張関係が、あらわになっていた。アイケ・フォン・レプゴウの郷土、すなわちエルベ河中流からザーレ河にかけての地帯では、部族法と帝国法が現存することは否定すべくもなかった。そこにはさまざまの部族、さまざまの法的地位の人々——ザクセン人とシュヴァーベン人、ザクセン人とヴェンデン人——がすぐ隣接して定住しており、またザクセンの各太公、宮廷伯が所領をもっていたのであって、それゆえザクセンという〔部族〕ラントの記憶は容易には消滅しなかった。他方、そこにはもろもろの帝国領があり、また、辺境伯領が強力な領域へと成長していたのであって、ザクセンという〔部族〕ラントの上に帝国が存在すること、そしてザクセンという〔部族〕ラントがもろもろの領域に解体していることに眼をつぶるわけにはいかなかった」（S. 348）。このような法の多様性にもかかわらず、否、まさに法の多様性のゆえにこそ、アイケ・フォン・レプゴウは、ザクセン法の統一性を現実に反して強調することになったのである。「ザクセンという〔部族〕ラントの統一性、帝国の統一性は、もろもろの法領域、権力領域の境界地帯において最も明らかにとらえることができた。アイケ・フォン・レプゴウの郷土たる、エルベ河中流からザーレ河にかけての地帯は、そのような境界地帯が幾重にも交錯しているところであった。まさにこの地帯において、アスカーニアーの太公たち、およびルドヴィンガーのザクセン宮廷伯たちの存在が、ザクセンという名だけでなくザクセンという〔部族〕ラントの記憶、この〔部族〕ラントの法の記憶を保たせることになったのである」（S. 349）。アイケ・フォン・レプゴウは、まさにそのような記憶のなかに生きつつ、ザクセンという部族ラントの法を、今では領域の法の呼び名となってしまったレークスという語を用いずに、シュピーゲルという表題の下に編纂したわけである。

トイアーカウフは、スペクルムないしシュピーゲルは本来法概念ではないが、道徳的内容を予想させる語であり、道徳的内容を介して神学に関連するとともに法にも関連するものであった、とするが、そのことはまさにザクセンシュピーゲルについてあてはまる。トイアーカウフによれば、レークス・サクソーヌムは神と歴史とを原理的に排除してはいなかったにせよ黙示的に排除するものであった。神が引合いに出されるのは、神判としての決闘に関する箇所だけである。これに対してザクセンシュピーゲルにおいては、すでにその冒頭に神が登場する。神はみずから法であり、したがって法を愛するものであるがゆえに、不法を行なう者は神に対して罪を犯すことになる、とされる。さらにまた、部族ラントの記憶にもとづくものとしてのザクセンシュピーゲルにおいては、永続的なるものとしての歴史が支配的な役割を演ずる。現実の生活から遠く離れた歴史が現在の法を基礎づける、と考えられたのである。「永遠なるものの守護者としての神と、永遠性の地平としての歴史は、静態的な側面をさらに強調する世界像の要素であった。したがって、レークス・サクソーヌムとは異なり、法は静態的にとらえられた。国制と裁判制度に関する法は、とくに幅広く示されている……。法の妥当根拠とされるのは、神の命令と、(人間の)慣習、および国王の制定法と(人間の)理性であった。神は明示的に、すべての法の上に位置づけられている。法を生み出す慣習は、《良き父祖》に由来するものとされる。国王の制定法は、既存の法を確認するものにすぎない。法の妥当根拠としての人間の理性は、背景に退いている。これらの法の妥当根拠には、段階があるわけではない。神法と人定法との一体性が強調されている。ただ一度だけ、非自由〔身分の存在〕を批判するさいに、その一体性の限界が暗示されているにすぎない」(S. 340)。

引用から明らかなように、トイアーカウフにおいては部族ラントの法共同体としての性格のみが強調され、部族ラントに代って登場した領域（**terra, Territorium**）が単にヘルシャフトの単位にすぎないものではなく領域的な法共同体であること、かれのいう領域法こそがオットー・ブルンナーのいわゆるラント法であることが、看過されている。トイアーカウフが部族ラントとしてのザクセンの統一性の記憶に立脚するザクセンシュピーゲルを対象として取り上げるかぎりで、一二、三世紀に形成された新たなラント法共同体における法意識が直接論じられることはないのである。しかし、他方において、ザクセンシュピーゲルに見られる法観念から遡って中世初期ないしゲルマン古代における同様の法観念の存在を推定する可能性も、トイアーカウフによって明確に否定されているといわなければならない。ザクセンシュピーゲルに示された法観念は、現実の法生活の単位としてのラント法共同体から切り離された、神と歴史を引照する静態的な法観念であるが、そのような静態的法観念がたとえば九世紀のレークスに見られないことを、トイアーカウフは指摘しているのである。クレッシェルにおけると同様に、トイアーカウフによっても、具体的＝相対的な実定法ないし実定的権利と、普遍的法秩序との一体化の意味における、いわゆるゲルマン的＝中世的法観念は、中世初期には存在しなかった、とされているわけである。

むろん、ザクセンシュピーゲルに示された中世的法観念は、新たなラント法共同体にとって、そして都市や農民共同体にとっても、トイアーカウフのいう模範（Vorbild）としての役割を果すことになった。この関連では、それは新たな法共同体のまとまりを基礎づけるとともに、もろもろの法革新を「良き旧き法」として正当化することによって促進する動的な機能をも果すこととなる。クレッシェルによれば、「エーヴァないし古い意味でのレークスとの歴史的連続性が否定されはじめたこの時期に、歴史的権威の援用が必要とされたのは理解できることである……。こうして、半ば伝説的な昔の立法者〔たとえばカール大帝〕が、それぞれのやり方で、中世法史のこの時期を特徴づける根本的な変革の立会人となった〔新たな法が旧き法の再発見として正当化された〕」、とされる。それと同時に、神の意思もまた、新たな法秩序の形成を正当化するために大きな役割を演ずることになる。「神の平和」の観念と結びついたいわゆるラント平和運動（Landfriedensbewegung）が、その顕著な例である。むろん、このような「良き旧き法」、「神の法」の観念は、一三世紀以降の領域的支配の形成というデュナーミクのなかで、オットー・ブルンナーの指摘したような「保護と庇護」と「助言と助力」との相互的な関係をも基礎づけることになった。いわゆるゲルマン的自由の倫理性、「義務を伴わない権利は存在しない」というゲルマン的観念なるものは――契約観念によって基礎づけられたものを除けば――おそらくここにはじめに成立することになるのである。

（1） Kroeschell, Recht und Rechtsbegriff im 12. Jahrhundert, in: Vorträge und Forschungen, Bd. 12, 1968.

（2） Gerhard Köbler, Das Recht im frühen Mittelalter. Untersuchungen zu Herkunft und Inhalt frühmittelalterlicher Rechtsbegriffe im deutschen Sprachgebiet, 1971. その内容は、村上淳一「《良き旧き法》と帝国国制（一）」（『法学協会雑誌』九〇巻一〇号）に要約されている。

（3） Gerhard Theuerkauf, Lex, speculum, compendium iuris. **Rechtsaufzeichnung und Rechtsbewußtsein in Norddeutschland vom 8. bis zum 16. Jahrhundert**, 1968.

20　中世法論の脱イデオロギー化

歴史的な概念批判による伝統学説の再検討の対象とされているのは、むろんいわゆるゲルマン的＝中世的法概念だけではない。とくにゲルマン的自由の概念については、政治的自由主義の立場から国政の担い手としての自由人ないし一般自由人（Gemeinfreie）を想定したり、立憲君主政の立場から自由人ないし一般自由人を中心とする一般臣民団体（allgemeiner Untertanenverband）を想定したりした伝統学説は、少なくともドープシュ以降そのイデオロギー性を徹底的に批判され、もはやとうてい維持できないものとなっている。ところで、この批判にさいしては、伝統的自由概念に代る新しい自由概念が提示され、とくに中世初期の自由人はその新しい自由概念の意味において自由であった、と説かれるようになった。この新しい自由概念はいわゆる国王自由人学説をとる学者たち、とりわけテーオドア・マイヤーとダンネンバウアーの両者によって提唱されたものだが、ここでは新しい自由概念を図式的に要約したものとして、カール・ボーズル（K. Bosl）が一九五七年の論文『自由と非自由』(1) において説いたところを紹介しておくことにしよう。

ボーズルは中世の自由を、「完全な意味での自由」(Freiheit im Vollsinn) と「機能的に自由な非自由」(funktionell freie Unfreiheit) の二つの概念によって把握する。まず、完全な意味での自由とは、一一、一二世紀における貴族の自由 (Edelmannsfreiheit) を指す。そこでは、「非自由の状態から上昇しつつあるミニステリアーレン (Ministerialen) が本来閉鎖的であった高級貴族的騎士社会に加わることを許され、現代の意味で社 (交) 会の一員たる資格 (Gesellschaftsfähigkeit) を認められたさいに、このミニステリアーレンから身分的にも法的にも明確に区別されていた高級貴族 (Hochadel) が史料上《リーベル》(liber) と呼ばれているのである。リーベルとは、自由 (frei) であり、支配の権利を有することを意味した。貴族の自由は、自由の土地 (praedium libertatis, hantgemahl) の所有により明白にされた。太古の時代にはその土地に先祖の墓があり、また、家長の家支配、保護支配、従士団に対する支配、私有教会支配、レーン支配がこの土地に結びついていたのである」。

こうして、完全な意味での自由を一一、一二世紀以降の貴族の自由に限定する一方、ボーズルは、それ以前の自由を「機能的に自由な非自由」としてとらえる。「ゲルマン語学によれば、最古の語義において《自由》(frei) であるのは、愛する人々、親族、仲間たちと共に在って、平和 (Friede)——家、ジッペ、ヘル、部族、君主、による保護——を享受する者である。保護 (Schutz, Vogtei) を与えることができるのは、権力を有する者だけである。最善の保護を与えるのは最強の者であり、かれが最高度の安全 (Sicherheit) = 自由 (Freiheit) を保障するのである。それゆえゲルマン的《自由》は、保護支配への組み込み (Beherrschung) ないし従属化 (Unterstellung) に非常に近い。史料に出てくるのは、強大な人物ないし主役たち、強力な軍隊王や——それほど強力でないにしても——従士団の指揮者であって、それは英雄の時代にほかならなかった。フランク時代の自由も、その自由に課せられた任務〔その自由人が果すべき義務〕と、その見返りに与えられる保護とによって特徴づけられるものであった。それは、〔その自由人が自由人のまま〕教会に寄進されたことからもわかるように、人的従属 (Leibeigenschaft) にもとづくものであり、しかも人的従属によって自由が失われることがなかったかぎりで、《自由な非自由》であった (《非自由な自由》ということもできよう)。時代を降るにつれて、この自由には、《空気は従属的にする》(Luft macht eigen) という原則がますますはっきりあてはまるようになった。この《自由な非自由》は、その担い手が軍事勤務の権利義務を有していること、国王ないしその代理人(グラーフとツェンテナール)に直属することにより国王領や貴族領や教会領に住むその他大勢の非自由人から卓越していること、さらに軍事共同体と裁判共同体において共同体の事項のゲノッセンシャフト的処理に——当時の文化段階に応じた原始的な度合で——参加することによって、奴隷の地位から区別されていた」。ボーズルによれば、フランクの「一般自由」はまさにこの種の「自由な非自由」であり、その意味で「国王の自由」にほかならなかった、とされるわけである。

このように割り切ったとらえ方が国王自由人学説のすべての論者に見られるわけではないにしても、支配＝保護を与える者の自由(貴族の自由)と支配＝保護に服する者の安全＝自由(自由な非自由)とを区別する発想自体は、国王自由人学説の論者に共通する見方だといってよい。それはとくに「自由な非自由」の観念によって、すでに豪族支配制論により打撃を加えられていたゲルマン的自由のイデオロギーに追い打ちをかけるものであった。しかし、このような新学説は、クラウス・フォン・ゼーの言語学的方法による概念批判(2)によってさらに吟味されるに至っている。

ゼーによれば、frei ないし Freiheit に相当する古北欧語の frjáls ないし frelsi は、多義的な語であった。たしかに、それが身分法的（ständerechtlich）な意味で用いられている例は、多数見られる。しかし、その場合にも、frjáls ないし frelsi は、つねに特殊な関係について用いられたのであって、一つの部族ないし法共同体の成員が成員としての資格において frjáls であるとされることはなかった。「この点からして、この〔frei という〕語は、史料におけるよりも〔ゲルマン的自由を信奉する〕法史学研究において、より大きな役割を演じたのである。《自由人の裁判集会》（Ding der Freien）とか、《法共同体の全成員》の意味における《自由人》（die Freien）とかいった呼び名は見られない……。法共同体の成員は、部族名で呼ばれる場合以外は、たいてい bœndr とか、lögunautar とか呼ばれた。したがってまた、frjáls, frelsi, frelsa といった語は、スカルドの吟唱詩（Skaldendichtung）にはごく稀にしか見られず、ほとんどすべて――多くはキリスト教的な――新しい詩のみに現れる」（S. 145）。さらに frjáls は、「何かからの自由」（frei von etwas）、たとえば貢租からの自由、勤務からの自由を意味することがあった。たとえば一三二〇年のある史料は、聖職者が教会のものである牝牛を「自由」に、すなわち借料を払わずに保持し、それから乳を得るべきものとしている。また、名詞の frelsi は、特権（Privileg）を指すものとして用いられることがある。しかし、これらの用法は――伝統的な自由概念を前提とする学者によって中世に特徴的な用法とされているにもかかわらず――大部分は新しいものであり、その頻度も高くない。

こうしていわゆる一般自由の観念のゲルマン古代ないし中世初期における不存在を示唆するゼーは、

他方において、国王自由人学説が提示した「自由な非自由」なる観念をも吟味する。ゼーによれば、保護されていること、守られていること、安全を保障されていることの意味における自由は、「何かからの自由」と密接に関連しながらも、インド＝ゲルマン語のpriという語根を共有するもろもろの語の本来の意味、すなわち愛とか、友情とかいった意味により近いものである。しかし、「古北欧語においては、この意味でのfrelsiは、全く新しい史料、すなわち一三〇〇年ごろの法改革の書式の特徴をなすものである」(S. 146)。さらに、frelsiは、friðr (Friede) と結びついて用いられる例があり、この場合frelsiは法秩序の保護の下における活動の自由 (Bewegungsfreiheit) を意味するが、こうした用法も一三世紀以降の新しいものであり、しかも散発的に見られるにすぎない。

「このように、《自由人》(der Freie) の本質はフォルクの平和 (Volksfriede) を共同で担い、法秩序の保護に服することにある、という観念は、古北欧語上、明示的にはかなり新しい時代になってはじめて現れたものである。この観念は……《自由》(frei) という語の基本語義としても、あまりにも抽象的であるように思われる。したがって《自由》は、おそらく、やはりもっと小さな関係、すなわち《家の領分》から生まれたものであろう」(S. 148)。その決定的な情況証拠は、ゴート語のfreihalsや古北欧語のfrjáls, frelsiのもとになったfri-halsという語に求められる。奴隷に対しては主人は問題なく身体刑を課し、とくに首をはねることができたのに対して、家の自由な成員は「保護された首」(Schonhals) であり、身体刑を課されないことを雇傭契約上の条件とすることができたと思われる。「家共同体というこの狭い経営領域において、《自由》と《奴隷的》とを区別することは実際に必要でもあった。これに対して、部族団体の集会を構成する成員が、自己を自分の奴隷から区別するために《自由》と称したというのは、やはり奇妙に思える。この解釈の正しさは、中高ドイツ語の vrîman, vrîwîp 等の表現によっても裏づけられる。これらの語は、《自由な男》ないし《自由な女》一般を意味するものではなく、奴隷ではないが従属的な僕婢を意味した。さらに、ラテン語も、これと注目すべき類似性を示している。リーベリー (liberi) という語が本来《自由な人々》を意味するにもかかわらず《子どもたち》という特別の意味をもつようになったのは、家共同体の内部で、家長の子たちが、奴隷 (servi) とはちがって自由に生まれついていたからである。むろん、ここに見られるように、リーベルは freihals ないし frei とは全く異なる語義展開を示しているわけだが、それでも、それは、自由 (frei) と非自由 (unfrei) との対比が、まさに家共同体という狭い領域でとくに明らかになったことを示してくれる。ゲルマン語の《自由》(frei ないし Freiheit) は、後になってようやく形式を備えた身分法的概念となり、さらに、親族団体ないし部族共同体との関連なしの、《自由、独立》(frei, unabhängig) そのものを意味するようになったのである」(S. 148 f.)。

このように、ゼーにおいては、「何かからの自由」と「保護されていることの意味における自由」とが峻別されているわけではない。両者は、フォルクの平和を共同で担い、その法秩序の保護に服する自由人、という観念において相互に関連するものとしてとらえられている。しかし、まさにそのような自由人の観念が、ゼーによれば、古北欧語上かなり新しい時期（一三世紀以降）に登場したものとされる。(3) それ以前には、「保護されていることの意味における自由」は「家共同体という狭い経営領域」においてのみ問題となった、と説かれるのである。このような指摘をあてはめてみれば、国王自由人学説の提示した「自由な非自由」は本来家共同体内部において生じた観念であり、したがって中世初期における「国王の自由」なるものも、国王の家支配に服する——しかし奴隷からは区別された——者の自由であった、ということになるであろう。そのような意味での自由人は、奴隷ではないから家長(ないし、家長としての国王)との契約によって「自由な首」を確保することはできたが、平和共同体・法共同体たるフォルクの成員として国王に法の遵守を要求しうる立場にはなかった、と考えられる。ゼーはそもそも、friðr (Friede) 概念の分析によって、中世初期における平和が個人相互、または国王相互の愛と友情、保護と安全保障の関係であり、その点において、ギリシア語の εἰρήνη やラテン語の pax と区別される理由のないことを指摘する。ゲルマン語の平和もとくに(家共同体、親族共同体を含めた)共同体にかかわる観念ではなく、それゆえゲルマン的な平和観念から出発してゲルマン人の政治秩序が本来平和共同体・法共同体であったと推論することはできない、とされるのである。ゼーにおいて、平和共同体・法共同体の観念に対するこの批判がゲルマン的＝中世的法観念に対する批判と結びついていることは言うまでもあるまい。以下においては、多くの示唆を含むゼーの結論を紹介しておこう。

「学者は今日、ゲルマン法を、宗教的に束縛された《全生活秩序》(Gesamt-Ordnung des Lebens) の古来の構成要素とみなそうとしている……。しかし、もしそれが本当だとするなら、われわれに伝えられた法用語のなかに、そのような由来を示す痕跡が、実際に認められるよりももっと多く見出されてしかるべきであろう。しかし、実はそれとは反対に、学者が引合いに出しうると信じたごくわずかの痕跡も、宗教的に基礎づけられた法思考の存在を証明するものとは考えられないことがわかるのである……。〔ゲルマン人の〕法観念は、それとは全く異る発端からはじまったという蓋然性が高い。すなわちそれは、宗教的に束縛された共同体秩序ではなく、諸個人の自然的・基本的利害からはじまったのである」(S. 249)。一三世紀に入ってもなお、ユトランド法は、農民が勝手に法をつくることができるのではなく国王の役人だけが賊を処刑しうるものであることを強調しなければならなかったのであり、訴訟用語も、昔の個別的な自力救済の無秩序な手続の痕跡を少なからず残している。réttr (Recht) の語は、自力救済の分野に発して法用語となったものであり、客観的な法秩序ではなく主観的な権利主張を意味したのである。heilagr (heilig) という形容詞も、神聖な客観的法秩序の存在を示すものではなく、「個人が自己の利害にかかわるあらゆる事項について性質上要求した不可侵性 (Unantastbarkeit)」を意味するものであった。「法とは個々の人間、個々の当事者の上にあるフォルクの平和秩序である、という観念は、かなり新しいものなのである」(S. 250)。少なくとも北欧においては、法は本来、個々の人間の利害を調整するものと考えられていた。法は、原始的な「個人主義」(Individualismus) を前提として、契約観念ないしゲノッセンシャフト観念によってとらえられるものであった。「古北欧の法観念は、次の点でもゲノッセンシャフトの観念に近い。すなわちそれは、法秩序を本質的に旧来のもの、既存のもの、それゆえ良きもの、変更しえぬものとみなすのではなく、意識的な合致 (bewußte Übereinkunft)、規律されたもの、つくられたもの、と見るのである……。《良き旧き法》という定式ないし観念は、北欧にとっては全く縁のないものであり、法が裁判官によって《発見》されるという観念も全く同様であった……。これらのことからして、法は民衆的な慣行、習俗、慣習法であったという考え方は当初はほとんどで見られなかったということも理解できる。周知のとおり、法の民衆性 (Volkstümlichkeit)、通常人 (gemeiner Mann) の法生活参加は、特殊ゲルマン的な要素とされている。しかし仔細に検討するならば、しばしば単に民衆的に見えるにすぎない——押韻句や格言や笑い話に出てくる——もろもろの特徴は、中世中期ないし中世末期にはじめて、古北欧の法用語のスタイルとなりはじめたことがわかる」(S. 251f.)。慣習法、誠実(Treue)、ラントフリーデ(平和秩序としての法)などの法概念についての自己の所論をくり返したのちに、ゼーはいう。「要約して言えば、法というものは比較的新しい文化現象であると思われる。[4]すなわちそれは、すべての生活領域が神々の祭祀と人々の慣行において関連づけられていた古い状態がすでに解体しはじめた時期に、生じたものであった。この結論は語彙から読みとれる法観念だけから導き出されるものではない。それは、法用語の古さによっても証明される。法用語は、その一部分でさえ、ドイツ゠ゲルマン語の共通性が見られた時代に遡るものではなく、また、しばしば指摘されるラテン語とゲルマン語の古い法用語の共通性も認められない。せいぜい、ケルト語とゲルマン語の間のわずかな共通性の痕跡が認められるにすぎない。ゲルマン語に共通の法用語があったことさえ、容易に認められないのである」(S. 254 f.)。

もとよりゼーも、「ことばの研究だけでは一箇の国制史学説をうち立てるに足りない」(シュレージンガー)ことを承認する。しかし、ゼーは、それだからこそ法制史ないし国制史におけるゲルマン人像が、なお長期に亙って論議の対象となるであろうことを予測するのである。

こうした脱イデオロギー的概念史研究は、現代のドイツ史学における一つの有力な傾向となっている。ハンス・クルト・シュルツェ(H. K. Schulze)は、一九七七年の論文『中世史学と概念史』[5]のなかで、最近の中世史研究において概念史が重要な役割を演じていることを認めて言う。「中世研究に従事する者は、つねに概念史的問題に直面する。精神史の分野におけるのみならず、国制史、法制史、社会史の研究も、概念史的分析なしにすますことはできないのであって、研究はこれまで、意識すると否とを問わずそのような途を歩んできた。かなりの数の中世史学者の仕事のやり方は、概念史的方法によるアプローチを特徴としているのである」。それでは、概念史的分析はなぜ中世史研究にとって不可欠なのか。シュルツェの次のような見解は、この問いに対する簡潔な解答である。

「史料の用語の背後にいかなる観念が隠されているかという問題は、歴史学のもう一つの根本問題、すなわち現代の概念と歴史的概念との関係という問題と、密接なかかわりをもっている。歴史家はさしあたり、自分が生きている時代の概念体系から得られる概念用具を利用するほかはない。したがって、ゲオルク・フォン・ベロウが法制史に関して述べた次のような命題は、今でも効力を保っている。《過去の事情をわれわれに近づけるためには、現代の法が示している概念によってこれを測るほかはない……》。そのさいベロウは、歴史を現代的概念というプロクルステスのベッドに押し込めようとするのでは決してなく、現代の諸概念の適用可能性を吟味し、そこから出発して過去に適合的な概念を見出そうとするのである。上述のように、われわれは、現代の観念を過去に持ち込み、現代の表現によってそれが実際には適合しない過去の制度を叙述するやり方を非難する。しかし、われわれが目標とするのは、現代の技術的概念を中世の史料の述べるところと比較対照し、さしあたりはただそれが適用可能であるか否かを吟味する、ということだけなのである。この要請を掲げたり承認したりすることは易しく、それを実行することは難しい、ということを、歴史家は実際の研究にさいして、とりわけ中世史の分野において体験している。一九世紀と二〇世紀に形成された概念用具を中世の諸関係に適用することは、すでに以前から方法上の重大な問題として認識されており、近代的な概念を史料に照らして修正し、場合によってはそれが役に立たないことを証明して新たな概念を形成する必要があるということが、ますます明らかになってきている。適切な歴史的概念を手に入れようとする努力は、中世史学のあらゆる重要な論争を一筋の赤い糸のようにつらぬいている。若干の例を挙げれば、《国家》の概念、《支配》、《貴族》、《自由》といった概念、中世の法概念等々の諸概念の適用可能性とか、中世における公法と私法の区別の可能性、とかいう問題をめぐる論議において、そのような努力が示されている。これらの問題を解明するにさいして、概念史は、単なる副次的機能とはとうてい言えない重要な任務を果しているのである」。

概念史研究の必要性が「ますます明らかになってきている」ことを指摘している箇所に付した註で、シュルツェは、ギールケが一九〇七年にサヴィニー雑誌に発表した書評中の所論を興味あるものとして引用し、さらにオットー・ブルンナーの『ラントとヘルシャフト』を、こうした発展に基礎を与えたものとして挙げている。ギールケは右の書評のなかで、法制史家が過去の法を扱うに当って近代的法概念を手がかりにせざるをえないことを認めると同時に、そのさい「解釈法学的なもの (das Dogmatische) をつねに補助手段としてのみ用いるべきであり、歴史の生々した流れに別の解釈を与えるためにこれを用いてはならないこと、曖昧さをできるかぎり避けながらも歴史的概念形成の相対性を忘れてはならないこと」を指摘したのであった。また、ブルンナーは、シュルツェが引用する箇所で、中世のもろもろの政治的団体 (politische Verbände) の内部構造 (innerer Bau) を明らかにするためには、「第一に、使用する用語をできるかぎり史料そのものから取り出し、その概念の助けによって当該の史料の意味を正しく解釈できるようにすること、第二に——これが決定的に重要なのであるが——そのようにして記述される諸団体を、その実際の活動においてとらえること」(S. 163) が必要だ、としている。この目的のためにブルンナーは歴史諸科学の成果を批判的に摂取し、諸団体の政治的活動の総体的把握をめざす「構造史」(Strukturgeschichte) の構想を示すのであるが、この構造史にとって概念史の有する重要性は、ブルンナー自身において明らかであっただけでなく、シュルツェの見解からも明らかなように、その後のドイツ中世史研究において十分に意識されているといえよう。もとより、ギールケにとってもブルンナーにとっても、「現代の諸概念の適用可能性を吟味し、そこから出発して過去に適合的な概念を見出す」という要請が、「掲げたり承認したりすることは易しく、実行することは難しい」(シュルツェ) ものであったことはすでに見たとおりである。中世中期以降のラント法共同体の形成と発展について「画期的」(クレッシェル) と評されうる業績を挙げ、この点に関して今日の学説を基礎づけたものとされているオットー・ブルンナーが、中世的法観念についてはほぼ全面的に——その後批判されることになる——フリッツ・ケルンの所説に従ったという事実は、右の要請を実行することの難しさをよく示すものである。しかし、たとえばハンス・クルト・シュルツェのような現代ドイツの中世史家にとって、実行の難しさがその要請の無価値を意味するものでないことは自明であって、(6) むしろ積極的に概念史ないし構造史研究に取り組む姿勢が西ドイツにおける中世史研究の一つの主要な特徴となっているといえよう。シュルツェの概観によれば、さまざまの学者の概念史研究によって取り上げられているのは、国家、支配、公と私、法、自由、貴族、農民、家、ジッペ、部族、フォルク、代表、といった多様な概念である。シュルツェによれば、「歴史家は概念史研究にさいして、もろもろの用語が歴史上の事態(Sache)をどれだけ適切に表現しているかということだけでなく、中世の人々が当時の現実について抱いていた観念を明らかにしようとしている。それゆえ、概念史は、単なる方法的用具たるにとどまらないものである。それは概念を主題として取りあげ、それを——事態と概念と言語的現象形態との複雑な関係の解明をめざす——歴史的研究の対象とする。概念史は、現代中世史学の不可分の一部となっている」、とされる。

右のように多岐に亙る概念史的研究の対象のなかから、本書では「ゲルマン人の二つの旗印」としての自由と誠実を取りあげて、両概念が概念史的アプローチによって脱イデオロギー化されるまでの学説史をたどってきたわけである。少なくともこの両概念に関するかぎり、ドイツ法史学史は、ゲルマン・イデオロギーがドイツ近代史のさまざまの断面に応じてゲルマン=中世法論に影響を及ぼし、さらにその影響が指摘され払拭されてきた過程として叙述されうることが明らかになったといえよう。とくにゲルマン的誠実の観念、ないしこれを中心として形成されたゲルマン的=中世的法観念について見れば、それに対する批判のよって立つ観点は、ゼーにおいてもクレッシェルにおいても、ヴァルター・メルク流のナチスと癒着したゲルマン・イデオロギーに対する反省であった。最近の西ドイツにおける概念史研究には、一九世紀的合理主義に対する批判とともに、ドイツにおいてそれと対抗しつつ形成されてきた非合理主義に対する批判が含まれているのである。

(1) Karl Bosl, Freiheit und Unfreiheit. Zur Entwicklung der Unterschichten in Deutschland und Frankreich,

in: Vierteljahresschrift für Sozial- und Wirtschaftsgeschichte, Bd. 44, 1957 (auch in: Frühformen der Gesellschaft im mittelalterlichen Europa, 1964).

（2）　See, Altnordische Rechtswörter.

（3）　北欧以外のヨーロッパについて同様に考えてよいか否かについては，むろん，frei ないし liber についての綿密な概念史的研究が必要である。さしあたり，Herbert Grundmann, Freiheit als religiöses, politisches und persönliches Postulat im Mittelalter, HZ, Bd. 183, 1957 を見よ。

（4）　この命題は，「法が，領域的に確定された境界内で，ある程度機能的に分離されるのは……」という趣旨に読むべきであろう。この種の命題に関しては，ニクラス・ルーマン (N. Luhmann) による法発展の把握が参考になると思われる。村上淳一＝六本佳平訳『法社会学』の第三章「社会の構造としての法」を見よ。

（5）　Hans Kurt Schulze, Mediävistik und Begriffsgeschichte, in: Festschrift für H. Beumann, 1977 (auch in: Historische Semantik und Begriffsgeschichte, hrsg. von R. Koselleck, 1978).

（6）　これに対して，世良晃志郎『封建制社会の法的構造』(新版・あとがき) は，「O・ブルンナーのいうように中世を中世として把握するということ，換言すれば，なんらの先入見もなしに，まったく虚心坦懐に歴史をみるということ自体が，実はまったく不可能な試みであり，このようなことが可能であると考えること自体が，ひとつの大きな自己欺瞞にほかならない」とする。しかし，むろん，なるべく先入見なしに，虚心坦懐に歴史を見るべく試みることは可能なはずであり，シュルツェはそのような試みを提唱したものとしてブルンナーを評価しているのである。

「ＵＰコレクション」刊行にあたって

学問の最先端における変化のスピードは、現代においてさらに増すばかりです。日進月歩（あるいはそれ以上）のイメージが強い物理学や化学などの自然科学だけでなく、社会科学、人文科学に至るまで、次々と新たな知見が生み出され、数か月後にはそれまでとは違う地平が広がっていることもめずらしくありません。

その一方で、学問には変わらないものも確実に存在します。それは過去の人間が積み重ねてきた膨大な地層ともいうべきもの、「古典」という姿で私たちの前に現れる成果です。日々、めまぐるしく情報が流通するなかで、なぜ人びとは古典を大切にするのか。それは、この変わらないものが、新たに変わるためのヒントをつねに提供し、まだ見ぬ世界へ私たちを誘ってくれるからではないでしょうか。このダイナミズムは、学問の場でもっとも顕著にみられるものだと思います。

このたび東京大学出版会は、「ＵＰコレクション」と題し、学問の場から、新たなものの見方・考え方を呼び起こしてくれる、古典としての評価の高い著作を新装復刊いたします。「ＵＰコレクション」の一冊一冊が、読者の皆さまにとって、学問への導きの書となり、また、これまで当然のこととしていた世界への認識を揺さぶるものになるでしょう。そうした刺激的な書物を生み出しつづけること、それが大学出版の役割だと考えています。

一般財団法人　東京大学出版会

著者略歴

1933年　京都に生れる
1956年　東京大学法学部卒業
1993年　東京大学名誉教授
1993年～2012年3月　桐蔭横浜大学法学部教授
2001年12月～　日本学士院会員

主要著書

法学史(共編著，1976年，東京大学出版会)
近代法の形成(1979年，岩波書店)
「権利のための闘争」を読む(1983年，岩波書店)
ドイツ市民法史(新装版2014年，東京大学出版会)
ドイツ現代法の基層(1990年，東京大学出版会)
ドイツ法入門(共著，1991～2012年[改訂第8版]，有斐閣)
仮想の近代(1992年，東京大学出版会)
現代法の透視図(1996年，東京大学出版会)
システムと自己観察(2000年，東京大学出版会)
〈法〉の歴史(新装版2013年，東京大学出版会)

新装版　ゲルマン法史における自由と誠実
UPコレクション

1980年2月29日　初　版　第1刷
2014年8月26日　新装版　第1刷

[検印廃止]

著　者　村上淳一

発行所　一般財団法人　東京大学出版会
代表者　渡辺　浩
153-0041　東京都目黒区駒場4-5-29
電話 03-6407-1069・振替 00160-6-59964
印刷所　研究社印刷株式会社
製本所　誠製本株式会社

ISBN 978-4-13-006520-7　Printed in Japan

事 項 索 引

さ

た

な

は

ま

や

ら

人 名 索 引

Albrecht (アルプレヒト) 107, 109-10, 117, 119-20
Althusius (アルトゥジウス) 141, 143

Below (ベロウ) 180, 198-99, 204-05, 289
Beseler (ベーゼラー) 120
Böckenförde (ベッケンフェルデ) 23, 39, 42, 87, 103, 113, 117, 133, 135, 157, 180, 188, 190
Böcking (ベッキング) 7
Bodin (ボダン) 40, 244
Bosl (ボーズル) 280-81, 292
Brunner, H. (ハインリッヒ・ブルンナー) 172, 180, 225
Brunner, O. (オットー・ブルンナー) 82, 87, 191, 203, 239, 241-42, 244, 246-48, 250-51, 256, 267, 277, 290-91, 293
Bruns (ブルンス) 7

Caesar (カエサル) 50, 63, 93, 95, 220, 223-24
Conring (コンリング) 39

Dahm (ダーム) 2
Dannenbauer (ダンネンバウアー) 230-34, 236-39, 280
Dopsch (ドープシュ) 96, 221-27, 229-33, 251, 254, 280

Ebel (エーベル) 5-6, 13
Ehrenberg (エーレンベルク) 166, 168-69, 176, 256-57
Eichhorn (アイヒホルン) 24, 31, 33, 37-39, 41-42, 44-45, 50, 56, 58, 62-64, 92
Eike von Repgow (アイケ・フォン・レプゴウ) 274
Engels (エンゲルス) 113-17

Gaupp (ガウプ) 120-21
Gerber (ゲルバー) 136-39, 179, 191
Gierke, O. v. (オットー・フォン・ギールケ) 2-5, 8-9, 11-13, 31, 121, 134-36, 138-39, 141, 143-45, 148-50, 153, 157-58, 160-61, 165-66, 169-70, 172, 175-77, 179, 189, 191, 198, 207, 218, 238, 240, 247, 290-91
Graus (グラウス) 259
Grimm, J. (ヤーコプ・グリム) 20, 50-51, 56-59, 62-64

Haller (ハラー) 46-49, 59, 70, 198
Hammerstein (ハンマーシュタイン) 39, 43
Hegel (ヘーゲル) 25-28, 30, 42, 99, 134, 161-62, 219
Herder (ヘルダー) 19-20
Hobbes (ホッブズ) 229
Hugo (フーゴー) 44-45, 59
Hüllmann (ヒュルマン) 67, 70-73, 88, 224
Hutten (フッテン) 23

Jellinek (イェリネク) 199
Jhering (イェーリング) 8, 13, 18-19, 126, 132, 182
Jordanes (ヨルダネス) 17-18
Jornandes (=Jordanes) 52

Kant (カント) 160
Kern (ケルン) 131, 179, 192, 195, 199, 202, 204-08, 210, 215, 238, 243-44, 247-48, 256-58, 264, 266, 291
Köbler (ケーブラー) 272, 278
Koelleuter (ケルロイター) 216-18, 227-29, 233
Krieken (クリーケン) 138
Krockow (クロコウ) 217-18
Kroeschell (クレッシェル) 1-2, 120, 132, 260-64, 266-67, 269-72, 277-78, 291-92
Kuhn (クーン) 258-59

Laband (ラーバント) 136-37, 179, 191
Luhmann (ルーマン) 293

Macpherson (マクファーソン) 19
Mallet (マレ) 19
Marx (マルクス) 113
Maurer (マウラー) 92-99, 101-07, 110, 112-15, 118-19, 133, 157, 227
Mayer, O. (オットー・マイヤー) 199
Mayer, Th. (テーオドア・マイヤー) 254, 280
Merk (メルク) 211, 218, 259, 292
Mitteis (ミッタイス) 217-18
Montesquieu (モンテスキュー) 16-17, 19, 23, 221
Moser, J. J. (ヨーハン・ヤーコプ・モーザー) 41
Möser (メーザー) 23, 25, 31, 33, 67, 92-93

Niebuhr (ニーブール) 94

Pertz (ペルツ) 53
Philippi (フィリッピ) 253
Phillips (フィリプス) 120
Puchta (プフタ) 136
Pufendolf (プーフェンドルフ) 40
Pütter (ピュッター) 41-42, 44

Randa (ランダ) 8
Rosenberg, A. (アルフレート・ローゼンベルク) 22
Roth (ロート) 3, 180
Rotteck (ロテック) 48, 91
Rudbeck (リュドベック) 17

Savigny (サヴィニー) 6, 24, 44, 50, 59, 94, 113
Schelling (シェリング) 134
Schlesinger (シュレージンガー) 22, 29, 230, 251-58, 260, 264, 288
Schmidt, C. A. (カール・アードルフ・シュミット) 121, 123, 125-27, 129, 131-32, 153, 158, 175, 179, 182, 205
Schmitt, C. (カール・シュミット) 195, 215-18, 229
Schulze (シュルツェ) 264-65, 288-91, 293
See (ゼー) 14-16, 20-22, 28-29, 222-23, 233, 259, 266, 282, 285, 286, 288, 292-93
Seydel (ザイデル) 138-40
Sickel (ジッケル) 207

Sohm (ゾーム)　180, 182, 185-86, 188-90, 198
Stahl (シュタール)　82, 87
Steele (スティール)　18
Sybel (ジューベル)　21-22

Tacitus (タキトゥス)　14-16, 18, 21, 34-35, 37, 40, 42, 50-52, 56-57, 76, 86, 94, 96, 158, 165, 196, 220, 223-26, 231-32, 234, 236-37, 259-61
Theuerkauf (トイアーカウフ)　272-73, 276-77, 279
Thibaut (ティボー)　7-8
Thieme (ティーメ)　4-6, 13
Thomasius (トマジウス)　40, 44

Uhland (ウーラント)　167-68

Vesper (ヴェスパー)　22
Voltaire (ヴォルテール)　221

Waas (ヴァース)　230, 264
Waitz (ヴァイツ)　72-80, 82-88, 89, 92, 133, 157, 162-63
Walter (ヴァルター)　94
Weißweiler (ヴァイスヴァイラー)　245
Welcker (ヴェルカー)　48-49, 58-60, 62-64, 67, 72-73, 88-92, 98
Windscheid (ヴィントシャイト)　3, 7-8
Wittich (ヴィティッヒ)　224-25
Wolff (ヴォルフ)　44